U0938731

珍藏本
纪念版

汉译世界学术名著丛书

价值与资本

——对经济理论某些基本原理的探讨

〔英〕希克斯 著

薛蕃康 译

2017年·北京

J. R. Hicks

VALUE AND CAPITAL

An Inquiry Into Some

Fundamental Principles of Economic Theory

Second Edition

OXFORD UNIVERSITY PRESS

LONDON 1946

根据牛津大学出版社 1946 年版译出

汉译世界学术名著丛书
（120年纪念版·珍藏本）
出 版 说 明

2017年2月11日，商务印书馆迎来120岁的生日。120年前，商务印书馆前贤怀揣文化救国的理想，抱持“昌明教育，开启民智”的使命，立足本土，放眼寰宇，以出版为津梁，沟通中西，为中国、为世界提供最富智慧的思想文化成果。无论世事白云苍狗，潮流左右激荡，甚至战火硝烟弥漫，始终践行学术报国之志，无改初心。

迻译世界各国学术名著，即其一端。早在20世纪初年便出版《原富》《天演论》等影响至今的代表性著作，1950年代后更致力于外国哲学和社会科学经典的译介，及至1980年代，辑为“汉译世界学术名著丛书”，汇涓为流，蔚为大观。丛书自1981年开始出版，历时三十余年，迄今已推出七百种，是我国现代出版史上规模最大、最为重要的学术翻译工程。

丛书所选之书，立场观点不囿于一派，学科领域不限于一门，皆为文明开启以来，各时代、各国家、各民族的思想与文化精粹，代表着人类已经到达过的精神境界。丛书系统译介世界学术经典，引领时代思想，为本土原创学术的发展提供丰富的文化滋养，为推动中国现代学术和现代化进程做出了突出的贡献。

为纪念商务印书馆成立120周年，我们整体推出“汉译世界学术名著丛书”120年纪念版的珍藏本，寄望既利于文化积累，又便于研读查考，同时向长期支持丛书出版的译者、编者和读者致以敬意。

两甲子后的今天，商务印书馆又站在了一个新的历史时间节点上。我们不仅要铭记先辈的身影和足迹，更须让我们的步伐充满新的时代精神。这是商务人代代相传的事业，更是与国家和民族的命运始终紧密相连的事业。我们责无旁贷，必须做好我们这代人的传承与创造，让我们的努力和成果不仅凝聚成民族文化的记忆，还能成为后来人可以接续的事业。唯此，才能不负前贤，无愧来者。

商务印书馆编辑部

2017年10月

简评希克斯的《价值与资本》

胡 代 光

约翰·理查德·希克斯是当代英国著名经济学家，先后任教于伦敦经济学院、剑桥大学、曼彻斯特大学和牛津大学（1971 年退休），1972 年获诺贝尔经济学奖金（和美国肯尼思·约瑟夫·阿罗同时获奖）。《价值与资本》是他的主要著作之一。在西方经济学界，本书被认为是最近三十年来论述价值"理论"问题的最重要著作。他之所以被授予诺贝尔经济学奖金，据说，根据之一就是本书有首创性贡献。

本书副标题为《对经济理论某些基本原理的探讨》。全书究竟要探讨些什么？用希克斯自己的话说来，就是：(1)对价值学说的探讨，包含对各个市场间相互关系及相互影响的研究；(2)对动态经济学（资本及利息理论）的探讨，对经济体系的时间过程的研究。当然，如果对这些理论问题能够科学地进行探讨，那是有益的。然而，希克斯完全是站在个人主义、主观主义、形式主义和反历史主义的立场上来研究他所提出的"经济理论某些基本原理"，这就注定这种探讨必然是不科学的。

希克斯写道："我相信我很幸运地找到一种可以应用于广泛的经济问题上的分析方法。"（本书第 1 页）事实上，他所找到的分析方法无非是集现代资产阶级庸俗经济学关于“均衡分析”的大成，把剑桥学派马歇尔的“局部均衡分析”同洛桑学派瓦尔拉和帕累托的“一般均衡分析”结合起来，企图从马歇尔的主观价值学说出发，重新考虑瓦尔拉—帕累托的价值学说，然后把这一经过修正的价值学说应用来解决魏克赛尔所未能解决的关于资本的种种“动态问题”；而在“动态经济学”的好多方面，又大都追随凯恩斯的经济学说。这些情况，他在本书《引论》中也公开承认。

希克斯把消费放在经济研究的首要地位。在假定没有生产和没有时间因素变动影响的条件下——也就是抽掉对资本主义社会经济现象和过程具有决定性作用的生产，并舍弃对资本主义社会的历史考察——来研究消费者需求“理论”，从消费者的“个人均衡”和个人对于价格变动的反应，推演到市场行为和“交换的一般均衡”。然后再把生产当作补充因素加进去考察“企业均衡”，并由此推演出市场上的“生产的一般均衡”。最后，引进时间因素来建立“动态经济理论”。这就是希克斯的“一般均衡经济学的理论体系”。

希克斯的“一般均衡分析法”的非科学性是很明显的。仅举以下两点，便可见一斑。

(1) 希克斯从庸俗经济学的主观价值论出发，不去分析商品价值的实体，企图论证在资本主义市场上的需求和供给之间、买者和卖者之间的相互关系中存在着一种“均衡状态”，这种“均衡状态”决定了商品的价格。他根本否认商品价值反映人和人的生产关系，把商品价值看成“财货与人们欲望”之间的关系，并从形式上把商品间的关系归结为互相替代或互相补充的关系。由此，他运用数学联立方程式来解说“交换的一般均衡”和“生产的一般均衡”以及“均衡体系的运行”；并且把劳动工资率和资本利息率的确定都纳入一套联立供求方程式中。从供求均衡出发来论述价格水平的变化，这显然是不正确的，它抹杀了市场价格围绕价值而上下变动的客观规律的作用。正如马克思所指出：“你们如果以为劳动和其他任何一种商品的价值归根到底仿佛是由供给和需求决定的，那你们就完全错了。供给和需求只调节着市场价格一时的变动。供给和需求可以说明为什么一种商品的市场价格会涨到它的价值以上或降到它的价值以下，但绝不能说明这个价值本身。假定说，供给和需求是相互平衡，或如经济学者所说，是相互抵消的。当这两个相反的力量相等的时候，它们就相互抑制而停止发生任何一方面的作用。……所以在研究这个价值的本质时，我们完全不用谈供给和需求对市场价格发生的那种一时的影响。这点无论对于工资来说，或对于其他一切商品的价格来说，都是一样的。”①既然希克斯不去分析商品价值的本质，他就只能停留在市场价格表面现象的描述上，阉割价值范畴的社会性和历史性，掩盖商品价值所反映的资本主义社会的阶级对抗关系，错误地把价值规律看成是人的心理作用的结果，是受什么“偏好尺度”、“价格预期”或“预期弹性”支配的。显然，希克斯关于“均衡价格体系”的分析是同马克思的劳动价值学说直接相对抗的。

(2)希克斯所说的“经济动态”，无非是指从一个“暂时均衡”到

① 马克思：《工资、价格和利润》，《马克思恩格斯选集》第2卷，人民出版社1972年版，第167页。

另一个“暂时均衡”所形成的一连串“均衡移动过程”。他为他的“动态理论”提出三个基本观念——星期、计划、肯定的预期,然后把他的“静态均衡分析法”搬运来处理“动态问题”。于是他断定资本主义经济体系常处于“暂时均衡”之中,而在长时期中又多少有点不均衡。他把产生不均衡的原因归结为:(1)各个人对价格预期不一致;(2)买卖双方的计划不一致;(3)由于技术或心理因素,人们缺乏完全预见;或(4)偶然因素,如风险的存在。显然,希克斯的“经济动态分析”是不科学的。他抹杀了资本主义经济不均衡的根本原因在于资本主义内在基本矛盾。他不敢正视资本主义经济动态的历史发展必然趋势,竟否定政治经济学是一门历史的科学,错误地认为政治经济学的研究任务只是“对资本主义的纯逻辑分析”,不包括对经济制度的考察,说什么后者乃是经济史学家的任务。这样,希克斯的“动态分析”的出发点是均衡,而不是运动,它离开社会经济发展的历史的、客观的过程而孤立地、抽象地研究供求均衡关系,并把所有的“动态过程”都归结为心理的、技术的或偶然的变化结果。这种“动态分析”具有明显的辩护目的,它幻想资本主义经济处于“均衡移动”状态,把资本主义经济愈来愈频繁地出现的波动、危机等现象都看成是心理、技术等原因或偶然因素所引起的“不均衡”,并认为这种“不均衡”毕竟会由一个“暂时均衡”过渡到另一个“暂时均衡”的状态,不致根本动摇资本主义经济制度本身。

希克斯说:“我并不自命为是在提出完整的经济理论体系;我只是就一些有关的问题,循着一条特殊的研究途径向前探索,无论它把我引到哪里。最好是把《价值与资本》看作是通过这一途径可获得的东西的叙述。”（本书第二版序言）那么，他的这本著作究竟叙述了一些什么东西？现在，我们举其主要者来看看。

主观价值论据说是本书内容的“杰作”部分。我们知道，从十九世纪七十年代以来至二十世纪初，在资产阶级庸俗经济学界，广泛流传着反对马克思的劳动价值论的主观价值论的一个流派——“边际效用价值论”。它妄图否定商品价值决定于生产该商品所消耗的社会必要劳动量，而硬说商品价值是由该商品对消费者的“边际效用”来决定的。但是这种“理论”早已受到批判而破产了。为了掩护“边际效用价值论”，希克斯企图予以“修正”。修正之道就是，他一方面承认商品的效用无法直接衡量、求出其绝对值，另一方面又肯定效用有大小高低之别，即效用不是数量概念，而是次序概念。而效用的大小高低，在希克斯看来，乃是受着消费者既定“偏好尺度”支配的，可以通过所谓“无差异曲线”分析来说明。于是，希克斯便用消费者具有一个特定的“偏好尺度”的说法，代替原来资产阶级庸俗经济学中关于消费者具有一个特定的“效用函数”的说法；用“边际替代率”概念去代替“边际效用”概念；用“边际替代率渐减定律”去代替“边际效用渐减定律”。通过这些概念的替代后，希克斯就“修正”了马歇尔所提出的“个人均衡”条件。马歇尔曾认为，消费者把既定的全部收入用去购买各种商品达到最大的总效用的条件，是两商品边际效用之比等于两商品价格之比。现在，希克斯把它修正为：“个人均衡”条件是两商品的边际替代率等于两商品价格之比；而均衡的稳定条件就是在均衡点上，边际替代率渐减。这就是资产阶级庸俗经济学的“边际效用价值学说”中所谓“基数论”（以马歇尔为代表）与“序数论”（以希克斯为代表）之

争。不难看出，希克斯的“修正”只不过是形式上的，文字上的，依然换汤不换药。因为按照希克斯的说法，两商品的“边际替代率”还是等于两商品的“边际效用”之比，只是不用直接计算“边际效用”的数量，依据既定的“偏好尺度”就可以求得。但是“偏好尺度”的基础是什么呢？归根到底，它仍然要以“效用”或“欲望满足”等数量关系作为前提。所以，希克斯的“序数论”和马歇尔的“基数论”本质上并没有什么不同，都是错误地断定商品价值取决于个人主观的评价。

利息论是希克斯的《价值与资本》一书中的另一个重要部分。希克斯同其他资产阶级庸俗经济学家（特别是凯恩斯）完全一样，把利息问题当作纯粹一种货币现象来处理。他说，“货币的性质和利息的性质很近乎是同一的问题”（本书第 181 页）。因为，据他看来，利息是起源于证券的不完全的“货币性”，即货币具有普遍接受性，代表最完全证券，其现值等于面值，而其他证券固然带有“货币性”，但都不完全，不具有普遍接受性，因而其现值总是低于面值。利息正是对这种证券的不完全的“货币性”的衡量。由货币变为不完全的证券，希克斯把它叫做“投资”。对投资给予利息，希克斯认为，这是对投资所产生的“麻烦”的报酬，利息率的高低，就取决于此种投资“麻烦”的大小，长期利息率高于短期利息率，则是由于长期利息包含有“风险的报酬”。这种分析否定了利息是剩余价值的一部分，利息是职能资本家因取得贷款而付给借贷资本家的一部分利润，显然是错误的。利息率如何决定呢？希克斯把它纳入整个价格体系内，同各种商品和劳动力的价格等量齐观，用同时求解联立供求方程式来确定。他完全抹杀了在资本主义条件下，利息水平受平均利润水平的限制这个客观事实。我们知道，就资本主义一般情况说来，利息必须小于平均利润，所以利息率受平均利润率的制约。在平均利润率既定的情况下，利息率是决定于借贷资本的供求关系的。

资本的累积是希克斯在研究“动态经济学”后提出的一个专门问题。希克斯抹杀了资本积累是剩余价值的资本化的事实；抹杀了资本家进行资本积累是为了获得更多的剩余价值，为了在激烈的竞争中获胜的事实。他只是形式主义地设想，在一定时期（如一周）内，企业家使用某些进货量（包括劳动力在内），不仅是为了将来能保持同本时期一样的出产率和进货率，而且是为了将来可能生产比本时期更多的出产量，或者使用较少的进货量。如果这种情形发生，就是本时期有“资本累积”。他甚至注明“我们不需要一个比这更精细的关于资本累积的定义”（本书第318页附注）。在这种资本累积的含义下，希克斯就只从出产量的供给和进货量的需求二者的相互关系出发，来论述资本累积对物价和实际工资的变动的影响。他竟把资本积累所带来的严重失业现象归咎于“货币工资的刚性”，而“货币工资的刚性”据说可以因提高消费资料的价格，使实际工资降低。这样一来，“劳动仍会因就业的增加而受益”。从另一方面说，资本家依靠缩减消费资料的支出增加储蓄，用以供给资金，对劳动者也肯定有益，因为据说“这种改变会变成对劳动需求的增加，而这一定会提高实际工资。”最后，他认为：从长时期来说，资本的累积对劳动通常是会有利的，因为据说（1）在同一企业使用的生产原素中，补充性（生产原素A增加或减少时，生产原素B亦增加或减少，则A与B称为具有补充关系）常占优

势,因此没有理由认为新资本一般总是节省劳动的。(2)即使新资本是节省劳动的,但也可能会提高以生产得到方便的产品计算的实际工资。他说,“实际上,在过去一世纪中,资本的累积对劳动的生活标准似乎非常有利,这无疑是主要的理由;生产得到便利的产品主要是大众消费的东西,这一事实也在同一方向起作用”(本书第 327 页)。然而,我们知道,在资本主义扩大再生产进程中,随着资本的积累,资本有机构成提高,对劳动力的需求必然相对降低。随着积累的扩大,社会财富的增加,无产阶级的收入也在相对地下降。资本主义生产的一般趋势,就长时期看来,并没有导致实际工资的提高,而恰好是相反。在资本主义社会里,失业人数不断增加,无产阶级物质生活状况和劳动强度、劳动条件并未得到根本改善。而且,各主要资本主义国家自七十年代以来,已陷入“停滞膨胀”的困境。所有这些已为客观事实所证明。资本积累的后果,必然一极是资本家所占有的资本和财富的积累,而另一极是工人的贫困和愚昧的积累。这个为马克思所揭明的资本积累的一般规律,绝不会因希克斯的“资本累积学说”而有所改变。

作为本书结论的最后一章是解说“商业循环”问题。希克斯认为“商业循环”主要起因于“资本累积”。他说,经济高涨不过是一个加紧累积的时期而已,而经济高涨之所以不能永久维持下去,会濒临终结,其主要原因有二:(1)信用的限制。繁荣活动的增加会引起对货币需求的增加,但货币供给的增加,会受到货币管理机构的抑制,从而导致利息率上升,使许多投资受到遏制。(2)本身力量的衰竭,即投资机会竭尽,累积停止。这样,需求从商品和生产要素移向货币及固定利息率的证券,因而导致物价的下跌,失业的上升以及利息率的下降。他断定，在经济高涨由于第二个原因而自然消亡的情况下，需要利用新的因素来使萧条变为恢复时期。这种可能利用的新因素主要是由发明和革新所提供的投资机会。但是革新的出现带有不规则性，因而它本身就是造成经济周期发展的理由。希克斯的"商业循环理论"实质上就是凯恩斯的"理论"。他所说的"商业循环"的主要原因在于资本累积的变动，经济危机系根源于投资机会枯竭，同凯恩斯所说的"商业循环"的出现是由于"资本边际效率"的变动，经济危机的起因是"资本边际效率"的突然崩溃，这两种说法仅不过是词句不同而已。很显然，这种"商业循环理论"是不科学的。它把资本主义经济周期和经济危机的出现归结为预期心理状态变化的结果，好像可以脱离一定的社会经济制度而独立存在。殊不知，资本主义经济周期和经济危机的产生乃是由于生产社会化和资本主义私人占有之间的矛盾。这个资本主义基本矛盾的具体表现——资本主义生产无限扩大的趋势和消费能力相对狭小的矛盾，直接造成了资本主义生产过剩的周期性经济危机。

综上所述，可见希克斯的经济"理论"和分析方法都是不科学的。我们从《价值与资本》一书中并没有获得任何一点科学的东西。

希克斯特别关心他的经济理论的实际应用。他说："经济理论应为应用经济学服务。"他竭力想使他的"理论"愈益适应于经济计量学的研究。他在另一部著作《需求理论的修正》(1956 年)中说："能够被经济计量学家利用的理论比之不能应用者，才算是在那种程度上更好的理论。"现代资产阶级经济计量学者正是以希克斯在本书中提出的“消费者需求定律”为依据，把它同经济计量研究结合起来进行所谓“市场需求分析”，对市场需求的变化进行预测，并向垄断资本集团和资产阶级政府提出具体的政策建议。

希克斯更妄想以所谓“动态经济分析”直接为资本主义“计划化”或“有调节的资本主义理论”提供依据。他宣称：“人们常常假想资本主义完全缺乏任何调节计划的组织，但情况并不完全是这样。在私有经济的轨道内，确乎还存在着一种方式，预期和计划都可能（至少是部分地）从中得到调整。”他居然说什么在有刚性的工资率的情况下，失业现象的存在，乃是经济体系“最好的稳定因素”。

他向资产阶级政府提出了克服资本主义经济波动和经济危机的两种主要办法，即是：(1)加强国家的经济功能，通过调整公共投资的时间来遏制经济波动。(2)通过货币政策来对整个经济周期实行某种控制。他认为第二个办法收效较小，但又不赞成完全放弃货币政策这一武器。显然，他的这两种主张，完全是凯恩斯主义反危机措施的旧调重弹。

希克斯最后对读者说道：“我认为人们不能指望像资本主义制度这样一种制度会长期存在，如果我们在用这一名词时是意味着自由企业，并包括自由借贷制度的话。”（本书第 338—339 页）这就表白了他的“理论分析”和政策主张完全是要为垄断资产阶级和国家垄断资本主义效劳。

对希克斯的“经济理论”的非科学性予以揭露和批评，是我们马克思主义者义不容辞的一项重要任务。商务印书馆出版《价值与资本》的中译本，有助于进行这个工作。

目　　录

第一篇　主观价值理论

第二篇　一般均衡

第三篇　动态经济学的基础

第四篇　动态体系的运行

数学附录

增　注

第二版序言

在这一新版中，我所作的修改的大部分，都是改正第一版中论点的技术上的错误。我对消费者选择的稳定性的一般条件的论述，不失为正确（我现在仍这样想）；但我没有利用在数学上可供利用的全部条件；因为在那时，对其中某些条件，我不能赋予任何经济学上的意义。在这一点上，我是错误的；由于最近研究（我自己的和他人的）的结果，现在看来，被忽略的条件具有很重要的经济学上的意义；因我没有利用它们，我的论点的后一阶段受到影响。这样就使得后一阶段不必要地复杂；因此，最好作出必要的改正，以便加以简化。

我所忽视的一般命题，现经表述于第56—57页。在第79、81、86、111—114、250页以及数学附录的有关各点上，都作了相应的修正。新命题的进一步的结论在增注A中讨论。

原来的讨论中其他似乎有缺点的地方，不适于作同样的修改，因此原文未加更动。这一问题仅在增注B中加以讨论。

我觉得非作这一类的技术上的修正不可；但我并不觉得我也必须去讨论那些和一些更为基本的问题有关的评论，尽管它们的根据充足。在写本书的引论时，我曾留心着重说明，我并不自命为是在提出完整的经济理论体系；我只是就一些有关的问题，循着一条特殊的研究途径向前探索,无论它把我引到哪里。最好是把《价值与资本》看作是通过这一途径可获得的东西的叙述;至于它与其他方法(或许是较为优越的方法)的关系,最好在其他地方讨论。

不过,有一派批评家,他们的研究已经产生了一种新的解释——一种和我的理论有别,但和它密切相关的理论。本书的新版如不一提塞缪尔森教授及其合作者的理论,就似乎不大完全;因此我在最后一节增注中对它提出一些意见,虽然这些意见很简单也很不充分。

约翰·理查德·希克斯

1946 年 7 月于牛津

第一版序言

作为本书基础的概念，是1930—1935年几年中在伦敦经济学院时孕育的。它们绝不全是我一己的意见；当时，在罗宾斯教授领导之下，在那儿工作的人有一种社交活动；这些意见就是在这种情况下产生起来的。曾经贡献过意见的人，我特别记得的有艾伦先生，卡耳多先生，勒讷先生，海克教授，罗森斯坦-罗丹博士，以及爱德柏博士。他们中的每一个人，也许都能在本书中发现一些他们自己的东西。但是，要指出那些意见属于谁非常困难；因此，我在这里也不想这样做了。

如果本书发展的最初阶段是非常地集体的，后来的阶段则完全肯定地是个人的。我采取了在伦敦萌芽的那些意见，沿着应由我单独负责的方向，进一步加以发展。我从斯拉发先生以及上面提到的一两位先生处，得到有益的指正。但因彼此分隔，要再作最初几年的那种经常的合作，是不可能的；因此，我把这一著作作为一份阐明我们发现的东西的重要性及其含义的个人报告提出来。

我得感谢我妻自始至终对我的帮助，她是这些意见所自来的这一部分人中间的一个；她对这些意见以后的发展也很注视；而此书和她的《英国政府的财政》是同时写作的，这在某些方面对我尤其有好处。我觉得特别是本书中关于资本市场的部分受益最多；但她的著作也经常提醒我，经济理论应为应用经济学服务，因而使得全书的每一个部分也都得到益处。

约翰·理查德·希克斯

1938 年 10 月于曼彻斯特

引　论

本书虽然涉及经济理论著作中所普通讨论的很大一部分的问题，但它并不能算是一本《经济学原理》。它的旨趣很不相同。对于任何一本《原理》的作者，摆在他面前的理想应当是，如古典诗人的理想一样的："常常被人想到过但从来没有被人很好表达过的东西"；而我几乎完全关心一些新奇的事物。对于每一个我所讨论的题目，我将限于那些我有新的见地可以发表的方面；至少对于众所周知的问题我将一笔带过。

既是这样，也许会有人想，下文既是想对像经济学这样一门已经颇为发展的科学中的许多分支部门，探求某些新的东西加以论述，则其中只会包含一系列的论文，而不会是一本完整的书。但我相信，我写成的是一本书。这样说的根据不在于论题的统一，而在于方法的统一。我相信我很幸运地找到一种可以应用于广泛的经济问题上的分析方法。这种方法起源于某些最简单最基本的问题——所以这些问题在这里有它们的地位；这种方法应用于最复杂的问题（如商业波动问题）时，也许最显得出色——所以这些问题在这里也有它们的地位。

人，特别是那些从事于研究这些最复杂问题的人，常希望能有某种方法可以一次同时处理两三个以上的变数。有两三个变数的简单问题，可以很有效地用几何图解来处理；但当问题变得更复杂时，熟知的几何方法即告无效。那么，怎么办？很明显的回答是：求助于代数学。但是，除了许多经济学家都不很精于代数学这一事实外，一般应用的那种代数方法虽对解决问题有些用处，但作为论证的手段，却似乎不如图解有效（当图解可以应用的时候）。就是为了适应这一情况，我提出我的新方法。这一方法的构成当然牵涉到数学问题，但是很幸运地，在说明和使用这种方法时，不会比图解的系统应用更为复杂；因此，我在本书的正文里几乎能够完全不使用数学，虽然（为了那些对此有兴趣的人）有关的数学将摘要列于书末，作为附录。①

根据观察，经济理论所必须论述的有几个变数的问题，大多数是各市场的相互关系方面的问题。例如，比较复杂的工资理论方面的问题即包含着劳工市场、消费品市场和（或许）资本市场的相互关系；比较复杂的国际贸易问题即包含进口与出口市场和资本市场之间的相互关系，等等。我们最需要的，就是为研究各市场之间相互关系的技术。

在寻求这样一种技术时，我们自然不得不参考那些曾经特别研究过这种相互关系的作家们的著作——即是说，洛桑学派的经济学家瓦尔拉和帕累托，此外，我想还可以加上威克塞尔。这些作家所曾致力的一般均衡论的方法是特别设计出来，通过各市场间相互关系的复杂形式以显示整个经济体系的。我们自己的研究势

① 我的方法的纯数学的叙述（最少就其应用于价值理论而言）已有法文版本——《价值的数学理论》（巴黎赫尔曼版）。

必要追随他们的传统，也是他们的传统的一个继续。

然而，要在他们的著作中发现我们所探求的全部的东西，是不可能的。瓦尔拉(《纯粹经济学要义》，1874 年版)主要是限于提出问题。马歇尔曾有几句话较充分地描述了瓦尔拉的著作(马歇尔写作时心目中显然想到瓦尔拉)："纯数学在经济问题上的主要用途，似乎是帮助一个人更敏捷、简短、准确地写下他的思想以供自用；同时帮助他弄清楚他是否已为他的结论具备了足够的、仅仅是足够的前提(即是，他的方程式在数目上既不多于也不少于他的未知数)。"[①]在 1890 年，一般均衡理论所完成的仅止于此；[②]然而，遗憾的是马歇尔的权威使得许多人确信它除了计算方程式外不能再有别的作用了。

是帕累托(《政治经济学教科书》，1909 年版)才开始把事情推进了一步。但是，帕累托的著作，虽然很重要，也已起了很大的影响，仅仅是一个开端；它对资本和利息问题缺少注意，因而有一定的限制性；即使是在价值理论上，虽是它最强的一部分，也由于某些要点缺乏明确性而抵消了它的价值，对此我们还得注意。

我们不能责备威克塞尔疏忽了资本和利息，这些问题在他心目中确是占了主要的地位。但是，因为他是在帕累托之前写的，对于帕累托在价值学说上的改进，他未能利用；同时(我想主要在结果上)，他的资本理论限于考虑关于静止状态的虚假的抽

① 马歇尔：《政治经济学原理》，第 1 版序言。

② 甚至仅仅是计算方程式及未知数，如果有系统地去做，也内涵着许多问题。参阅下文第 4 章，以及我的论文：《莱翁·瓦尔拉》(见《经济学杂志》，1934 年)。

象观念。虽受到这些限制，他仍作出了奇迹；特别是他的货币和利息理论（《利息与价格》，1898年版）是现代货币理论的基础。

因此，我们当前的工作，也许可以用历史的用语表达如下。我们要重新考虑帕累托的价值学说，然后把这一经过修正的价值学说应用于资本的动态问题，这些问题是威克塞尔用他所掌握的工具所不能达到的。

鉴于瓦尔拉和帕累托的著作还没有英文本，同时一般说来，英语读者对他们的著作还不很熟悉，我将在讨论过程中将他们著作中我所需要的某些部分的要旨加以介绍。我将先接受一般较为熟悉的马歇尔的价值学说而不是帕累托的价值学说；这样做有某些好处，因为我并不认为帕累托的学说在所有方面都优于马歇尔的学说，我们所要做的事情之一，就是要把帕累托的学说较之马歇尔的学说有缺点的那些方面填补起来。

同样地，当我们谈到动态问题时，我仍会注意到这一方面运用马歇尔学派的方法所做的重要工作——我特别是指凯恩斯先生的著作。凯恩斯先生的《就业利息和货币通论》（1936年版）一书出现时，本书已进行得差不多，但有几个方面还欠完全。由于我们都涉及一些相同的方面，我会在很大程度上受到凯恩斯先生的影响是不可避免的事。要是在我写作时没有《就业利息和货币通论》作参考，本书的后半部会有很大的不同。特别是第四部分的最后几章，是非常凯恩斯式的。

当我开始分析“资本”时，我曾希望能创造出一个完全新的动态理论，许多作者都需要这样一种理论，但在那时尚未产生。因为凯恩斯先生首先入手，这个希望已归幻灭。① 然而我仍然想，把我自己的分析拿出来还是值得的，即使与他的分析相较，我的分析显得平凡。但平凡的分析更有系统，这是一个优点；此外，我想我已经澄清了一些他遗留下来的没有澄清的问题。②

我必须承认，由于我曾以凯恩斯先生的著作为参考，我很惊异于他的处理问题的方式，他能不借助于任何特殊的工具，排除困难，抓住真正的重要环节。他能成功地这样做正是由于他运用了他那优越的直觉和对真实世界的准确的观察力，以致能抛开次要的，而直接研究主要的东西。然而这一种力量也有它的缺点，在许多读者的面前放下了障碍。他们禁不住要说，“假使他有错误，假使有某些影响因素比他所想象的更为重要，而另外的却更不重要；那会不会造成很大的差异呢?”这一类疑问是理应回答的。对于读者来说，确是特别希望能够区分开来：哪些事情是纯逻辑的产物，他因此非相信不可；哪些是凯恩斯先生对社会问题一己观点的产物，对此他也许宁愿有所不同。现在我们将发现我们自己和凯恩斯先生面对着面，像和威克塞尔面对着面一样，可以随意地省去特殊的假设；我们将由此可以看到这正是为什么在社会政策方面的决定性事情上，凯恩斯先生能够得出与以前的经济学家不相同的

① 我自己的早期研究，不论其价值如何，都记录在三篇写在我看见《就业利息与货币通论》以前的文章中：《均衡及经济高涨》（《国民经济杂志》，1933 年）；《简化货币理论的建议》（德文《经济学杂志》，1935 年）；《工资及利息——动态问题》（《经济季刊》，1935 年）。

② 请特别看我对以下问题的讨论：《储蓄与投资的关系》（第 14 章，附注），《生产时期》（第 17 章），《短期及长期借款》（第 9 章），《刚性的工资为什么特别重要》（第 21 章），《资本累积过程》（第 23 章）。

结论；我们将能够对这些使心不安的意见反复观察，从几个观点上来研究它们，对它们作出我们自己的决定。

我期望我们研究的这几部分（包含在第三和第四篇内）对于大多数读者会最有兴趣；因为它们肯定是最重要的。我必须向读者致歉把它们放在书的后半部（在那里它们被第二篇牢牢地保护着），而不是把它们放在书首，读者也许会更喜欢把它们放在书首。这是没有办法的事；因为这是我们的资本理论的特征，它必须以我们的经过修正的价值学说作为依据。事实上，资本和利息的问题提出了两种错综复杂的情况，一种是像这一类动态问题所特有的错综复杂情况；但另一种则纯粹是属于有相互关联的各市场的错综复杂情况，后者是可以另行讨论的。我们在第二篇内就把这一基本上不相关联的复杂情况弄清楚了，当我们开始接触到动态的问题的时候，会发现这样做非常方便。然后我们便能够把特殊的动态的难题（在思索价格构成过程，而非"静态的"价格体系时所引起的难题）区别开来；这些是在第三篇讨论的，它因而就不是特别地依赖于我们的价值学说。至于一般的问题（也是最重要的问题）则将留在第四篇最后讨论，在这些问题中，我们既要面对动态的复杂情况，又要面对有相互关系的市场的复杂情况。

这就是为什么我必须要求读者耐心一读关于储蓄和投资、利息和价格、经济高涨和衰退这些章节，并重温一下边际效用定律。有人已经说过，迂回的方法有时会比直接的方法更能产生效果；我们先对那一有名的原理加以阐述，以此作为背景，再来讨论资本学说，或许是适宜的。

因之，我们的计划如下：

第一篇讨论主观价值学说——“欲望和它们的满足”——和马歇尔的《原理》第3卷同样的题目。我对这一问题的叙述是为后文作准备;但是它本身也有其特殊的意义。我在论述这一题目时,从开头便想尽力提供一种为统计的需求研究所需要的理论基础;所以和这一部门有明确的关联。其他在方法论上有基本重要性的问题也提出来了。

第二篇利用经我们修正的主观价值学说的结果,来重新研究瓦尔拉和帕累托的一般均衡分析。在这里最重要的一点是,我们有机会超越那种仅仅计算方程式和未知数的做法;为研究有关各市场的价格体系建立一般的法则。洛桑学派被马歇尔学派斥为徒劳无益,为了消除这种斥责,这是我们必须做的主要事情。我想我已做到了。然而,第二篇是比较乏味的,它完全是“静态的”;虽然,某些著名的经济学家曾经满足于把他们大部分的思想定型于这样一个框子内,但它留下了许多现实问题;因此不能作为一个高枕无忧的地方。然而,假如把它仅仅作为一个各市场的相互关系的学说,它还是有用处的。在这里,我就是希望读者这样去看它。

第三篇论述动态经济学的基础。它特别着重于若干问题的陈述,我们已看到,在瓦尔拉那一阶段,这是一般均衡分析中的最主要之点。我将深入这些问题,较之瓦尔拉对资本理论的粗略描绘远为详细。因而第三篇将包含我对某些有争论的问题的意见,例如像利息的决定这样的问题。它也将包含对某些重要观念的意义的讨论,例如像收入和储蓄。

第四篇论述动态体系的活动。在这里我们把第二和第三篇的结果汇合在一起,恰好构成关于经济过程的理论;第二篇给我们以关于相互关联的一般市场的体系的活动法则;第三篇则使我们熟悉某些有很大重要性的特种市场的特征(例如资本市场)。在我们要充分了解资本市场活动之前,必须经过这一阶段。

因而,在我们面前的计划内容很广泛,我想,我们可以在某几个方面对它加以限制。不久就可以看清楚,我们的分析要受到一种限制,我最好在这里爽快地承认这一点。本书通篇都以完全竞争作为假定,那就是说,我们通常将会忽略对供给的影响,这种影响来自卖主对于影响他们自己进行销售的价格因素之种种考虑(对需求也是同样的)。事实上,不少供给和需求也许都会在某一程度上,受到这些考虑的影响;它们所受的影响也许很大。但是,除了最简单的问题外,在任何其他问题上,要充分估量到这种影响是很困难的;如果我们能对不完全竞争给予较多的注意,本书的分析虽然肯定会更进一步,但是,我曾想过,目前最好还是把这一点放在一边。我自己不相信由于这一省略便会损害到本书的较重要的结论,但是这是一件在适当时机显然需要予以研究的事。

另外一个更重要的限制隐含在我们的副标题里。这是一本论述理论经济学的著作,它应当是对私有企业经济体系的逻辑分析,丝毫不包括机构的控制因素在内。我将很严格地来解释这一限制。因为,我考虑,对资本主义的纯逻辑分析,它本身就是一项工作,而对于经济机构的考察最好是采取其他方法进行,例如像经济历史学家所采取的方法(即使机构是同时代的机构)。只有当这两项工作都完成了的时候,经济学的任务才算告终。但是在它们之间,劳动的划分是有一条很清楚的界线的,对于这一条分界线我们遵守不渝。

的确，我们必须理解，作为这样严谨划分的代价，纯理论经济学家很难说出他所判断的任何机会和危险，是否会在一个特定的日期在现实世界出现。他势必把这个留给另外的研究。但至少他可以给这些进行另外的研究的人指出一些应当注意的事情。

第一篇

主观价值理论

第一章　效用及偏好

1. 曾经受到马歇尔和他的同辈很大注意的纯消费者需求学说，在现在这一世纪受到的重视要小得多。就有关英文著作来说，马歇尔的《经济学原理》第 3 卷一直是有关这一题目的最后著述。马歇尔的需求学说在现在无疑是值得景仰的，[①]但是它长久地保持住如此一个未受怀疑的卓越地位，却是不平常的。假使对于这一题目确实已没有什么可说，或者马歇尔分析中的每一步骤都已无懈可击，那还可以说明这一问题。但是，情况显然不是这样；有几位作者已经颇不以马歇尔的论述为然，[②]实际上作为以后各项论证根据的第一步就是最可疑的。

首先提一提马歇尔主要论点的要旨[③]。一个有一定货币收入的消费者，面临一个消费资料市场，在这个市场上，这些货物的价格已经决定；问题是，他将如何把他的支出分配在不同的货物上？为了方便起见，假定这些货物都是可以分成很小的单位

① 根据我自己的经验，进一步的研究增加了我对马歇尔学说的景仰；我希望读者也会有同样的感觉。

② 例如，威克斯迪得：《政治经济学常识》，第 1—3 章；罗宾斯：《经济科学的性质及其意义》，第 6 章。

③ 马歇尔：《经济学原理》，第 iii 页。

供应的。[①] 假定消费者可以从他所购买的货物得到若干的“效用”（效用量是所获得的货物数量的一个函数）；他将采取一种能获得最大可能效用量的方式来支出他的收入。但是，当每一个方向的支出的每一边际单位能增殖等量的效用时，效用才可以达到最大限度。设果如此，则支出从一个方向转到另一个方向时，在支出减少的一方所包含的效用的损失，将大于支出增加一方效用的增加（根据边际效用渐减定律）。因此，不管怎样转换，总效用会减少。由于所用单位很小，一种商品的相连续的两个单位之间的边际效用的差异可以忽略，我们可以用另外一种方式来表达这一结论：所购买的各种不同商品的边际效用必定和它们的价格成比例。

因此，马歇尔的论点是从最大限度的总效用观念出发，通过边际效用渐减定律，达到所购买商品的边际效用必定与其价格成比例的结论。

但是，这种被消费者扩充至最大限度的“效用”是什么？什么是边际效用渐减定律的确切基础？对这些问题，马歇尔的论述，颇欠透彻，而帕累托对此则很有启发。

2. 帕累托的《政治经济学教科书》（1909 年）应算作为对消费者需求学说的另一个经典的论述，任何现代的研究都应当从这里开始。总的说来，帕累托的著作并不是可与马歇尔媲美的。《教科书》旨在作为一种一般《原理》；但是大多数问题的论述都较肤浅，而它的一般均衡学说也不过只是瓦尔拉学说的较优美的复述。然

① 就个人消费而论，这种对连续（continuity）的方便的假设，当然常使情况有点（有时还不止一点）歪曲。但如果我们对个人消费的研究只是对市场上一群消费者的研究的一个步骤，则当把个人需求加总时，可以相信这种歪曲会消失。

而，在效用学说这个特别问题上，帕累托是一个专家；他的研究值得注意。由于英文的读者对它们不很熟悉，我将把有关的论点较仔细地加以概括介绍。

帕累托原来是从马歇尔同样的效用学说开始的；我们刚才摘述的论点，在他的思想发展的第一阶段，对他也是可以接受的。但是发展到了后来，不似马歇尔集中注意于单一商品的需求（因而研究边际效用渐减曲线和需求曲线之间的关系），帕累托把他的注意转向有关的（补充货物和竞争货物商品）货物。在这一点上，他对早期的分析作了扩充；或者不如说，作为扩充开始，但作为一种改革而终结。

为了研究有关联的货物，帕累托从埃季沃思[①]那里接受过来一种几何学方法——无差异曲线（indifference curve）。当我们如马歇尔一样，只论及一种商品时，我们可以画一条总效用曲线，沿一轴衡量商品的数量，沿另一轴衡量从商品的不同数量所得出的效用总量。如我们涉及两种商品，亦可用同样的方法画一效用平面（utility surface）。沿两条水平轴线衡量两种商品 X 和 Y 的

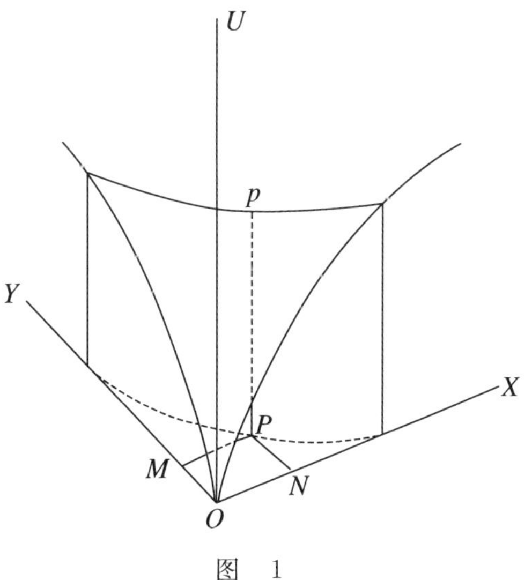

图　1

① 《数学心理学》，第 21—22 页。

数量，即可画出一图，图上任何一点 P 代表两种商品一定数量（PM 和 PN）的组合，从任何这样一点我们能在第三个维度（dimension）上画出一条纵坐标，它的长度代表从那特定的数量组合所得到的效用数量，把这几条纵坐标的顶点联系起来，我们就得到一个"效用平面"（图 1）。

这在原则上颇为简单；但是有三个维度的图很难于掌握，幸而我们既经提及这第三个维度，即不用停留在这里，我们可以不必理会这第三个维度，再回到两个维度上来。

我们可以用一张图代替三个维度模型的使用（图 2）。沿两轴线衡量两种商品 X 和 Y 的数量，即可在水平图上标下效用平面（图 1 的虚线）的轮廓线。这些线就是无差异曲线。它们把相当于第三维度同样高度，也就是同样总效用的各点连起来。设 P 和 P' 在同一无差异曲线上，即表示从拥有 PM 和 PN 所得的总效用相同于从拥有 $P'M'$ 和 $P'N'$ 所得的总效用。设 P'' 在比 P 为高的无差异曲线上（各曲线都要计数，以便分别高低），那么 $P''M''$ 和 $P''N''$ 的总效用将较 PM 和 PN 为高。

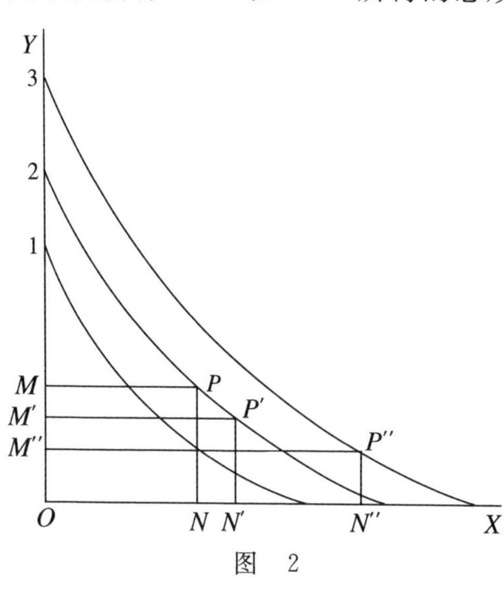

图　2

这些无差异曲线的形状是什么？只要每一项商品都有正的边际效用，这些无差异曲线必定都是向右边倾斜。因为，假使 X 有正的边际效用，X 的数

量增加，Y 的数量不随之发生任何变动（就是说，在图上简单向右移动），必然会增加总效用，这样就会出现一较高的无差异曲线。同样地，向上的简单移动，一定会导致一个较高的无差异曲线。只有这些移动是互相补偿的——X 增加而 Y 减少，或 X 减少而 Y 增加，无差异曲线才不会变动。因此这些曲线一定是向右下倾斜。

通过任何一点 P 的曲线的斜度确有很肯定而重要的意义。个人为了补偿一小单位 X 的损失，需要有某一数量的 Y。获得这样一个数量的 Y 所得的效用，等于获得的 Y 的数量乘 Y 的边际效用；失掉相应数量的 X 所引起效用的损失，等于失掉的 X 的数量乘 X 的边际效用（倘若数量很小）。因此，由于收获和损失相等，曲线的斜度等于：

$$\frac{\text{获得的 } Y \text{ 的数量}}{\text{失去的 } X \text{ 的数量}}=\frac{X \text{ 的边际效用}}{Y \text{ 的边际效用}}。$$

当个人拥有 X 和 Y 的数量各为 PM 和 PN 时，通过 P 的曲线的斜度衡量 X 的边际效用和 Y 的边际效用的比率。

关于曲线的形状，我们有没有进一步的知识呢？似乎应当有某种方法可以将边际效用渐减定律用图解表示。骤眼看来，这种转换好像是可能的。在沿无差异曲线移动时，会得到更多的 X 和更少的 Y。X 的增加会减少 X 的边际效用，Y 的减少会增加 Y 的边际效用。因此，从两方面来说，曲线的斜度应该是渐减的。当我们向右移动时，下降的曲线斜度渐减，向原点凸出，如图所示。

但是，是不是必然会得到这样的结果呢？就刚才所考虑到的一些直接影响来说，就必定是这样；但还有其他间接影响也应加以考虑。X 的增加不仅影响到 X 的边际效用,而且也影响到 Y 的边际效用。对于这种相关联的货物,以上论点不一定能成立。假定 X 的增加会降低 Y 的边际效用,Y 的减少会提高 X 的边际效用;并假定这种交叉影响很大。那么,这种交叉影响实际上可能抵消直接影响,沿无差异曲线向右移动实际上也会增加曲线的斜度。这无疑是一个奇异的例子,但它和效用渐减定律相容不悖。边际效用渐减定律和无差异曲线的凸性不是一回事。

3. 我们现在开始接触到值得引起注意的无差异曲线。帕累托这一发现,使其学说和马歇尔分道扬镳,并为具有广泛的经济意义的新论点开了道。

假定有一消费者,有一定的货币收入,把他的全部收入花费在两样商品 X 和 Y 上,没有其他商品掺入。设这两种商品在市场上的价格都是既定的。那么,我们虽不知他从货物里得到的效用量,亦可直接从他的无差异图上看出他将要购买的数量。

沿 X 轴(图 3)标出长度 OL,代表他如把全部收入用在 X 上时,所能购买的 X 的数量;同时在 Y 轴上标出数量 OM,代表他把全部收入用在 Y 上时所能购买的 Y 的数量;连接 LM;则 LM 上任何一点,代表他能用他的收入购买的两种商品的两个数量。从 L 开始,为了得到某一数量的 Y,就必须按比例放弃 X,这一比例决定于它们的价格比率,而价格的比率是由 LM 线的斜度表示的。

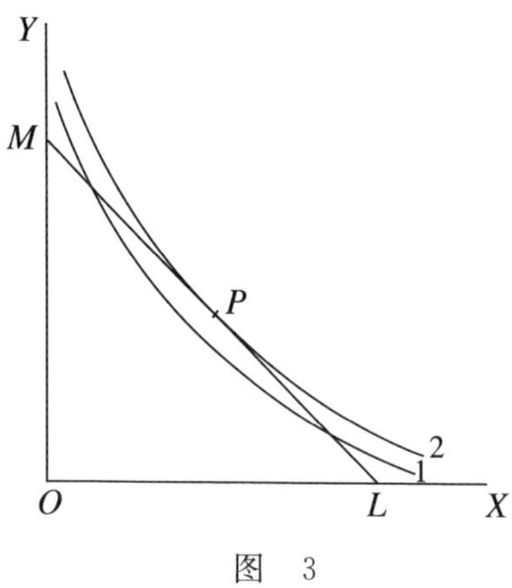

图 3

无差异曲线通过 LM 线上的任何一点；LM 线和无差异曲线通常交叉。在这种情况下，这一点不是一个均衡点。因为沿 LM 线无论向哪一个方向移动，消费者常常能够达到较高的无差异曲线，这一曲线给予他较大的效用。因此，在那一特定点上，他的效用并未达到最大限度。

只有当 LM 线和一条无差异曲线相切时，效用才能达到最大限度。因为在切点上，消费者向任一方向移动，都会落到较低的无差异曲线上。

价格线和无差异曲线的切点，用无差异曲线的用语来说，表示边际效用与价格之间的比例。

4. 这样我们便可将边际效用理论用无差异曲线的用语加以移译；但是，做到了这一点，我们便完成了较之移译更为值得注意的事情。因为，在移译的过程中，我们抛弃了某些原有的论据；然而，我们同样地得到了预期的结果。

在某一既定价格下，个人愿意购买的商品数量为多少，要决定这一点，马歇尔的理论蕴含我们必须知道他的效用平面；帕累托的理论仅仅假定我们必须知道他的无差异图。这比之效用平面所包含的未知数较少，它仅仅告诉我们，个人宁愿取某一特定的货物组合而不愿取另外的组合；它不像效用平面那样，企图告诉我们个人对第一组合比之第二组合偏好达到什么程度。

我们给予无差异曲线的数字完全是任意规定的；当曲线向高处移动时，这些数字将便于它们上移，但是数字可以是 1，2，3，4…，1，2，4，7…，1，2，7，10…，或者任何我们所愿用的上升的连续数字。

帕累托的一小张几何图，因而产生了一个在方法论方面有广泛重要性的结论。在任何价值学说中，都必须对什么是有“既定欲望”和“既定嗜好”的消费者下一定义。在马歇尔的学说中（如同杰文斯和瓦尔拉以及奥地利学派的学说一样），“既定欲望”被解释为意味着一种既定的效用函数，对于某一特定的货物组合的既定的欲望强度。这一假定许多人都不以为然，在帕累托的著作中表明这完全是一个不必要的假设。可以很适当地给“既定欲望”下定义为既定的偏好尺度（scale of preference）；我们只须假设消费者对某一货物组合的偏好超过另一组合，丝毫没有企图要表明他想望这一组合较之另一组合要多百分之五，或是任何这类意义。

假使任何人有任何其他理由认为对效用、满足或欲望这些观念可以作出某种适当的数量上的衡量，以上论点并不意味对此有所反对。假使一个人在哲学上是功利主义者，他有完全的权利在他的经济学上也是一个功利主义者。但是，假如他不是（目下很少人是功利主义者），他也有权利在经济学上不受功利主义者的假设的拘束。

从这一观点来说，帕累托的发现仅仅是开了一扇门，我们能否进入此门要看我们本身是否愿意。但是从技术的经济的观点来说，很有理由认定我们应当走这条路径。为了解释市场现象，效用的数量观念不是必需的。因此，根据奥堪氏剃刀（Occam's razor）①的原则，最好是不要用它。因为，实际上，如果在一个学说

① 指英人 William of Occam（1300—1349，圣芳济会修道士）用的一种论证方法，即在分析问题时消除一切不必要的事实及组成部分。——译者

里包含了不必要的事实，并非一件无关紧要的事。这种事实与目前的问题无关，它们的出现很可能使得概念模糊。这一点的重要性只能用经验显示；我希望读者相信，在这种情况中，这一点是颇为重要的。

5. 以这一原则为据，我们现在必须问，是否能在偏好尺度的假定上，建立起一种关于消费者需要的完全理论，这一理论至少要如马歇尔的理论一样完全。在构成这样一种理论时，任何时候都必须弃却完全依赖数量效用的任何观念，因此它不能仅从无差异图引申出来，我们仅从无差异图开始，而不应以此为满足。

在对这一点作进一步的考虑时，我们便不能得到帕累托之助，因为甚至在帕累托建立了他的卓越的命题之后，他仍继续采用了从以前的思想中引申出来的概念。这或许是由于他不愿多费心思根据他在经济学工作上相当后期方始达到的命题，重新考虑他在早期所得的结论。[1] 不管情况如何，他错过了一个机会。

第一个利用这个机会的是俄国经济学家和统计学家斯乐特斯基，他于 1915 年在意大利的《经济学家杂志》发表一文[2]。本章及以下两章所述理论，基本上是斯乐特斯基的理论；不过表达的方法

① 更有进者，他留给这个题目的大部分精力都花在追求不可捉摸之事上面了。如被消费的商品在两个以上，则偏好体系的微分方程可能不能求得积分。这一点能吸引数学家，但它似乎没有任何经济学的重要性。可以想象得到的和它相关的仅有的问题，都可以更好地用其他方法论证。参阅帕累托：《政治经济学教科书》，第 546—557 页；《经济数学》（收入《数学科学百科全书》，1911 年），第 597、614 页。对非积分性的最近的讨论见 N. 乔治斯扣·鲁琴：《消费者行为的纯理论》（《经济学季刊》，1936 年 8 月）。

② 斯乐特斯基：《关于消费者预算的理论》（《意大利经济学家杂志》，1915 年 7 月）。又见艾仑：《斯乐特斯基教授的消费者选择理论》（《经济学研究评论》，1936 年）。

有所不同，这是因为我一直在工作进行了很多时才看到斯乐特斯基的著作，同时这几章的实际内容已由艾伦和我在《经济学杂志》上发表。[①] 斯乐特斯基的著作是高度数学的，他对于他自己的理论的重要性并没有给予很多讨论。这些原因（以及它的发表日期）或许可以解释它为什么在这样长的时间一直没有发生影响，而必须重新加以发掘。对于斯乐特斯基所开辟的领域，这一本书第一个进行了有系统的探究。

6. 我们现在得做一点清除工作，排除一切被数量效用沾染的观念，就其中需要替换的，用不带有这种含义的观念去替换它们。

首先受到牺牲的显然必定是边际效用本身。如果总效用是不定的，则边际效用也是如此。但如拥有的两种商品的数量是既定的，我们仍能对两种边际效用的比率给以确切的意义。[②] 因为，这一数量可用一条无差异曲线的斜坡表示，而这和上述不定性无关。

为了避免引起令人误解的联想，我们拟给这个数量一个新的名字，称之为两种商品间的边际替代率（marginal rate of substitution）。我们可以给 X 对 Y 的边际替代率下定义为：恰好足以补偿消费者损失一个边际单位 X 的 Y 的数量。这一定义可以完全不依赖效用的数量衡量。

如果在一种市场价格体系之下，个人处于均衡状态，则在任何两种商品之间，他的边际替代率显然等于它们的价格比率。否则，他以某种数量的一项商品替代等值（按市场率计）的另一商品显然

① 《价值学说的重新考虑》（《经济学杂志》，1934 年）。

② 另一方面，如果在计算 X 的边际效用时，有一套数量，在计算 Y 的边际效用时，又有另一套数量，则 X 的边际效用对 Y 的边际效用的比率就没有什么意义可言。

有利。因此，我们现在即将以此种形式论述市场均衡情况。

可以看到，在这一系统的讲述中，我们几乎没有脱离开马歇尔 X 对 Y 的边际替代率，就是他所说的以 Y 计算 X 的边际效用。如果我们愿意，我们也许可以将马歇尔的话改一下，说商品的价格等于该项商品对货币的边际替代率。

7. 第二个受到牺牲的(这一次是更为严重的一个)必定是边际效用渐减定律。假使边际效用缺乏确切的意义，则渐减的边际效用也同样不会有确切的意义。但是，我们将以什么代替它？

根据规则，无差异曲线对轴线是凸出的。用我们现在的术语来说，此可称为边际替代率渐减定律。[①] 对这点可解释如下：假定开始时有一定数量的货物，然后逐渐增加 X 的数量，并逐渐减少 Y 的数量，使得消费者的处境，按总的结果来说，既不会更好也不会更坏；则为了增加第二个单位的 X，所需相应减少的 Y 的数量将小于增加第一单位 X 时所减少的数量。换句话说，X 能代替 Y 愈多，则 X 对 Y 的边际替代率愈小。

但是，我们必须以这一边际替代率渐减定律，代替边际效用渐减定律，其理由何在？如我们所已知，[②]它们并不是恰好一回事。这一代替并不只是一种移译；它是理论基础的一种积极的改变，需要明确说明其理由。

---

① 改变术语，令人厌烦，对此我必须向读者致歉。在《重新考虑》一文中，我从另一个角度看这个改变，因此谈到渐增的边际替代率，而此处则谈到渐减率。初看这样做显然较为方便。但是我现在又想，尽可能使我用的术语接近于人所熟知的马歇尔的术语，其好处超过这少许的方便。

② 见第 19 页。

说明如下：我们需要边际替代率渐减定律和马歇尔学说的需要边际效用渐减定律，其理由相同。在均衡点上，除非边际替代率渐减，否则均衡即不稳定。即使边际替代率和价格比率相等，致获得一个单位的 X 并不会产生任何值得重视的利益；然而，设边际替代率渐增，则获得较大数量即属有利。把这一点在无差异图上表现出来，可以说明一些问题。（图 4）

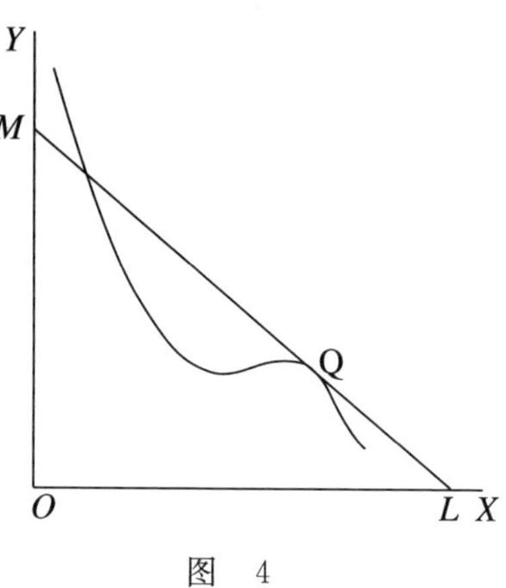

图　4

在图上的 Q 点，边际替代率等于价格比率，价格线通过 Q 点与无差异曲线相切。但边际替代率是渐增的（无差异曲线对轴线凹入），因此离开 Q 点沿 LM 任一方向的移动，都会使个人达到较高的无差异曲线。所以，Q 是最低的而非最高的效用点，同时也不是一个均衡点。

因此，很明显的，对于任何一点而言，如果它是适当价格上的可能均衡比率，则在这一点上的边际替代率必定是渐减的。我们从经验获知，在几乎每一个人的无差异图上，确都存在某些可能的均衡点（即是说，他们确会决定购买某一数量的一些商品，而不会像布锐顿驴子①一样，老是迟疑不决），因此边际替代率渐减定律有时必然是有效的。

不过，我们如想进一步发展经济学，就不能以一个只是有时有

① 十三世纪法国哲学家约翰·布锐顿预言将一驴置于两堆燕麦之间，因不知所择而挨饿。——译者

效的原则为满足；我们需要一个更具有普遍性的原则。边际效用渐减定律曾被认为普遍有效(仅有某些特殊例外)，许多重要的经济结论都以这一普遍有效性为基础。我们得重新观察一下这些结论；如果它们还能站得住，首先它们必须以无差异图的性能作为基础，这种无差异图并不只是有时有效。

事实上经济学家常用以作为他们的边际效用渐减定律的一般原则是什么呢？他们通常求助于经验；但这些经验常是模糊不清，不能提供任何实际试验的机会。我们不乏指责这种方法不科学的批评；我们现在的讨论对"边际效用渐减定律"所加上的怀疑本身，只会使我们更加反对传统的方法。假使我们认为边际效用渐减，在任何情况下是可疑的，现在甚至肯定它是不适切的，因而加以抛弃；那么，我们是否可以把边际替代率渐减的一般原则建立在同样的"经验"上呢？我想，我们也许不会受到诘难；但是，必须要有一个更可靠的基础。

8. 我们需要一个我们自己的原理，其目的何在？如果我们对这一点仔细想一想，我想我们就可以得到这个较可靠的基础。我们的目的是要从这一原理中演绎出市场行为的定律——即是，关于消费者对市场情况变化的反应的定律。当市场情况改变时，消费者从一个均衡点移动到另一个均衡点；在每一个这样的位置上，边际替代率渐减的条件都必然有效，否则他就无法达到这样一个位置。所以，问题立即就很清楚；但从这一点进到我们在经济理论中需要的边际替代率渐减定律，还必须有一个假设。我们必须假设在两个均衡点之间的所有各点上，每一条件都有效，使两个均衡点之间的曲线上，没有纽结。(假使曲线上有纽结，就会产生奇异的结果，例如会存在某些价格体系，在这种价格下，消费者不能在两种支出的方式之间有所选择。）在边际替代率渐减的一般原则下，这种奇异的事情是不可能的；通过这一原则我们在各种可能性中选择了最简单的一种。

我们继续向前进时，便会发现纯经济理论的大多数“定律”都可作如是观。纯经济学有一种从帽子里取出兔子的不平常的方法——显然是涉及现实的假定命题。想发现如何把兔子放进去是一种很吸引人的事情；我们之间不相信魔术的人，总得信服兔子是放进去了。我则相信有两种进去的方法。第一是采取如下假设：即在每一个经济讨论的开始，都把讨论涉及的事物，当作是唯一与实际问题有关的事物。（这常是一种很危险的假设，而且几乎常是相当错误的；这说明为什么经济理论的应用是这样一件难题。）这种方法使我们看到了问题的大半，但非问题的全部。另一个假设是我们刚才单独谈到过，即认为纽结可以忽略的假设；亦即在某种价格体系下，邻近两个可能的均衡位置间，对任一组数量的欲望体系（以后我们会看到，生产体系也是一样）都会有充分程度的规则性。这一假设也可能是错误的；但是，由于这是一个可能有的最简单的假设，因此是作为开端的一个良好的假设；事实上，它和经验也似乎很相吻合。

现在可以开始看出，我们讨论的方向。假使这是消费资料边际替代率渐减原则的真正基础，则其他有完全相同基础的原则也就可以发现。这些原则可以一一举出，它们的结论也可以推论出来。其中有一些谈到生产，将在下面第六章中论及；其余均为本章所述原则的引申，涉及这一领域或那一领域。可以顺应帕累托偏好水平范畴的人类的选择，其种类非常繁多，只要考虑到这一点，我们就能理解，这类引申是很多的。以消费者对消费货物的选择的分析作为开始，而以一般的经济的选择理论告终。这样，我们就可看到一个有关全部经济学的统一的原则。

9. 这已经谈得太远。在我们开发这些漫长的大道之前，还需要做许多准备工作。在这里先谈一项必需的准备工作，以作本章的结束。

在以上大多数的讨论当中，我们把情况极端地简单化，将消费者的选择限制在对两种货物的支出上。放弃这种简单化，现在正是时候。因为，我们的理论如仅限于这一简单情况，那么可说的话，确乎不多。事实上这是无差异曲线的主要缺点之一，它鼓励对这种简单情况集中注意，很容易证明，集中注意于这方面是很危险的。

当支出分配在两种以上的货物时，无差异图即失去其简单性；对于三种货物，我们即需有三个维度；而在超过三种货物时，几何学即无能为力了。然而，我们在本章所建立的原则，本质上并不受影响。对边际替代率仍可像前面那样下定义，唯须加一附带条款，即对其他商品（Z…）的消费数量应保持不变。只有在两种货物的边际替代率等于其价格比率时，消费者才处于充分均衡状态。对于边际替代率渐减原则而言，稍有差异。

当支出分配在许多商品上时，为使均衡达到稳定，以下一点是必需的，即相等的市场价值之间的可能的替代不应导致消费者达到较好的地位。这意味着不仅在一对商品之间必定有渐减的边际替代率，即在更为复杂的替代之间（若干 X 替代若干 Y 和若干

Z)，也受同样的规律所约束。我们可以用下面的话来表达这一点：在任一方向的替代其边际替代率都必须是渐减的。这是一个较为复杂的条件，但当我们继续讨论下去时，即会发现它将直接导向一个大为重要的结论。

基于如上的同样理由，我们将假设我们分析中涉及的每一个位置的任一方向，其边际替代率都是渐减的。这一点并不能自我证明或从"经验"中建立起来，但我们可以像说明较为简单的情况一样加以论证。不过，它显然是一个大胆的假设，给了我们许多要做的事情，从这里面我们可以演绎出若干积极的结论。

第二章　消费者的需求定律

1. 从上章所述均衡条件以及关于规则性的基本假设中，我们现在应引申出市场行为的定律——即当价格改变时，消费者的反应情况如何？关于均衡条件的讨论常是为达到一项目的的一种手段；我们想了解，是哪些条件左右着在既定价格下的购买数量，以便利用它们发现当价格改变的时候，购买数量如何改变。

我们的研究的这一阶段，相当于马歇尔在他的理论中从边际效用渐减定律演绎出需求曲线的下降斜坡的那一阶段。马歇尔在作这种演绎时所采取的特殊方法，是值得注意的。他假设货币的边际效用不变。[①] 因此，一项商品的边际效用与价格之比，是一个不变的比率。设价格下降，边际效用也必降低。但是，根据边际效用渐减定律，这意味着需求数量的增加。所以，价格的下降就增加了需求数量。这是我们要重新考虑的一个论点。

货币的边际效用不变，其意义如何？用我们的话来说，它似乎意味着消费者货币供应（就现在所讨论的问题来说，即指他的收入）的改变不会影响货币与任何特定商品 X 之间的边际替代率。

① 当然，这一点抹去了一项商品的边际效用渐减和该项商品对货币的边际替代率渐减之间的任何区别。因之，它解释了为什么马歇尔满足于渐减的边际效用。

(因边际替代率等于 X 和货币的边际效用的比率。)因此,假使他的收入增加,而 X 的价格保持不变,则 X 的价格仍等于边际替代率,对 X 的购买数量不变。这样,对 X 的需求与收入无关。他对任何商品的需要都和他的收入无关。

从后文即可看出,马歇尔所说的货币边际效用不变,其意义就是这样,他并不是真的认为人们对商品的需求不取决于他们的收入,而是在他的需求与价格的理论中,他一般的忽略了收入这一点。我们会看到,他很有理由这样做,把货币边际效用看作不变事实上是一个巧妙的简化,在马歇尔把这一点应用于大多数问题上时,这种简化都完全无害。但它并非对所有的应用都无害;关于收入的改变对需求所起的影响如属模糊不清,有时不是好事。一个价值学说如对需求、价格以及收入的关系都解释得十分清楚,会带来很明显的益处。

2. 现在再回到无差异图,并从观察收入改变所引起的影响开始。对价格改变的影响将留待以后讨论,设我们首先观察收入改变的影响,对价格的改变将较易于处理。因此,如同上章一样,让我们假定 X 和 Y 的价格是既定的,而假定消费者的收入是变化着的。

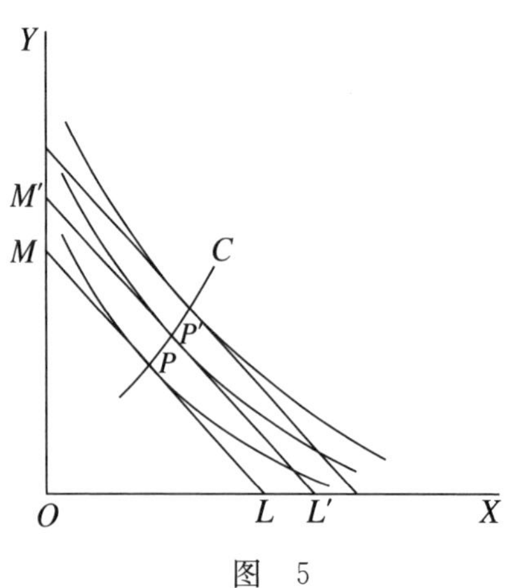

图 5

我们以前曾看到,如果他的收入是 OL(就 X 衡量)或 OM(就 Y 衡量),均衡点将在 P,在这一点上 LM 与一无差异曲线相切(图 5)。假使现在他的收入增加,

LM 将向右移，但只要 X 和 Y 的价格不变，新线 $L'M'$ 仍将与 LM 相平行。（因为，在这种情况下，$OM'/OL'=OM/OL$，价格比率不变。）新的均衡点将在 P'，在这一点上，$L'M'$ 与一无差异曲线相切。

当收入继续增加时，$L'M'$ 即继续向右移动，P' 点可以描成一曲线，我们称之为“收入-消费曲线”。① 它显示当收入增加而价格保持不变时消费变化的情况。通过图上任一点 P 能画出收入-消费曲线；这样，对于每一个可能的价格体系就有一条相当的收入-消费曲线。

收入-消费曲线的形状如何？仅仅描绘图解的经验，即足以说明它通常是向右向上的斜坡；但它并不足以显示它必然会如此。事实上，对于它的形状，只有一个必要的限制。一条收入-消费曲线不能和任何特定的无差异曲线相交叉一次以上。（因为若是如此，即意味着无差异曲线有两条平行的切线——假使无差异曲线对原点常是凸出的，那这是不可能的。）因之，在大多数情况下，收入-消费曲线都是向右向上倾斜，但它们也有可能向左向下移动（图 6 中的 PC_1 或 PC_2），而不致与一条无差异曲线相交叉一次以上。

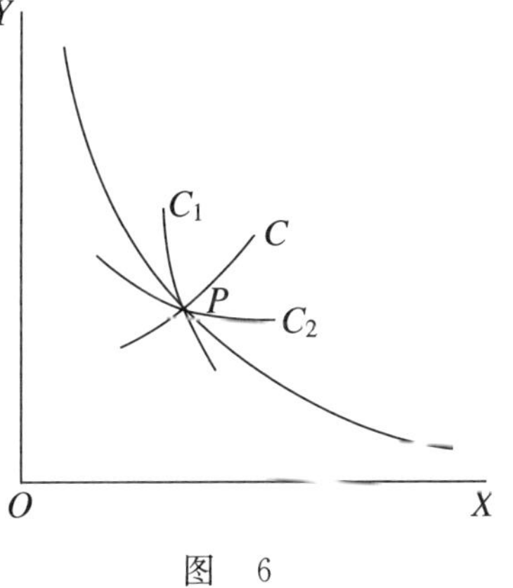

图 6

这显然就是它应有的形状。曲线如 PC_1 确会发生。如商品 X 是“劣等”货物，在收入水平较低时被大量消费；但当收入上升，即被较高品质的货物所替代或部分替代。在这种情况下，上述曲

① 在《价值学说的重新考虑》一文中，我称之为支出曲线，这显然是一个坏名词。

线即可发现。人造奶油即是很明显的一例；它的劣势已被统计调查所证实。① 但几乎无须怀疑还有许多其他例子。我们可以说，大多数供销售的品质较差的货物，或许都是劣等的货物。②

虽然我们刚才所使用的图解方法仅在只有两种货物（X 和 Y）时方始有效，但不管收入分配于多少货物上，同样的论点显然还是站得住。假使收入增加，而增加的收入又开支掉了，那么某些方面的消费必有增加，或许是大多数方面甚至所有的方面都有增加；但有少数货物其消费实际上会减少，这也是完全可能的。这是一个反面的结论，但对此不必再多费笔墨。

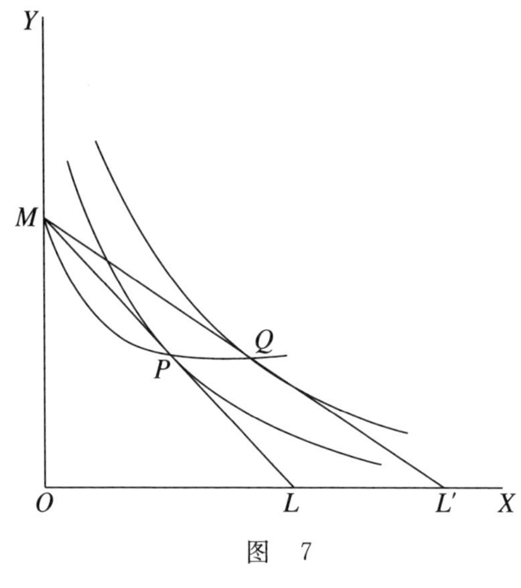

图　7

3. 现在再考虑价格改变的影响。这里仍从两种货物的情况开始。今设收入是固定的，Y 的价格也是固定的；但 X 的价格则

① 参阅艾伦与博利合著：《家庭开支》第 36、41 页。

② 这一点奇妙地说明，只要边际效用渐减原理尚未完全放弃，则在解释该项原理时，很易于将劣等货物完全排除于经济学之外，而使价值理论陷入混乱。在帕累托发展他的概念时，有一个时期就曾提出这种解释（《政治经济学教科书》，第 502—3 页；参照后来的法文版，第 573—4 页）。他不完全依赖真正的边际替代率渐减原理（即当 X 沿一无差异曲线替代 Y 时，比率渐减），而提出了一个我们现在可以公正地称之为错误的原理——当 Y 的供应减少而 X 的供应不增加时，X 对 Y 的边际替代率渐减。如果这一原理不错，那就排除了 X 作为一种劣等货物的可能性。因此帕累托的这一原理常常无效。

是有变化的。这种情况下的消费可能性以一条直线表示之(图7),这条直线是连接 M(OM 是按 Y 计算的收入,因此是固定的)到 OX 上的点,OX 随 X 价格的变化而变化。X 的每一价格将决定一 LM 线(价格下降时 OL 增加);相应于每一价格的均衡点将为 LM 线与无差异曲线相接触之点。连接这些点的 MPQ 曲线或可称为**价格-消费曲线**。它显示当 X 的价格发生变化而其他条件仍然相等时,消费变化的情况。

从 LM 的特定位置出发,我们就可以得到两组直线,和相应的接触点。我们有与 LM 相平行的线,它们的接触点可以连成收入-消费曲线。我们又有通过 M 的线,它们的接触点可连成价格-消费曲线。任何特定的无差异曲线都必会与这每一组中的一线相切。取一无差异曲线 I_2 为例,该线高于与 LM 相切的无差异曲线 I_1。曲线 I_2 与一和 LM 平行的线切于 P',与一通过 M 的线相切于 Q。现在从图上就可以明白(从无差异曲线是凸状可以推定)Q 必位于 P' 的右方。对于所有高于原来曲线的无差异曲线而言,都具有同一的性质;因之可以推定,在较高的无差异曲线上通过 P 点的价格-消费曲线总是位于通过 P 点的收入-消费曲线的右方(图 8)。

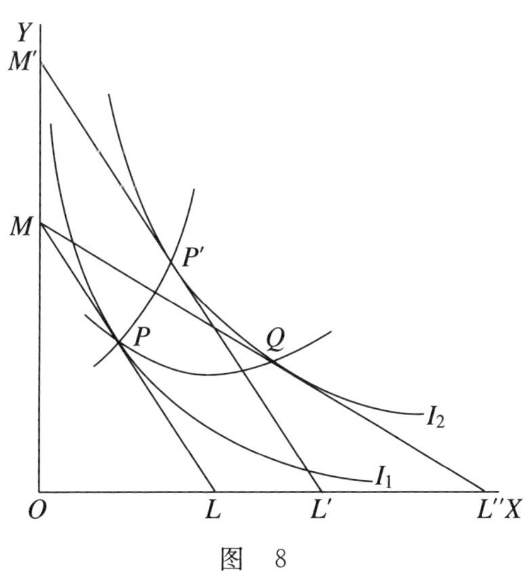

图　8

这一命题看来只是一个几何上的问题,却证明具有经济学上的重要意义，对于价值学说的大部分都有着十分根本的意义。让我们试探讨它的含义。

当价格下降时，消费者沿价格-消费曲线从 P 移动至 Q。我们现在可以看到，从 P 到 Q 的移动相等于沿收入-消费曲线从 P 到 P' 的移动，及沿无差异曲线从 P' 到 Q 的移动。我们如能思虑一下价格对需求在两个各别部分的影响，将是十分有益的。

一项商品价格的下降确会在两个不同的方面影响到对该项商品的需求。一方面，它使得消费者的处境更好一些，提高了他的"真实收入"，在这一点上，它的影响相同于收入的增加。另一方面，它改变了相对的价格；因此，除真实收入改变外，还有一种趋向，即将价格已下降的商品代替其他商品。对需求的总的影响即为这两种趋势的总和。

还可以进一步表明，这种趋势的相对重要性和消费者将他的支出分配多少于这一商品（X）以及分配多少于其他商品有关系。他从 X 价格的下降中能受惠到什么程度视他原先购买 X 的数量而定；设与他的收入相比较，这一数量相对的大，则他就受惠很大，而第一种影响（我们可称之为收入效应）将属非常重要；但如这一数量很小，那么所获也小，收入效应很可能被替代效应所盖没。

就是这最后一点可以为马歇尔的"不变的边际效用"辩护。可以看到，就其运行的肯定性而言，我们所论及的两种效应是位于不同的立足点上。从边际替代率渐减原理即可推知替代效应是绝对肯定的——当商品价格下降时，其变动的结果总是偏向于对商品需求的增加。但是，收入效应则不是这样可靠；它通常在同一方向起作用，但货物如属低劣，它常向相反的方向起作用。因此，当所述商品在消费者的预算中占据较小的地位的情况下，这一不甚可靠的收入效应相对地不重要——这是有很大重要性的一点；因为只有在这种情况下（幸运地、它们是最为重要的情况），我们才有一个明确的需求定律。只有在这种情况下我们才能十分肯定，价格的下降必然会导致需求数量的上升。

马歇尔集中注意于这些情况，因此他忽略了收入效应。他这样做是借助于可以把他的货币边际效用看作不变的假定，这意味着他忽略了由价格改变引起真实收入改变而对需求所产生的影响。这种简化对许多目的而言，有其理由，它肯定地把他的理论大大地简化了。这的确是那些天才的简化当中的一个，这类简化在马歇尔的理论中尚有数例。经济学家将继续利用这些简化，当然如他们能知道他们忽略了什么，那就会更好一些。在我们继续讨论下去时，我们将会发现，我们如对收入效应了然于胸，有些马歇尔未曾多加考虑的其他问题，就肯定更容易理解。

4. 上节所作的几何学的论点似乎只能应用于这种情况，即消费者将他的支出分配于两种而不是更多的商品上；但是实际上不仅限于此。假使我们不把 X 和 Y 作为面包和马铃薯，或是茶叶和人造奶油（即这类意义的物质商品），而把其一作为面包（某种物质商品），另一作为一般的购买力（马歇尔的“货币”）。则消费者的选择是，或花费他的钱于面包上，或保存之以便购买其他东西。假使他决定不将收入花费于面包上，他以后终会将它改变成其他形式，即用来购买一种或几种商品。但即使 Y 是马铃薯，仍然可以改变为其他形式，一些是烤的，一些是煮的。这种可能性并不能阻止我们为面包和马铃薯作出一个确定的无差异体系。同样地，只要把货币能转变为其他商品的条件提出来，即没有理由说我们不能为任一商品 X 和货币（即是说，一般的购买力）作出一个确定的无差异体系。将购买力分配于其他几种商品和将一种商品派作几种用途完全是一样的，即使只有一种其他物质商品这种情况也是可能发生的。

这一原则可以普遍应用。[①] 在我们所讨论的特定问题里，如果能够假定它们的相对价格不变的话，常常就可以把它们看作是单一商品的可分单位一样。只要假设其他消费资料的价格是既定的，即可将它们总算在一起作为一种商品“货币”，或“一般的购买力”。同样地，在应用于其他问题时，如果不考虑相对工资的变动，也不妨假定所有劳工都是同类的。在我们讨论下去时，还有其他的应用问题可以注意。[②]

就目前来说，我们只想利用这一原则弄清楚，不论消费者如何支出其收入，将价格对需求的影响区分为收入效应和替代效应，以及当价格下降时替代效应常常至少会增加需求这一定律，都是正当的。

5. 在我们以上的全部讨论里，我们已论及单一个人的行为。但归根到底，经济学并不是对单一个人的行为有很大的兴趣。它关注的是集体的行为。对个人需求的研究，仅是研究市场需求的手段。幸运地，利用我们现在的方法，我们可以很容易地从前者过

---

① 事实上，这是从以下这一原理中所得到的一个结果，即不管替代发生在哪一个方向，边际替代率必定是渐减的。上章末尾有所论及（参阅附录第 8 节〔4〕及第 10 节）。

② 在此之外，似乎无须为“商品”的定义担心。组成商品的是哪一批东西，应视所讨论的问题而定。

渡到后者。

市场需求的性质几乎和个人需求的性质完全相同。我们试一回思，即可看出这点。我们可以将需求数量的实际改变（由价格的微小改变引起）分成为两个部分，分别由于收入效应和替代效应所引起。集体需求的改变是个人需求改变的总和；因此，也可以分成两个部分，一部分相当于个人收入效应的总和，另一部分则相当于个人替代效应的总和。其他对个人适用的命题对集体也适用。

（1）因为所有个人替代效应都偏向于在商品价格下降时增加对该商品的消费，集体替代效应也必然如此。

（2）个人收入效应在方向上不是很可靠的；因此集体收入效应也不是很可靠的。对集体中的某些人而言，某种商品可能是低劣的；但对集体整体，却未必是低劣的；这一部分的负收入效应，被集体其他部分的正收入效应所抵消。

（3）假使整个集体仅花费了它的收入的一小部分在所述商品上，那么集体收入效应通常可以无须注意。

6. 因此，我们现在可以概括一下需求定律。一种商品的需求曲线必然向下倾斜，如这一商品不是低劣货物，则当商品价格下降时，该商品的消费就会增加。即使它是低劣品，致产生负收入效应，但只要收入支出在这商品的部分很小，使得收入效应也小；则需求曲线仍是按常例出现。即使这两个条件都不能满足，这一商品既属品质低劣，又在消费者的预算中占有重要地位，价格的下降也不一定就会减少需求的数量。因为，甚至是一个大的负收入效应也许会被一个大的替代效应所盖过。

如果要为这一需求定律找出例外，显然先需满足非常严格的条件。消费者只有在生活水平很低的时候，才可能会将他们的大部分收入，开支于对于他们来说是较为低劣的那些货物上。马歇尔所引用的吉芬的例子[①]正是适合这些要求的。当收入水平很低时，消费者对食物的需求可能大部分是用一种主食品(如吉芬例中的面包)来加以满足；如果收入提高，它即会被较有变化的食品所代替。假使这一主食品价格下降，他们即会有很多的余钱可供消费，他们也许会将这些余钱用于较喜好的食物上，然后这些食物便会代替原来的一种主食品，减低了对后者的需求，在这一情况中，负收入效应也许足以盖过替代效应。但这种情况显然甚少。

因此，我们也许可以说，这一简单的需求定律——需求曲线的向下倾斜，在其运行中常可证明其必然性。例外情况很少且不重要。在这一方面，我们现在的技术还不能提供什么新的东西。

7. 在讨论了这一标准情况之后，我们就开始获得一些有效的澄清。

迄今我们一直假定消费者的收入以货币计算是固定的。假使情况不是如此，假使他不仅作为一个买者，而且作为一个卖者来到市场，则情况将如何？假定他来时带有固定数量的某种商品 X，其中一部分他准备留供自用，如价格条件有利于他这样做的话。

只要 X 的价格是固定的，我们以前的讨论显然不受影响。如果我们愿意，我们可以假定他把他的全部存货按照固定价格换为货币，那时，他会发现他和那些按货币计算收入固定的消费者，正处于同样的地位。假使他需要，他可以购回一些 X。

① 《经济学原理》，第 132 页。

但设 X 的价格变化不定，情况又如何？替代效应仍和以前一样。X 价格的下降，将鼓励以 X 替代其他货物；此必有利于 X 需求的增加，即是说，供应将显得减少。但是，收入效应将和以前不同。X 的价格下降，将使 X 的卖者境况变坏；这将减少他的需求（增加他的供应），除非 X 对他是较低劣的货物。

这样，卖者与买者地位的重大差别，就立即表现出来了。对于买者，除货物低劣的例外情况外，收入效应与替代效应在同一方向运行。对于卖者，则只有在那一例外情况中，它们才在同一方向运行。通常它们在相反的方向运行。

对于卖者的收入效应更不能加以忽略这一事实，使得情况更为难办。卖者常从他们出售的某一特殊物品中，获取他们收入的大部分。在许多情况中，收入效应和替代效应同等重要，或者占主要地位。我们可以作这样的结论：X 价格的下降可能会减少它的供应，也可能会增加它的供应。

这一供应曲线的实际重要性无疑地在生产要素的情况中最为明显。工资的下降有时会使工资赚取者工作松弛，有时却会使他们工作得更为辛勤；因为，在一方面，计件工资率的降低使得为生产边际单位产量所需作的努力比之收入不变的情况下更不值得；但在另一方面，他的收入减少了，为弥补收入的损失，迫使他更为辛勤地工作，这一情况或许会抵消第一种趋势。①

不过，凡是在有保留需求的可能性时，即是说，其他条件不变，

① 罗宾斯：《用努力衡量的收入需求的弹性》（《经济学杂志》，1930 年，第 123 页）。

而卖者宁愿少放弃，不愿多放弃时，即会有这样一种曲线出现。不是太专门化的农场生产的农作物的供应就是另外一个很好的例子。任一这样的供给曲线，画在一价格数量图上，即可能在某一点上向后转。它不可能是一个向上的斜坡（图9）。

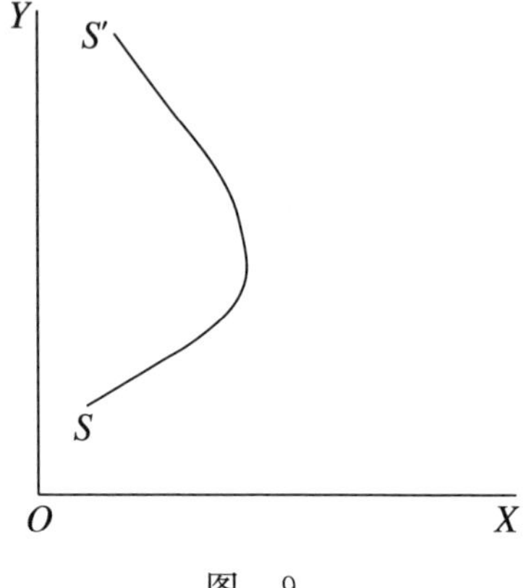

图　9

在供给与需求之间存在这种不对称是早已为人熟知的事；或许应该把它算作是瓦尔拉的发现之一。[①]但在对这种不对称的理由没有弄清楚的时候，太容易把它的存在忘记了。我们现在已把这问题弄清楚了，这或者可视为我们的新技术的第一个果实。把这问题弄清楚是一件好事，在我们讨论下去时，会发现它为某些非常方便的分析方法开了门路。

第二章附注　消费者的剩余

马歇尔《经济学原理》第三卷的消费者的剩余学说比任何其他问题引起了更多的麻烦和争论；我们刚才所得到的结论有助于对

① 瓦尔拉：《纯粹经济学要义》（1874 年初版），第 5—7 讲。

它的了解；因此，就我们目前的研究而论，它虽有点离题，但在这里探讨一下或许还是有益的。

在这门学科中，消费者的剩余或许是表现了马歇尔稍许过于机智的一例；他是有天才的，我们必须小心，不要陷入一些著作者在这问题上最常犯的错误，他们对他表现的天才缺乏认识。我们现在正处置一种容易蒙蔽人的学说，它们貌似简单，实则不然。在论述这问题时，可能完全错误；同时也容易忽视这一事实，即马歇尔为了在论述这问题时不致有错误，曾作过很大的努力。

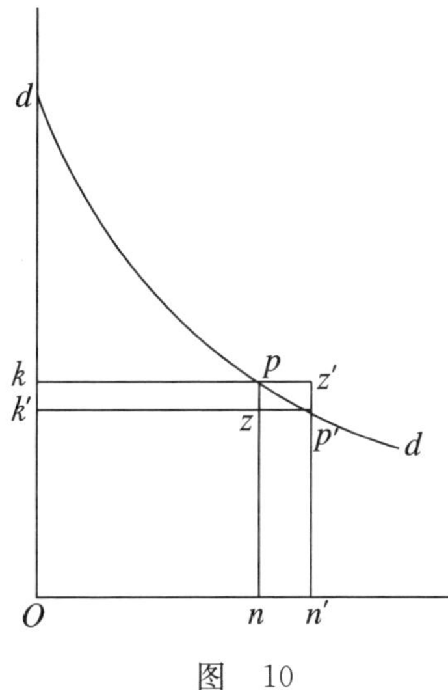

图　10

因此，首先把马歇尔的论点和消费者剩余原创始人杜普伊特的论点相对照一下是有用的。杜普伊特于1844年著作时，提供了一种见解，这种见解在马歇尔修正后的理论中是没有的。[①] 他直截地认为："政治经济学必须以消费者为获取某物所愿作出的最大牺牲作为衡量该物效用的标准。"（第36页）因此，以价格 pn 购买 on 单位的商品所获得的"效用"在价格数量需求图上以 dpk 的面积表示（第57页）。对这一点没有附任何条件。马歇尔使用了同一图（图10），并得到相同的结果；但他给了一个重要的限制条件，即必须假定货币的边际效用不

① 杜普伊特的著作见《桥梁建筑学校年刊》，因此很难见及，直至柏纳底斯的巨大重印本题为《效用的衡量》（吐林，1933年）出现，才易见到，我的引文即来自此书。

变。①

这一点的意义可以很容易地在无差异图上表现出来，像以前一样，沿一轴衡量商品 X，另一轴衡量货币（图 11）。设消费者收入为 OM，X 的价格以斜面 ML 表示，ML 与一无差异曲线切于 P 点，ON 为购买 X 的数量，PF 为购买 X 付出的货币数量。现在 P 在高于 M 的无差异曲线上，所需要的是以货币衡量这一“效用”的收获。马歇尔和杜普伊特一样，认为效用的收获是“（消费者）不能缺少某物而愿对该物付出之价格与其实际付出的价格相较超出的部分”。② 在我们的图上，他实际付出的价格以 PF 衡量，他愿付出的价格以 RF 衡量，R 和 M 在同一无差异曲线上（如果他付出 RF 购买 ON 时，他的处境并不因此而更好）。因此，消费者的剩余是 RP 线的长度。

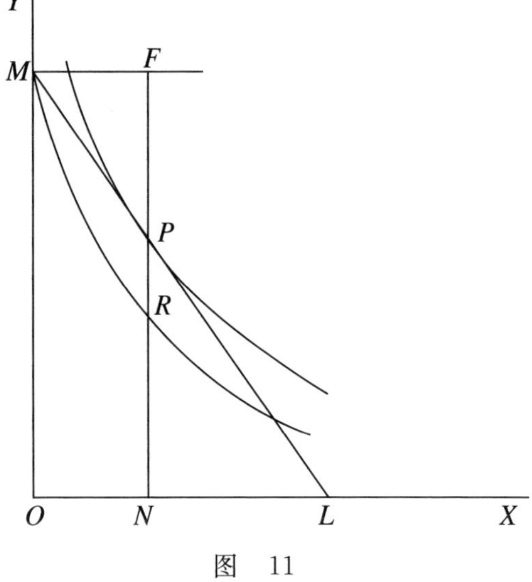

图　11

RP 完全是消费者剩余的一段表现，与关于货币边际效用的任何假定无关。但它并不是必然和马歇尔图上需求曲线的那一面积相等，除非货币边际效用不变。这一点可以这样看出

① 马歇尔：《经济学原理》，第 842 页。

② 马歇尔：《经济学原理》，第 124 页。

来:假使货币的边际效用不变,在 R 点的无差异曲线的斜面必定和在 P 点的无差异曲线的斜面相同,即和 MP 线的斜面相同。因此沿无差异曲线 MR 稍向右移所增加的 RF 的数量就和沿 MP 稍微移动所增加的 PF 的数量相同。但是,PF 的增加数是以 MP 所决定的价格稍许多购而多付出之数额,这一数量在图 10 中以 $Pnn'z'$、衡量。RF 的长度是从一系列这样的增加中建立起来的,在图 10 上就要以如 $Pnn'z'$ 这样的面积表示,这种面积也是从增加中得来的。它就是 $dpno$。

因此,在图 10 上 RP 为 dpk 所代表——马歇尔的消费者的剩余。

只要货币的边际效用不变——只要收入效应可以忽略,这一点就有效。但是在这一情况下,信从马歇尔,忽略收入效应是否合理?在这一情况下,忽略它们不一定没有问题。马歇尔忽略了在 P 点的无差异曲线的斜度和在 R 点的无差异曲线的斜度之间的区别。不错,如果我们所考虑的商品在消费者的预算中愈不重要,则这种区别也可能愈不重要。但即使收入开支在这种商品上的部分很小,这种区别仍然是重要的;设 RP 本身很大,设消费者剩余很大,以致失去购买这一商品的机会即等于收入的很大损失,这一区分仍然是重要的。

这是一个甚至在马歇尔解说的消费者剩余学说中也存在的弱点;没有理由要让它保留。我们必须记住,消费者剩余的观念并不是为它本身的缘故而需要;需要它,是利用它作为表现另一重要命题的手段,这一命题得借助于它。然而事实上可以不依靠其他问题即可说明该一命题。

如我们所看到的，最好的看待消费者剩余的办法是把它当作一种表示由于价格下降的结果，以货币收入计算消费者所得的收获。或者还可以更好地把它看作是收入的补偿变化(compensating variation)，收入的损失正好抵消价格的下降，使得消费者处境并不比以前更好。现在可以表明，这一补偿变化不能小于某一最低数量，通常大于那一数量。要点就是这些。

假定橘子的价格为每只二便士，有一人以这价格购买六只。现假定价格下降至一便士，他以这一较低的价格购买了十只。什么是收入的补偿变化呢？我们不能很准确地说出来，但是我们可以说它不会少于六便士。又假定在橘子价格下降的同时，他的收入减少了六便士。则在这一新的情况下，如果他愿意，他能购买与以前同样数量的橘子，和与以前同样数量的所有其他商品；他以前认为怎么好，现在仍可照样做，他的处境并没有变得更坏。但是随着相对价格的改变，他可能会以某一数量的橘子代替某些数量的其他东西，这样可使他自己的处境较好一些。但是假使他能损失六便士而处境仍然变得更好一些，六便士必然小于补偿变化；要使他和以前仍然一样，那他的损失就必须大于六便士。①

为了确立以消费者剩余原理为基础的赋税学说的重要结论，有以上几点就够了。例如，它表明了为什么(且不提分配的影响)

① 因此，可以证明补偿变化在图 10 上较 $kpzk'$ 的面积为大。是否也能证明较 $kz'p'k'$ 为小呢？初看也许会作此想；但事实上在这方面要给予同等有力的证明是不可能的。假使我们使用无差异图(图 11)，这一点就很清楚。当橘子的价格下降一便士，收入减少十便士时，表示购买机会的线即不再通过原来的均衡点 P。这样我们就没有关于和它相切的无差异曲线的可靠资料。我们只能从以前的论点中推论，只要能把货币的边际效用看作不变，补偿变化将小于那一较大的长方形。

对商品的课税加于消费者的负担大于收入税。假定由于课税减少的结果，橘子的价格由二便士跌到一便士，那么（设成本不变）从我们的特定的消费者减少的税收是六便士。假使通过收入税从消费者手中征去此数，则他和政府的处境都不会受到影响。

其他从消费者剩余原则所作出的推论或许也可以用同样的方法试验①。

① 霍特林教授在一篇发表在我写了上文以后的文章（《有关赋税、铁路及公用事业费率问题的一般福利》，见《经济学杂志》，1938 年 7 月）里提出了实质很相同的论点并应用于更为广泛的经济福利问题上。如将庇古教授的著作的基本部分都归入这一类的批评中，将是很有趣味的事；我的印象是其中大部分都很适于作这种分析。

第三章　补充性

1. 埃季沃思和帕累托对补充的货物与竞争的货物所下定义如下。[①] 在消费者的预算中，设 X 的供应增加（Y 不变）提高了 Y 的边际效用，则 Y 对 X 是补充的；设 X 的供应增加（Y 不变）减低了 Y 的边际效用，则 Y 对 X 是竞争的（或者是 X 的替代物）。根据这一定义，补充的和竞争的关系显然是可以掉换的：假使 Y 对 X 是补充的，X 对 Y 也是补充的；假使 Y 是 X 的替代物，X 也是 Y 的替代物。[②] 此外，设货币的边际效用不变，从这个定义即可看出，如 X 和 Y 是互相补充的，X 价格的下降增加对 X 的需求，必定会提高 Y 的边际效用，因而增加对 Y 的需求。同样地，如果 X 和 Y 是互相替代的，那就会降低对 Y 的需求。到这一点为止，一切都无问题，埃季沃思和帕累托都感到满意。

然而，帕累托并没有理由满意。因为当他试图把他的定义用无差异曲线来表示的时候，他感到困难。在以下这种情况之间他可以找到相似之点，即 X 及 Y 是互相补充（根据以上定义）的情况和 X 与 Y 之间的无差异曲线是弯曲的情况（图 12）；或无差异曲

---

① 埃季沃思：《论文》，第 1 卷，第 117 页，帕累托：《政治经济学教科书》，第 268 页。

② 在既定的效用函数之下，偏微分的次序无关重要。

线是平直的情况(图 13)和 X 与 Y 是互相补充的情况。[①] 但是这一相似并不完全准确，这从以下一点即可证明，即相应于补充的和替代的货物之间的差别而呈现的无差异曲线的弯曲程度不可能发现——从定义上来说，这之间是有明显的差别的。

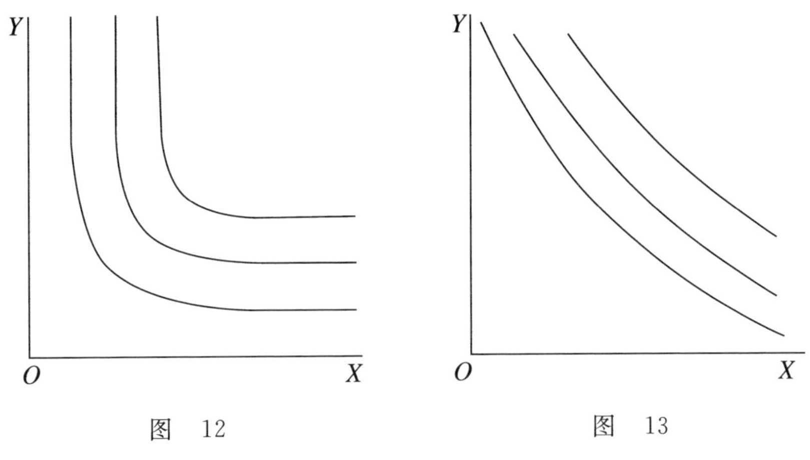

图 12　　图 13

此外，埃季沃思和帕累托的定义违背了帕累托自己的效用不可衡量的原则。如果效用并不是一个数量，而只是消费者偏好尺度的指数，他的关于补充的货物的定义就没有确切的意义。补充的和竞争的货物之间的差别随所采用的对效用的任意衡量而有不同。[②]

2. 这些困难可以通过以下的办法克服。首先我们要将埃季沃思和帕累托定义中的"边际效用"以"货币的边际替代率"(它是"以货币计算的边际效用")代替。因为要假定货币的边际效用是

① 在图 12 中 X 的增加提供的利益很小，除非 Y 随同增加。在图 13 中，随着 X 的增加 Y 或者会大大降低，但仍然得到好处。

② 参阅数学附录，第 5 节。

不变的，埃季沃思和帕累托的定义在应用上才有意义，货币——收入花费在其上的“其他东西”——终于会在某种情况下进入我们的讨论之中，是不足为奇的。

其次，我们要向当 X 的供应增加时（Y 不变），对“货币”会有何影响？根据上面的考察，货币必须减少到能抵消 X 的增加，消费者的处境并不稍胜于过去。

作这种修正的必要性正和我们修改边际效用渐减定律的理由是一样的；它是我们把渐减边际效用修改为渐减边际替代率的结果。我们需要的关于替代物的定义必须绝对肯定这一点，即一项物质商品的额外单位是前一单位的替代物。只有当一个 X 的额外单位在替代货币后，消费者的处境并不较以前为好时（我们的边际替代率渐减定律），这额外单位才会肯定地降低 X 对货币的边际替代率。因此，我们以为，设当X替代货币后，消费者处境并不较以前为好，而Y对货币的边际替代率渐减，则Y是X的替代物。设当X替代货币，X对货币的边际替代率是渐增的，则Y是X的补充物。

这一定义不必依赖效用的数量衡量；假使货币的边际效用不变（设收入效应可以忽略），它就变成为埃季沃思和帕累托的定义了；同时，和埃季沃思和帕累托的定义一样，X 与 Y 可以调转。假使 Y 对 X 是补充的，X 对 Y 也是补充的。假使 Y 是 X 的替代物，X 也是 Y 的替代物。[①] 同时，我们将看到，它也能直接应用于那些

---

① 假设 X 和 Y 以外的其他货物的价格是既定的，消费者拥有特定数量的 X，Y 及货币。令 M 为消费者为欲获得 X，Y 的增加数量 x，y 而愿意放弃的货币最高数量。则 M 为 x 及 y 的函数；像以前一样，有关 x 及 y 的 M 的偏微分的次序，是不重要的。

货币的边际效用不能假定为不变的情况之中。

3. 从我们的新定义中可得到一个很奇异的结果，即是，帕累托想利用无差异图作为帮助了解有关联货物的问题的手段，但结果证明它对这一特定问题并没有多大直接的用处。

在实际上，这意味着它必然是应用于以下一种情况，即我们沿一轴衡量一种物质商品的需求，而沿另一轴衡量所有总加在一起的商品（马歇尔的货币）。对于这些问题——马歇尔的问题——无差异图是很有用的，和马歇尔的方法相比，它使我们能更敏锐地进行分析。但是有关联货物的问题不能用两个维度的无差异图来讨论。它需要三个维度来代表两项有关联的货物以及货币（必要的背景）。这就意味着这一理论最能方便地用代数（代数的解释见附录）来说明，或者如在这里一样，用普通文字说明。

现在再回过头来看我们上章论述的收入效应和替代效应的差别。我们已经看到，由于 X 价格的下降（其他价格不变）所引起的收入效应和替代效应如何影响到 X 的需求。我们现在要从更为一般的角度来看这一点，看它们对消费者的支出的一般再安排有何影响。

收入效应不会引起多大的问题。X 价格的下降，其作用和收入上升一样，因而会增加除低劣货物以外的每一种被消费的货物的需求。设支出在 X 上的收入比例小，收入效应一般很小，对 X 的需求只会发生很小的影响，对任何其他商品的需求也只会发生较小的比例的影响。

我们已经看到，替代效应会引起偏向于 X 的替代，因而不利于 X 以外的其他某些商品。假使像在无差异图上一样，我们把 X

以外的其他商品加起来作为一个单一的“商品”(沿垂直轴衡量),替代效应必然趋向于减少对这一综合“商品”的需求。① 但是,只有把其他商品总加在一起时,它才会减少对它们的需求;它不一定会减少对其中每一项单独商品的需求。

设根据我们关于补充性的定义,Y(其他商品之一)对 X 是补充的。则如 Y 的数量不变,偏向于 X 而不利于货币(现在是“X 或 Y 以外的其他货物”)的替代将提高 Y 对货币的边际替代率。今以货币计算的 Y 的价格是既定的而且不变,如 Y 对货币的边际替代率保持与 Y 的价格相等,则 Y 对货币的边际替代率的提高必定会鼓励以 Y 代替货币。因此,设 Y 和 X 是相补充的,则用 X 替代货币便也会以 Y 替代货币。偏向于 X 的替代会刺激一个同样的偏向于 Y 的替代。

在另一方面,根据我们的定义,设 Y 是 X 的替代物,以 X 代替货币(Y 不变)即会鼓励一个偏向于货币而不利于 Y 的替代。有利于 X 的替代即会随带着一个不利于 Y 的替代。我们的补充性的定义使得这两种情况判然有别。

4. 我们用这样的方法所作的关于补充和替代的区分,偶然地澄清了也许会使读者感到为难的一点。这一类的替代(和补充相对立的一种)和我们在前几章中未论及有关联的货物时详细讨论过的那一类替代之间有什么关系?回答是,它们是同样的东西。

假使消费者只能把他的收入分配在两种货物的购买上,而不可能在这两种之外购买其他货物,那么,除了这两种货物之间的替

① 沿无差异曲线(第 2 章,第 8 图)从 P' 到 Q 的移动是向右的及向下的。

代关系外，不可能再有别的。因为假使他要多得到其中之一，而处境又没有比从前更好，他就必须少得另外的一种。但是，当他把他的收入分配在两种以上的货物上的时候，就可能产生其他种类的关系。也可能所有其他货物仅仅是上述货物中之一（譬如 X）的替代物。这种情况发生在：当 X 的供给增加时，为满足下述条件，必须减少所有其他货物的数量，(1)消费者的处境并不较以前为好，(2)这些其他货物之间的边际替代率保持不变。在这里偏向于 X 的替代对其他任一个单独的商品都不利。但也有可能，为了满足这两个条件，其他商品的某几种——和 X 相补充的商品必须增加。所有被消费的商品显然不可能全和 X 相补充，因为消费者不会在得到更多的所有的商品之后而处境仍然不比以前为好。这样我们就能理解，为什么在两种货物的无差异图上补充性不会出现；因为只有在有某种第三种货物存在，以它作为代价，发生偏向于 X 和 Y 二者的替代时，X 和 Y 才会是互相补充的。

的确，商品的补充群的存在只有在它们之外还有某种东西可以作为替代的时候才是可能的。在三种货物（X，Y，“货币”）之中，X 和 Y 也许是互相补充的；如果是这样，X 必定是货币的替代物，同时（考虑到这种情况：有一个偏向于 Y 的替代存在，而 XY 的补充性又是可以调换的），Y 必定是货币的替代物。在四种货物——X、Y、Z 及“货币”之中，X、Y、Z 也许是互相补充的；若是这样，每一个都必须是货币的替代物。的确，不管消费者的支出是分配在多少货物上，从理论上讲，所有的货物除一种之外，可能构成一个补充群，在这一群中的每一种货物都是留在群外的一种货物的替代物。这是互相补充的最大可能限度；而在另一极端，也许没有任何补充性出现。

在实际上，我们似乎不妨假定，我们遇到的情况，通常都是更接近于最小限度的补充性，较少的接近于最大限度的补充性。任何特定货物都有一小群和它相补充的货物在它周围；但是它和任何其他任意选取的货物最可能的关系是互相替代的那种关系（无疑地不是很密切的）。至少，我们能发现的就是这种关系。

5. 我们现在可以总结一下关于一种商品 X 价格的改变对消费者支出所起的影响。X 价格的下降（其他价格不变）通过收入效应和替代效应影响 X 的需求和其他商品的需求。

就 X 的需求而论，替代效应会使它增加；收入效应也起同样作用，除非 X 是较低劣的货物。

就所有其他加在一起的货物的需求而论（因为它们的价格是既定的，这一点也可以应用于对其他货物的总开支上），替代效应会使它降低，而收入效应会使它增加（实际而言，常常是这样）。这两种效应的大小可能相近，以致对其他货物的总需求也许既不会增加也不会减少。①

就其他某种特定的货物 Y 的需求而论，除非 Y 对 X 是补充的，替代效应将会使它减少；除非 Y 是较低劣的货物，收入效应会使它增加。因此，可以分如下几种情况：

(1) Y 在很大的程度上和 X 相补充。这里替代效应可能很大，足以掩盖收入效应，以致对 Y 的需求将肯定地增加。以下这

① 从另一观点看，其他总加在一起的货物的需求是增加或减少将随 X 的需求弹性是小于或大于一为转移。

种情况可作为一例(但仅是例子):Y 及 X 要按固定的比例使用,以致有偏向于 X 的替代,就有偏向于 Y 的替代相配合;因此,如对 X 的需求的替代效应相对的大于对 X 的需求的收入效应,则对 Y 的需求的替代效应也很可能相对的大于收入效应。

(2) Y 对 X 的补充关系较不密切。在这种情况下,收入效应就很重要。通常它的方向和替代效应是一致的,因而 Y 的需求会有一些增加。但是假使 Y 是较低劣的货物,收入效应和替代效应也许会冲销;甚至在一个极端的情况里,(负的)收入效应也许会占优势,以致 Y 的需求会稍有减少。[①]

(3) Y 在某种程度上作为 X 的替代物。(这无疑是一种非常普通的情况。)在这里收入效应和替代效应通常方向相反,趋向于互相抵消,或者对 Y 的需求只有很轻的影响。但假使 Y 是较低劣的货物,它的需求肯定地会缩小,虽然也许只稍许缩小。

(4) Y 在很大的程度上作为 X 的替代物。在这种情况下替代效应处于绝对优势,对 Y 的需求会降低。在这里极端的情况是 X 和 Y 是完全替代物,即是说,偏向于 X 的替代会降低 Y 对货币的边际替代率,其比例等同于 X 的边际替代率的下降。这种情况通常发生在当消费者认为两种货物作为满足他的愿望的手段毫无分别的时候,而不管它们在物质上是否有分别。假使 Y 是 X 的完全替代物,X 的价格下降,Y 的价格不降,则对 Y 的需求将降到零点。完全替代的关系是可以调换的;假使 Y 是 X 的完全替代物,

① 这种情况可与一般需求定律的例外作比较,则 X 价格的下降或会导致对它需求的减少。

X 也必定是 Y 的完全替代物。

作为这一分类的结尾，我们也许要问，在哪种情况下 X 价格的下降对 Y 的需求没有影响？这一点显然会发生在以下两种情况中：一种是对 Y 的需求的收入效应和替代效应二者都不足重视（小于最低的可感觉的限度）；一种是，把它们分开来看不是不足重视，但它们的方向一致，二者的差别不足重视。有许多商品，经济学家把它们看作对特定商品 X 是“不相干的”，因为在 X 的价格变化时，它们的需求没有受到任何影响，这类商品无疑属于头一类；X 的价格没有以任何方式影响它们。但是，我们仍认为有相当多的商品是属于第二类；很难相信所有偏向于某些商品的替代都是以关系密切的替代物作为代价的；关系较不密切的替代也必定是存在的，它们因被收入效应抵消，致未能显现出来。

6. 以上就是我们关于消费者预算中补充物和替代物的理论。我认为这一理论是前后一贯的和精确的。将来可以看出，它是一个有用的学说——所采用的分类是一个重要的分类，它们能有用地应用于许多问题上。

这将是本书其余大部分的任务，然而，有一两个初步的论点要在这里一提。

首先，我们可以观察到，我们所陈述的关于 X 价格的改变对 Y 的需求所起影响的原则可以应用于市场需求，亦可应用于消费者个人需求。一群消费者对 Y 的需求所受的影响也可分为收入效应和替代效应，X 和 Y 可能对某些人是补充的，对另外一些人却是替代物。在这种情况下，若 X 的价格下降，总的替代效应会增加对 Y 的需求，则就整个一群人而言，仍可把它们看作是补充的；在相反的情况下，就整个一群人而言，可以把它们看作是替代物。补充的可调换性对一群人而言仍属有效；假如 Y 对 X 是补充的，X 对 Y 也是补充的；假如 Y 是 X 的替代物，X 也是 Y 的替代物。①

这是我们的定义的一个重要的性质，使得它便于应用。另一性质则可从上章所述原则推定，并曾广泛应用于这一点：如假定一群商品的相对价格不变，则可以把它们当作一个单一商品看待。

我们已经看到，如 X 是一个单一的物质商品，其他被消费的商品如上述当作一个单一的商品看待，则 X 的价格比之其他价格相对的下降即会引起偏向于 X 的替代而不利于这些其他商品。（当然它也会引起收入效应，但此处姑不计及这点。）由于这一替代效应的结果，对其他商品的需求减少；即是说，花在其他商品上的支出总起来看是减少了（虽如我们前面谈到的，对这些商品的支出也许会有一个重新安排，即对它们之中的个别商品的支出会有所增加）。

现在还可以对这一点作进一步的探讨。偏向于 X 而不利于其他商品的替代的出现，是因为 X 的价格比之其他价格（在它们本身之间仍保持相同的比例）相对的下降。假使 X 的价格不变，而其他商品的价格改变，但以同一的比例改变，仍可以适当地将这些其他商品总算在一起，则同一情况也会发生，引起相同种类的替代效应。因此我们可以这样说：一群货物中各个价格的下降（每一

① 注意只有替代效应才是可以调换的。如 X 价格的下降（接上页注）会增加对 Y 的需求，但 Y 的价格下降不一定会增加对 X 的需求。然而，假使 X 的价格对 Y 的需求的影响是很大的话，我们仍可发现这样一种关系。

项价格都以同样的比例下降)必定会引起一个有利于这一整个商品群的替代。这一推论是完全有理由的。

我们继续讨论下去就会发现这一命题是非常有用的;但是弄清楚它的准确的界限和它所不具有的含义是什么是非常重要的。它并不意味着必然会发生一个有利于这群商品中的每一项个别商品的替代,致(且不谈收入效应)每一项各别的商品的需求会有所增加。这一群中的某些商品的需求会有所减少是常有可能的,因为它们被这一群中的别的商品所替代了。此外,必须考虑到收入效应,如这一群为数很大,消费者支出了收入的很大一部分在它们上面,收入效应将会很大。但是对于一大群商品不可能会有负的收入效应;当消费者收入增加时,对整个一大群商品的支出不可能会更少。因此,就这一群商品本身的需要而论,收入效应和替代效应在同一方向起作用。

7. 还留下一个最重要的命题(在本书的第一版中未曾注意到),它也许是需求理论的最后的概括,因为它所指的并不是特殊的价格改变,而是消费者面临的价格体系的任何改变。任何这种价格改变会产生收入效应和替代效应;关于收入效应,一般的没有什么问题可说;但关于替代效应,一般的则有些问题可以谈谈。替代效应与相对价格的改变有关;如果我们所考虑的是使消费者仍保持在同一的无差异水平上的一种价格改变,则我们可以把它孤立起来——所有其他改变都可化成为上述价格改变以及全部价格比例改变的一种组合,它是实际收入的改变,因而会引起纯收入效应。

如果我们所考虑的价格改变,是一种使消费者仍保持在同一无差异水平上的改变，则我们可以说，新购买的一批货物按旧价格计算比之旧的一批货物有较高的价值。因为旧的一批货物是在旧的无差异水平和旧的价格上他所能得到的唯一的一批货物。同样，旧的一批货物按新价格计算较之新的一批货物有较高的价值。

从前一种不均等中得出的一点是，如按旧价格计算价值，购买数量的增加总数（对于符号已适当注意）必定为正数。从后一种不均等得出的一点是，如按新价格计算，上项增加数量必定为负数。以上两点结论只有在以下情况下才相容不悖，即购买数量的增加量，在每一情况下以相应价格的增加额计算都是负数。是在这一意义上，最一般化的价格改变才必然造成需求在相反方向的改变。应当着重说这只能适用于替代效应；如实际收入有改变（或者，在一群消费者的情况下，真实收入分配的改变），则还应考虑收入效应，它是按照它自己的原则进行的。①

① 在下文中，我们毋需常用到这一节中的论点。它的某些结果，和本书一般所讨论的有所不同，将在增注 A 中讨论。

第 二 篇

一般均衡

第四章　交换的一般均衡

1. 我们现在已经完成关于消费者的需求理论。从最一般的角度来看，我们完成的是些什么？首先，对个人的“欲望”是既定的这一假设，我们给了它确切的意义；它意味着消费者有一个既定的偏好尺度。我们又探讨了一个有着既定的偏好尺度和既定的商品供给的个人，当两组价格（他放弃的商品和他所得到的商品）都是既定的时候，将会如何设法把那些商品交换其他商品。其次，我们又研究了当价格变化的时候，这些买与卖的决定（这些需求与供给）将会如何受到影响。最后，我们把这些需求与供给的定律综合起来，使它们能够应用于成群的个人，而不只是单一的个人。我们发现在一群人中的每一个人的偏好尺度保持不变时，价格的改变将使这群人的总需求与供给起何反应。

在讨论中我们一直记住，我们的分析最明显的可应用于以收入满足他的眼前的欲望的普通消费者。这当然也是马歇尔（对于他我们已经作了不少评论）完全考虑到的一种情况。但这并不是这一分析所能应用的仅有的一点。（要是这样，我们就不值得这样地给它大力加工。）

买卖的对象不必须是消费资料，或者不一定须全部是消费资料：必须的条件仅是它们应为希求的对象，能够买卖，能够按照偏好的次序(一种无差异体系)安排,这种偏好次序不以价格为转移。

因此,这里面包括了消费资料的需求,也包括了劳务的供给。如我们所知,工资劳动者(或薪金劳动者)之所以选择一种赚取收入的方式而不选择另一种,是因为他宁愿做这么多工作赚取这么多的收入而不愿做那么多的工作赚取那么多的收入。[①] 像威克斯迪得恰当地指出的,[②]这里还得包括那些不是为了满足自己欲望而是为了满足别人欲望,或者他所假想的这种欲望而进行的对货物的买与卖。但是可能的扩展并不止于此,在我们考虑到我们的判据排斥什么时,这点就很明显。

它排斥一种甚至在消费资料范围内的情况。这是一般教科书所喜引用的凡伯仑式的例子:对一种虚饰的支出对象(如钻石)的需求也许会因它的价格下降而减少,因为对钻石的欲望(一定数量的钻石对货币的边际替代率)与钻石的价格有关,价格下降时,欲望也降低。但比之其他重要的排除,这只是一件小事。

其一是生产者对货物的需求和供给。对生产者来说,一种生产原来通常不是根据他自己的偏好尺度而选择的东西。他对它的需求是一种派生的需求,决定于它的产品的价格。他的意图是将产品卖掉,然后以所得之款满足他的欲望;如对产品的价格无所知,则对于一单位的生产原素值得他付出多少他也说不出来。这是经济的选择问题的一部分,在我们以前的讨论中完全没有谈及。在这一篇的以后几章中我们将要讨论到。

① 我提出这问题:怎样衡量“工作”量。

② 《政治经济学常识》,第5章。

另一个未谈的情况是投机的需求。这是另一个教科书常引用的众所熟知的一点，即当价格下跌时，需求并不增加，或者甚至还会减少，因为它引起了价格进一步下降的预期。在这里，由于通过预期所起的反应，这商品对货币的边际替代率不再与价格无关。我们将在以后（第四部分）了解到由预期所引起的反应，其重要性为何。

只有一个例子要在这里谈到一下。货币的需求①本身在广义上讲必然是而且常常是投机性的。人并不为货币而需要货币，而是作为将来购买的手段。因此它常易受到对将来的预期的影响。每一货币学说都不得不在这方面或那方面考虑到这一事实。

这两个除外——生产与投机——是重要的除外，在以后几章中我们将会常常接触到它们。

但应注意，只有在它们包含的价格反应是以个人的偏好尺度为基础时，我们才将它们排除在外。任何不包含这种反应的问题可以用我们现在的技术来研究。

2．记住这几点后，我们就可以从消费者的选择理论进而对交换理论作有用的初步研究。

现假定在我们所接触的世界中，仅有的交换对象是个人的劳务。这些劳务的需求和供给都受前几章所述定律的支配。所有生产和投机的复杂情况都不考虑。即使我们对这种经济体系有清楚的概念，我们和实际世界的现实模型仍有很大的距离；但是我们可以以此为基础，建立理论，同时它本身对某些有限的目的仍然有用。

① 以后不能再以迄今所援用的特殊的马歇尔式的意义来理解。

我们决定在讨论生产之前先论述一般的交换理论，这是追随瓦尔拉而非马歇尔的先例。我们知道，创造一般交换均衡理论的乃为瓦尔拉。[①] 在我们进一步发展帕累托的价值学说以前，曾经描述他的学说的要点，这里我们也想介绍一下瓦尔拉学说的大略。

兹先从一种只有两类劳务——只有两种货物相交换的基本情况开始。这样每一个人就单纯地或是 X 的买者及 Y 的卖者，或是 Y 的买者及 X 的卖者。只要我们假定完全的竞争的存在，这种情况就完全不会呈现任何困难。一种价格比率，即 X 对 Y 的价格比率必须建立。为建立这种比率，有一个条件可供利用——即 X 的需求必定等于供给的条件。（设 X 的需求等于 X 的供给，从算术上说 Y 的需求就必定等于 Y 的供给。）我们以前的探讨曾告诉我们，X 的需求和供给如何决定于一个既定的价格比率上。为了使市场达到均衡状态，只须将价格比率固定在一个能使需求和供给相等的水平上。[②]

这是人所熟知的一点；但是当我们把论点扩展到包含两种以上商品的情况时，一些新的问题便出现了，它们是更欠明显的。有多少个价格必须决定？在交换两种货物时，我们要决定一个价格；同样地在交换三种货物时我们要决定两个价格，以此类推，要决定的价格总是比货物的数目少一个。假使我们选择 n 项商品中的一个作为价值标准，这一点立刻就能理解；$n-1$ 个价格是其他 $n-1$

---

① 《纯粹经济学要义》(1874 年初版)，第 5—15 讲。

② 所谓市场处于均衡状态，从静态考虑，即指每一个人在有机会时，都能为达到他所最愿望的位置而行动。此点蕴含不同的参加交易的人的行动是协调的。关于均衡观念的进一步讨论，见下文第 10 章。

项商品按标准商品衡量的价格。当然其他商品可以直接交换，无须求助于标准商品；但在均衡状态下，任何两项商品的交换率必须等于它们的以标准商品衡量的价格比率。假使不是这样，则一方或另一方可以从放弃直接交易获得利益，而把交易分裂成两部分：首先是一项商品与标准商品的交换，然后再以标准商品交换其他商品。

在我们谈到多边交换时，如以某一特殊商品作为价值标准①比较方便。这商品带有货币的某些性质。但这并不是假定我们的交易者实际上会使用标准商品作为货币；他们或者会，或者不会。假使为了某种目的，我们决定认为标准商品和货币是同一样东西，那么也必须清楚地理解，我们赋予它的特性，并不比货币的特性为多——即它是欲望的目的物以及作为价值的标准。以后我们将能赋予我们的标准商品以其他特性，以便能实际上把它作为一种分析真正的货币问题的手段；就目前而论，它只有货币的影子。但是，在我们分析的早一阶段，即使只有阴影货币也比完全没有货币要好得多；因为这样我们就能立即获得一些结果，对于货币经济而言，它们虽不是完全真实的，但也相当接近。

因之在目前，我们假定标准商品像任何其他商品一样，是一种真实的商品，在一个普通的个人的偏好尺度上占有一个普通的位置。带有标准商品货源来到市场的人并不一定就想把他的全部货源开支掉。在某种价格条件下，他也许会决定保留一些。

3. 只要特定的一组价格是既定的，我们就知道如何决定个人的最理想的地位；知道他对他所没有的商品需要数量是多少以及

① 瓦尔拉称之为金属货币（numéraire）。

他愿意把他有的商品拿出来供应以相交换的数量是多少。通过简单的加法，我们能决定每一商品的需求与供给。假使在一种价格体系下，这些需求与供给相等，那么这就是一个均衡的地位。否则，某些价格至少会升高或减低。

据瓦尔拉表明，方程式的数目等于未知数的数目保证了这一解决的确定性。假使有 n 种货物相交换，我们就得决定 $n-1$ 个价格。骤眼看来，似乎有 n 个方程式来决定它们——市场上对 n 种货物的需求和供给的方程式。但实际并不是这样。我们记得，对于两种货物只有一个需求和供给方程式。不管货物种类多少，方程式的数目总是比货物的数目少一个。这是因为在市场上标准货物的供需方程式是随其他商品的供需方程式而来。任何特定个人一经决定对每一种非标准商品卖出或买进多少，他就会自动地决定对标准商品卖出或买进多少。[①] 因之，

对标准商品的需求＝销售其他商品的收入－购买其他商品的支出。

或者，

对标准商品的供给＝购买其他商品的支出－销售其他商品的收入。

所以，对于整个社会来说，

对标准商品的需求－供给＝销售其他商品的总收入－购买其他商品的总消费。

---

① 贷款不在考虑之列；或者通过将证券当作商品的一种这一办法，将它包括进去。见下文第 7 章。

同时，一旦对每一种非标准商品的需求等于供给，这就必然等于0。

这样，就有 $n-1$ 个独立的方程式决定 $n-1$ 个独立的价格。

4. 到现在为止，一切论点都可满意；但这一切究竟说明什么呢？某些人认为（瓦尔拉无疑是其中之一），决定整个价格体系的联立方程式体系似乎有着重大的意义。他们在考虑这样一种内部微妙地相关联的价格体系时，得到了很大的精神上的满足；在他们的分析中不仅想包括交换的经济学，而且想把生产的经济学包括在内，在这一点上他们愈是走得远（事实上能把它带到很远），愈是感到兴味，对于竞争经济体系的运行，他们愈觉得获得了一个较深刻的透视。对这种观点我很同情。我相信，如能将瓦尔拉的方程式体系加以发展，我们对问题可得到更好的理解。在这样一个范围内，本书有相当的一部分追随瓦尔拉的方法，同时希望能表明，有一些新的领域也可以使用这种方法，甚至比应用于旧的领域时，更为出色。我们对各市场的相互关系的机构作了说明，虽然比较简单，也可以说是一件很大的成就；而有几个原则问题，除非我们采取和瓦尔拉不同的方法，并把价格体系看为一个整体，否则就不能很满意地解决。

尽管有这些优点，但还有许多经济学家（或许是大多数，甚至是那些认真地研究过瓦尔拉的人）显然仍会觉得他的研究比较贫乏。他们会说，不错，瓦尔拉确对整个体系给我们描绘了一幅图画；但这是一幅遥远的图画，它除了保证事物总会在某种情况下得出一个结果外（虽然不大清楚它们是怎样得出这个结果），也没有说明更多的问题。另一些经济学家在理论上是更缺乏雄心的，但他们确给了我们一些能应用之于实际问题的结论。

我相信，瓦尔拉体系之所以比较贫乏，主要是由于他没有为他的一般均衡体系定下关于改变的定律。他能够说出来由既定的资源与既定的偏好所建立的价格必须满足那些条件；但他没有解释假使嗜好和资源改变，将会产生什么后果。

在两种商品的简单情况里，他的确把问题解决得很完满，他所作的分析实质上与马歇尔对那种情况的应用所作的分析相同（见他的《对外贸易的纯理论》①）。但他对于一般的情况没有作过类似的研究。

我相信，以我们现在所掌握的技术，我们能对一般的情况进行类似的研究，而且无论如何能达到一些结果。假使我们能做到这点，一般均衡的方法将能免于贫乏之讥。因为即使没有比交换理论更为深入，我们仍将有一种能应用于国际贸易一般理论的体系，最少能像马歇尔把他的理论应用于两种商品的贸易的特殊情况一样。它也还有其他的特殊应用之处。同时，如考虑到生产和投机的因素，还有更多的重要问题可以讨论。

① 瓦尔拉于1874年，马歇尔于1879年。马歇尔的学说在其《货币、信用与商业》附录中重新述及，但并未得到进一步的澄清。

第五章　一般均衡体系的运行

1. 价格体系的改变定律，如同个人需求的改变定律一样，必须从稳定状态下引申出来。我们首先观察，为使既定的均衡体系稳定，必须有什么条件；然后再作规则性的假定，即假定在均衡位置邻近之处也是稳定的；从这里我们再演绎出价格体系对嗜好及资源的改变的反应规则。

交换的稳定意味着什么呢？为使均衡稳定，必须的条件为稍许离开均衡位置的移动都能建立起一种力量，使均衡得到恢复。这意味着如价格的上升超过均衡水平，必定会建立起一种力量，导致价格下降；在完全竞争的情况下，这蕴含着价格的上升会使供给超过需求。① 稳定的条件就是，价格的上升会使供给大于需求，价格的下降会使需求大于供给。

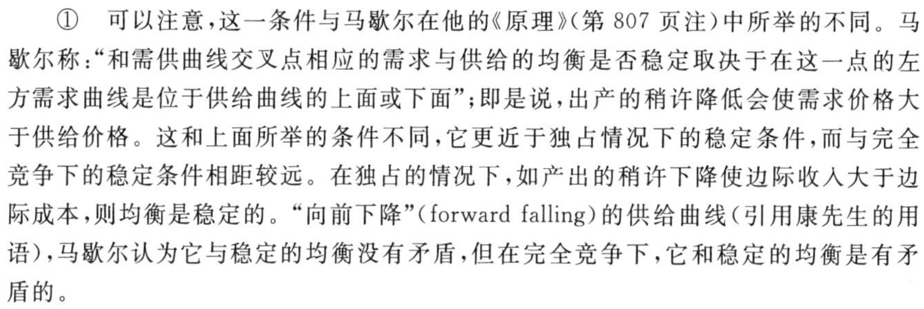

① 可以注意，这一条件与马歇尔在他的《原理》(第 807 页注)中所举的不同。马歇尔称："和需供曲线交叉点相应的需求与供给的均衡是否稳定取决于在这一点的左方需求曲线是位于供给曲线的上面或下面"；即是说，出产的稍许降低会使需求价格大于供给价格。这和上面所举的条件不同，它更近于独占情况下的稳定条件，而与完全竞争下的稳定条件相距较远。在独占的情况下，如产出的稍许下降使边际收入大于边际成本，则均衡是稳定的。"向前下降"(forward falling)的供给曲线(引用康先生的用语)，马歇尔认为它与稳定的均衡没有矛盾，但在完全竞争下，它和稳定的均衡是有矛盾的。

在交换理论中，除列举稳定条件及演绎出改变定律外，还可能论及更多的问题。由于交换理论乃以需求理论为基础，因此可以研究一下交换的稳定与前面第二至第三章中所述需求理论在什么限度上相容不悖。通过这种方法更能使我们对价格体系的运行获得更多的了解。

2. 兹先从两项商品的简单交换开始。我们不能指望在这一已经很好研究过的领域内获得任何新结论；但是我们可以用我们自己的分析的用语复述这一为人熟知的理论，以便把这一理论纳入一种能够加以一般化的形式中去。

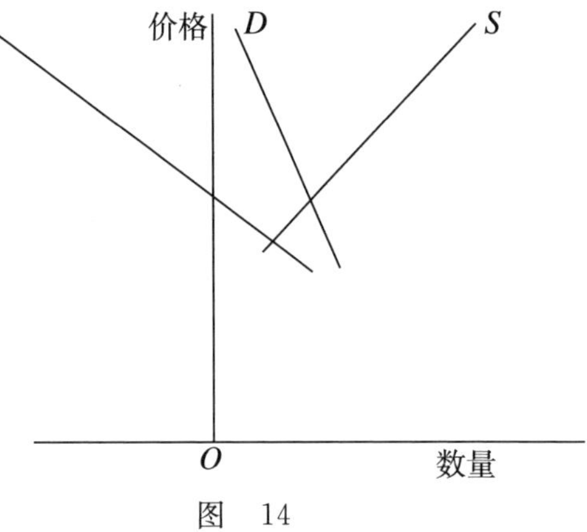

图　14

如果交易的货物只有两种（X 和 Y），均衡的条件是 X 的供给等于 X 的需求，稳定条件是以 Y 衡量的 X 价格的下降会使 X 的需求大于 X 的供给。① 我们把任何价格下需求与供给间的差别称为“超额需求”(excess demand)。均衡条件是超额需求应等于零；而稳定条件是价格的下降应使超额需求增加——即超额需求曲线（设我们愿意用这种形式来表现它）应当向下倾斜。② 从图 14 上

---

① 注意每一个这样的条件事实上都是对称的；因为均衡条件蕴含着 Y 的需求等于 Y 的供给，而稳定条件蕴含着以 X 衡量的 Y 的价格的上升将使 Y 的供给大于 Y 的需求。

② 另外一个办法是，我们可以采用威克斯迪得的办法，即将供给作为在某一固定数量之中卖者所不愿保留的数量；并画一需求曲线，包括需求以及保留需求。这一“威克斯迪得”需求曲线和我们的超额需求曲线性质相同，唯相差一常数。

可以看得很明显，当需求曲线向右向下倾斜，供给曲线向右向上倾斜时，超额需求曲线必定向下倾斜。但是价格的下降对超额需求所起的影响，一般情况如何？

如我们所知，①可将需求与供给两种效应分析为收入效应与替代效应；对超额需求也可以同样地分析。价格的下降形成一种替代效应，它使需求增加，供给减少；因此这必定会增加超额需求。它使买者处境较好而卖者处境较坏，因而形成一种收入效应。只要这商品对于双方而言都不是低劣货物，就意味着收入效应会增加需求以及增加供给。因之收入效应对超额需求的影响方向取决于这两种趋势中以何者更属强大。假使在需求这一边的收入效应和在供给一边的一样强。则对超额需求的收入效应将被抵消，而仅留下替代效应。在这一情况下超额需求曲线必定向下倾斜；均衡必定是稳定的。

收入效应在这种方式下被抵消的或然性如何？设买者和卖者是同一类型的人，所处环境又大抵相同，则收入效应被抵消的或然性很大。因为在均衡状态下，供给等于需求；因此价格下降（在供给和需求得到任何调整之前）的最初的后果是使得买者处境较好而卖者处境较差，变好变坏的程度以 Y 衡量正好相等。因此，假使买者和卖者以同一方式对收入的改变起反应，则买者需求增加（由于收入效应），卖者的供给也会增加（也由于收入效应），二者恰相对等。对超额需求的收入效应将等于零。

假使事情正好以这种方式出现，当然是一幸事。由于收入在

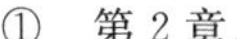

①　第2章。

买者和卖者之间重新分配的结果，超额需求一般会有净增或净减。但除非是在 X 对买者为一种较低劣的货物而对卖者不是（或对卖者是，对买者不是）的情况下，否则仍有某种相抵消的趋势。[①] 因此，当涉及交换稳定的问题时，首先假定收入效应会被抵消，然后再研究设在某一方向或另一方向有净收入效应时将会有何不同，这样做不失为一种合理的研究方法。

假如收入效应被抵消，X 对 Y 的交换必定是稳定的；假如对超额需求的收入效应和替代效应的方向一致，它仍然是稳定的。唯一可能的不稳定的情况是当相反的方向有一种较大的收入效应时——即是说，当 X 的卖者的处境变得比 X 的买者较好的时候，X 的卖者将必定会更渴望消费较多的 X。[②]

在这种情况下，均衡是不稳定的；但是一条造成不稳定的位置（如图 15 中的 Q）的超额需求曲线，仍会转弯并产生稳定的位置（如 P 或是 P'）。在这种情况下所发生的困难是稳定均衡的位置也许会超过一个以上。

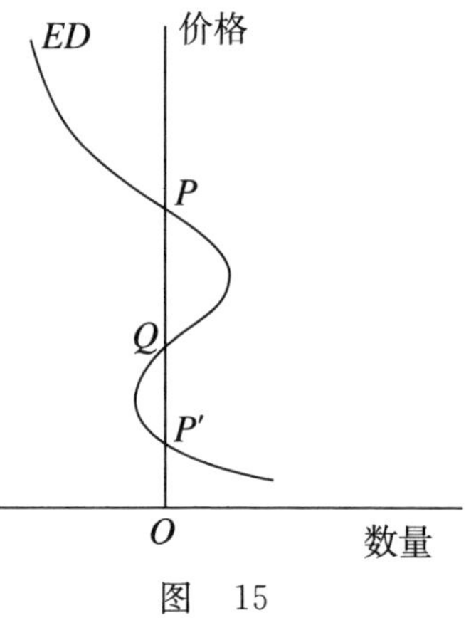

图　15

假使（如在图 14 中）稳定均衡的位置只有一个，则需求或供给情况的改变对价格的影响是十分简单的。任

① 假使买者和卖者的数目有很大的差别，那么这点或是一个理由可用以假定在数目较小一边的收入效应更属重要。因为，在另一边，许多人真实收入的增加也许小得难以感觉到，因此完全不影响他们的需求。

② 注意这在事实上是一种对称的情况。

何一个贸易人嗜好的改变，譬如，在以 Y 衡量的 X 的价格是既定的情况下，他想买更多的 X 或卖更少的 X（这意味着他想多卖或少买 Y），就必定会提高以 Y 衡量的 X 的价格（降低以 X 衡量的 Y 的价格）。这样一种改变必定会使超额需求曲线移向右方。假如我们从一个稳定的位置开始，即使在图 15 中，同样的规则也有效；但是如果稳定的位置是在像 P' 这样的地方，价格的上升可能很猛而不连贯。

3. 现在再谈多边交换（两种以上商品的交换）的情况，在这一点上我们要突破一些完全新的阵地。就我所知，整个多边交换的稳定问题以前还没有人讨论过，这是一件憾事；因为甚至在这一题目的开端，就可以发现一些饶有兴味和重要的问题。

我们所说的多边交换的稳定的意义是什么？和以前一样，以标准商品计算的 X 价格的下降显然会使 X 的需求大于供给。但是，(a)当其他商品的价格是既定的，或(b)已经将其他价格调整以维持其他市场的均衡时，我们是否仍假定会产生这样的影响？回答是，在其他价格调整后，也会产生这样的影响，这一点很重要。假使价格稍许上升，虽有冲击力量，但并没有使得供给大于需求，则均衡完全没有任何恢复的趋势。市场将会从均衡位置移开而不是向它靠近。假使仅是第一个条件没有得到满足，[①]从均衡位置移开的趋势终会得到制止，虽然不是直接地得

① 严格地说，我们应当区分一系列的条件：X 价格的上升将使供给大于需求，设(a)所有其他价格是既定的，(b)允许调整 Y 的价格以维持 Y 市场的均衡，(c)允许调整 Y 与 Z 的价格，以此类推，直到所有的价格都得到调整。一旦这些条件中的最后一个得到满足，体系就不再是不稳定；但是完全的稳定包含了全部条件。

到制止；它不仅依靠 X 市场的单独作用，而且会通过其他市场的冲击而受到制止。很容易看到，在这样一种情况下，均衡价格体系的建立将不是一件简单的事；但均衡一经达到，正确地说，它就仍然是一种稳定的均衡。从均衡的移离会建立使均衡趋向恢复的力量。

我建议称所有稳定条件都得到满足的体系为完全稳定的体系；而在仅有部分条件得到满足的体系中，若在价格上升时，因各种冲击力量的影响，供给确较需求为大，我们可称这种体系为不完全稳定的体系。因之甚至一个不完全稳定的体系在最终也是稳定的；但它的稳定是通过间接冲击维持的。

本书以后会表明在某些问题中不完全稳定是一个有趣而又重要的假设。（其中最值得注意的一些问题与有名的“信用不稳定”相关联。）但在目前它和我们没有什么关系。我们将看到，一种纯多边交换体系如果是稳定的，它就可能是完全稳定。而完全不稳定的体系，绝不可能在任何确定的价格体系上静止，这种体系殊乏兴味。建立它们的交换定律无甚意义。

4. 因此，多边交换体系的一般均衡包含了两个问题：(i) 如把 X 市场本身看作是稳定的（即是说，所有其他价格既定，X 价格的下降将提高 X 的超额需求），则其他商品市场的反应会不会使得它不稳定？(ii) 假使 X 市场本身是不稳定的，它是否可能通过其他市场的反应得到稳定？现在先谈第一个问题。

通过某一其他特定商品 Y 的市场反应对 X 市场所起的作用（Z…的价格是既定的）可以从图解中研究（图 16）。

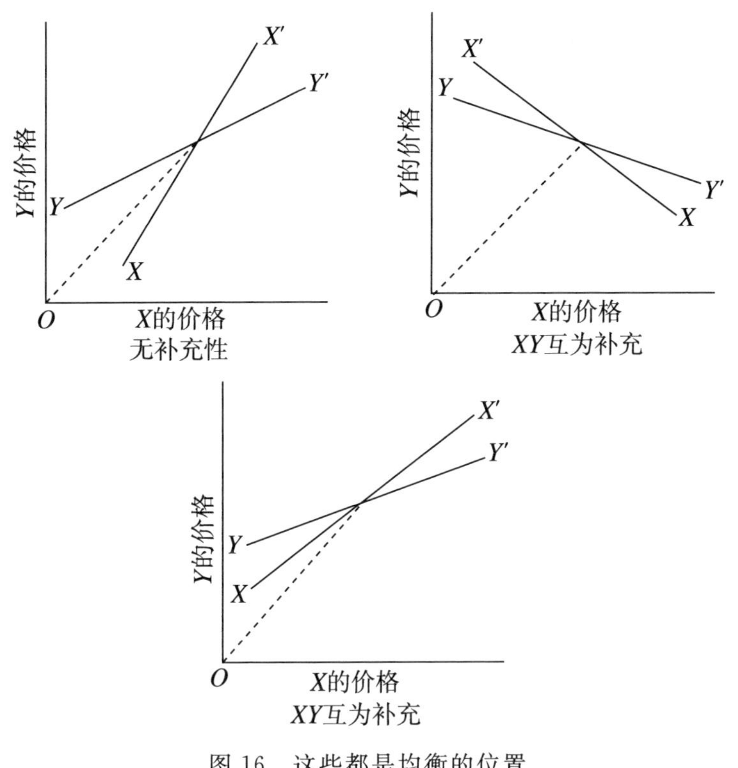

图 16　这些都是均衡的位置

沿两轴衡量 X 的价格和 Y 的价格。图上的任何一点即代表一对特定的价格。相应于 Y 的任一价格，我们都可以决定一个 X 的价格，这一价格将使 X 的供给等于需求，并因而使 X 的市场趋于均衡。（当然 Y 市场不一定处在均衡状态。）无论如何，用这种方法我们可以决定一对使 X 市场趋于均衡的价格。把这个作为一点画在图上，然后再利用其他任意选择的 Y 的价格，构成一系列的同样的点。这些点形成一条曲线，我们称之为 XX'。这条曲线的形状如何？

Y 的价格的上升是否会提高 X 的价格视 X 的超额需求曲线

是怎样地受到影响而定。假如它提高了，X 的价格也会提高，XX' 将正面地倾斜；假如它降低了，XX' 将反面地倾斜。

但是 Y 的价格如以前一样，通过收入效应和替代效应对 X 的超额需求曲线起反应。如同以上第 2 节中一样的理由，可假定对超额需求的收入效应常常是微小的（因为它包含了两个部分，它们可能在相对的方向起作用）。假使 X 和 Y 是替代物，替代效应会提高 X 的超额需求，假使它们是补充的，替代效应就会降低它（在这里，替代和补充是从整个市场以及将卖者和买者加在一起来理解的）。这样，假使（作为一个近似）我们忽略收入效应，我们大体可以说，当 X 和 Y 是替代物时，XX' 向上倾斜，当它们是补充物时，则向下倾斜。

目前让我们把注意限于 XX' 向下倾斜的情况。曲线的斜度视这两个价格对 X 的超额需求的相对影响而定。假使 X 的价格有相对地较强的影响，则 Y 的价格的上升虽会提高 X 的价格，但比例较小。曲线 XX' 的弹性将小于 1。假使 Y 的价格比之 X 的价格对 X 的超额需求具有相对强大的影响，则 XX' 的弹性将大于 1。

在某一程度上区别这两种情况的或然性是可能的。为了这一目的，我们试考虑设 X 和 Y 的价格二者以相同的比例上升，X 对 Y 的价格比例不变，情况将会如何。如我们已知，在其后果上这恰好等于所有 X 与 Y 以外的其他货物（包括标准商品）价格以相等的比例下降，这些商品可以总的作为一种单一的商品 T 来看待。现在（仍然忽略收入效应）T 的价格下降将降低 X 的超额需求，除非 X 对 T 是补充的。这样，除了 X 对 T 是补充的情况外，为了维

持 X 市场均衡所需的价格上升应在比例上小于 Y 的价格上升。XX' 曲线必然是无弹性的。

这样，我们对曲线 XX' 的性质得到一个较为清楚的概念。假使忽略收入效应，我们可获得一些确切的规则如下。当不存在补充性，X 是 Y 和 T（X 及 Y 以外的货物群）二者的替代物时，曲线 XX' 必定是向上倾斜，它的弹性必定小于一。假使 X 和 Y 是补充的，XX' 向下倾斜。假使 X 和 T 是补充的，XX' 向上倾斜，弹性大于一。如果收入效应是重要的，对这些规则要加以某些修正，因而将出现一些带有某种重要性的例外。

完全一样的结论对曲线 YY' 也适用，YY' 代表使 Y 市场趋于均衡的一对价格。假使 X 和 Y 是替代物，YY' 向上倾斜，假使它们是补充的，则向下倾斜。但是，当我们一考虑到 Y 和 T 之间的补充性时，我们必须注意轴线的位置是反过来了。假使 Y 和 T 是补充的，随着 X 价格的上升，Y 的价格必定会超过比例地上升，以维持 Y 市场的均衡。因此，设沿横轴衡量 X 的价格，则如 Y 和 T 是补充的，YY' 是没有弹性的，如 Y 对 X 和 T 都是替代物，则 YY' 是有弹性的。

现在可用这一结论来观察体系的稳定性。假使 XX' 和 YY' 在 P 点交叉，则 P 代表一对价格，在这价格上 X 市场和 Y 市场二者都处在均衡状态。假使 X 价格的少许上升影响 Y 的价格，这种影响又转过来使 X 的价格重又降低，则它们是处在稳定的均衡之中。关于这一点的条件是 XX' 向上倾斜的坡度应较 YY' 为大（或者向下倾斜坡度较 YY' 为大）。在考虑图 17 时立即可以理解到这点。在 X 的价格位于均衡水平之上时，Y 市场将在 YY' 上的 Q 点趋向均衡。在这一Y的新价格上,X市场将在XX'的R点上达到均衡,这样X的价格比之开始时的位置更接近于均衡位置。这体系就因而趋向于回复到均衡位置,同时是稳定的。

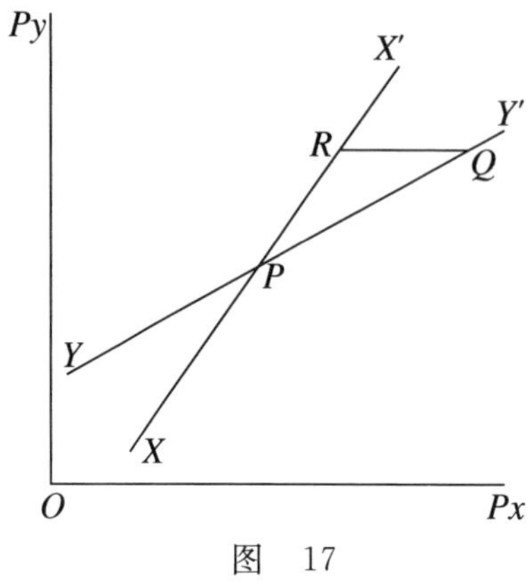

图　17

利用这一试验,首先我们就可以发现假使在体系内没有补充性,X、Y和T彼此都是替代物,则这体系必定是稳定的。因此在这种情况下,XX'的弹性小于一,YY'的弹性则大于一。因此XX'的斜度较YY'大,而稳定条件必然得到满足。

从图16第二图中更可以明显看出,补充性的呈现不一定意味着不稳定。X与Y互为补充而稳定条件仍能得到满足的情况,可以很容易构想出来。骤眼看来,YY'向下倾斜更甚于XX'的不稳定情况,似乎也可以构想出来。但事实不是如此。因为可以存在于两种货物X和Y之间的最完全的补充关系是,在这样一种关系中它们必须按固定的比例被消费。在这种情况下,将会有一组X的价格,以及相应的Y的价格,它将使对X的超额需求以及对Y的超额需求二者都等于0。因而曲线XX'与YY'相合一致。如果使曲线相合一致是最大可能的补充程度,则在不稳定的情况下,使它们相切就需要比这更大的补充性。因此,在我们的三边交换的情况中,补充性作为一种不稳定的来源是不可能的。可以证明,对任何数目的货物这一点在数学上都有效。

5. 因此,对于多边交换的稳定问题的长篇探讨,我们也许可以以试验性的否定回答来答复我们在开始时提出的第一个问题，以作为结论。假使 X 市场就其本身而论是稳定的，它不大可能因其他市场的反应而变成不稳定。那么，另外一个问题，假使 X 市场就其本身而论是不稳定的，是否可能通过其他市场的反应而得到稳定呢？不完全稳定的多边均衡体系是否可能？

这个问题比之第一个问题给我们的麻烦要少得多。假使 X 价格的上升(其他价格既定)提高对 X 的超额需求，则 X 市场就其本身而论是不稳定的。因此，假使它会通过其他价格的间接反应而得到稳定，这些间接反应必会降低 X 的超额需求。但这是很不可能的。试以一特定其他商品 Y 为例。设收入效应可以忽略，通过 Y 市场的反应必定会提高 X 的超额需求。因为假使 Y 是 X 的替代物，X 价格的上升会提高 Y 的超额需求。假使 Y 对 X 是补充的，X 价格的上升将降低 Y 的超额需求，并因而降低 Y 的价格；但这又会再提高 X 的超额需求。因此在两种情况中间接反应都会提高 X 的超额需求。假使 X 市场单独而言是不稳定的，则在有间接影响时，它必然更其不稳定。

不过，这一论点不是一个结论。因为如存在超过一个以上的其他市场的反应，会发生某些较小的例外；而在任何情况下，如忽略收入效应，则在 X 的价格上升时，其他市场的反应必定倾向于提高 X 的超额需求。但在这一情况下，不能随便忽略收入效应。因为只有在 X 市场的收入效应是很大的时候，X 市场本身才有可能不稳定。假使当 X 的价格上升时，有一种很大的收入效应倾向于使 X 的超额需求增加，则当 Y 的价格变化时，这么一种效应也可能存在。因之，通过相关联商品的市场发生的反应有时会出现和我们最初所假想的判然相反的情况，也是可能的事。这些反应可能会对本身不稳定的市场起一种稳定的影响。

不过，我认为这一可能性没有多大重要性。但在下节将要述及的规则中，它是产生例外的一个可能来源。

现在我们将从有关稳定的讨论中引申出来的反面结论概括叙述一下。多边交换稳定体系的存在无疑是完全和需求定律相容的。我们不能从推论证明多边交换体系必然是稳定的。但是，稳定的条件是很容易的条件，因之可以很有理由假定，几乎在任何我们可能接触到的体系中这些条件都能得到满足。不稳定的唯一可能的最终来源为收入效应的极不对称。大批商品中一般程度的替代性，即足以使这一不稳定的原因失效。

此外，假如多边交换体系是稳定的，它就可能是一种完全稳定。因此，我们现在可以进而讨论在价格的基本决定要素有改变时，完全稳定的多边交换体系会有何反应。“经济定律”是一些原则，在现实中，在任何完全竞争的多边交换体系中，我们都可以发现它们在起作用。

6. 从稳定条件中引申出经济定律的确切方法如下。假定有少数几个贸易人的偏好发生改变。为便于解释起见，假定这种改变为对某一特定商品欲望的增加，为满足这一欲望，他们准备增加他们对标准商品的供给（或减少对标准商品的需求），他们对所有其他商品的需求与供给不受影响。结果会引起价格的何种改变？价格的改变必定是，它会引起其他贸易人的超额供应，足够满足第一群人的增加的需求。稳定条件已经告诉我们，当其他商品市场保持均衡时，什么价格会导致 X 市场的超额供给。

因此，稳定条件就使我们能说出这样一种需求的增加会引起什么后果。①

首先，X 的价格本身必定会提高。即使通过其他市场的所有第二性反应也存在，结果仍然是这样。如果 X 价格的上升（考虑到所有第二性反应）会使 X 的供给大于需求，这体系才是稳定的（即使是不完全的稳定也要满足这一条件）。

其次，对其他价格的影响如何？只有忽略收入效应，才能用确切的方式述说这一问题的法则。因为这一假定不一定完全有理由，这些法则必须看作会带有错误。不过，在论述它们时，忽略收入效应比较方便。

设我们能假定对其他市场的反应只限于某一特定的其他市场，即 Y 市场（X 和 Y 以外的价格只受到不值得注意的程度的影响），则对 Y 的价格的影响有如第 4 节所述。设 X 和 Y 是替代物，则 Y 的价格会上升，设它们是补充的，则 Y 的价格会下降。因为只有这种改变才能保持 Y 市场的均衡。

假使一个以上的其他价格受到影响，则我们必须考虑到其他货物 X、Z 等等的市场彼此互相影响的情况。首先，设 Y 是 X 的替代物，Y 的价格会趋于上升。但是 Y 的价格不仅会直接在这一方面受到影响，也会间接地通过 Z 的价格的改变受到影响。假使 Z 是 X 的替代物，Z 的价格将会提高；假使 Y 也是 Z 的替代物，这转过来也会提高 Y 的价格。因此会有一种倾向于提高 Y 的价格

① 如从这一角度看问题，同样的分析方法显然可以用来观察贸易人的人数增加所引起的影响。新来者增加了对某些货物的需求和对另一些货物的供给。因此价格的调整，应足以在旧体系中引起相应的超额供给和超额需求。

的间接作用存在。同样，假使 Z 对 X 是补充的，对 Y 也是补充的，Z 的价格将会降低，但这又会提高 X 的价格。另一方面，假使 Z 对 X 是补充的而对 Y 是替代物，则通过 Z 市场所产生的影响将是降低 Y 的价格。

因之，通过第三市场的间接影响服从如下的法则，即 X 需求的增加会使得 X 的替代物的替代物或补充物的补充物的价格随之提高；而使替代物的补充物或补充物的替代物的价格随之降低。

在几个价格都受到影响的情况中，必须考虑到有几个这种间接影响和直接影响的存在。它们有时(或许是常常)却在同一个方向。X 和 Y 或许是属于一群彼此可以互相替代的货物。当 X 的价格上升时，Y 的价格也会上升，这由于它们之间的直接替代关系，也由于这一群货物中其他货物间的间接替代关系使然。不过，若 X 和 Y 是一群补充物中的货物，事情就不会是这样直截了当。现在，当 X 的需求上升时，直接影响是降低 Y 的价格；但 Y 作为补充物的补充物，某些间接影响会提高它的价格。因此，净结果是不定的。

一个完全不呈现补充关系的多边交换体系服从一个简单的法则。不管存在多少种间接影响，它们的方向都是相同的。当 X 的需求上升时，X 的价格会上升，而其他所有的价格也会上升。但其他所有价格的上升会小于 X 价格的上升。①

① 假使我们采取把 X(暂时地)当作标准商品的办法，这一点立刻就可以理解，这样我们就可以把 X 需求的增加作为旧的标准商品 M 的供给的增加。假使不呈现补充性，以 X 计算的所有其他货物的价格显然必定会下降。

像这种补充关系完全缺乏的情况当然是很不可能的[①]。不过我们也有几点理由相信，在实际环境中有时会出现缺乏补充关系的情况。（1）根据我们熟知的理由，从任意选取的几对货物的关系来看，替代常会占优势，而补充关系则属例外。（2）在替代货物群中的间接影响和直接影响方向一致，而补充货物群中的间接影响则倾向于中和直接影响。（3）我们迄今假定 X 需求的增加只对 X 单独起作用，而不对与 X 相补充的商品起作用。在实际上，一群补充商品的需求常会同时增加。

考虑到这几点，即可知一特定货物（或货物群）需求的增加极其可能促使一般价格上升。当然，只有在需求增加的一种或几种货物很有重要性的情况下，这种上升趋势才会波及其他货物。同时也常常可能有少数特殊货物，对第一种货物直接地或间接地相补充，其价格实际上还会下降。

7. 我相信，对于其他价格的影响就是这些。但是，还可以加上一个命题，使交换定律更为完全。

我们已经知道，当 X 的需求增加时，X 的价格必定上升。左右着它上升的幅度的是什么？可以表明，在这体系中的任一对商品之间，存在的替代性愈多或是补充性愈少，则一既定的需求的上升对 X 的价格的影响愈小。[②]

设商品 X 有极多的良好替代物，则对它的需求增加时，比较

① 外汇市场是一个有趣的例子，在这里差不多没有补充关系。对于外汇经纪人来说，各种货币的票据彼此都是替代物。因之，我们在实际中常可看到，假使法郎逃向美元，则以法郎计算，美元会上升，其他货币也会上升，但其比例小于美元。

② 此处也只有忽略收入效应，这一命题才不会有例外。

易于得到满足，而又不致引起价格太大的上升。替代物本身的价格确实也会趋于上升；但这一上升扩展及于整个商品群，因而上升有限，对于它们中的每一项（包括 X 本身）的影响很小。另一方面，假使它有一大群补充物，对补充物的需求又没有增加，这些补充物的价格会趋于下降（备有 X 的必须的超额供给的人会卖掉对 X 补充的货物）。补充物价格的下降又转而增加了对它们（因此也对 X 本身）需求的增加；为了补偿这一点，X 的价格进一步的上升将是必要的。

再进一步看，这些原则可以应用于替代物及补充物本身。假使它们有良好的替代物，它们的价格会因这一理由受到较少的影响，而这又转过来会减少对 X 的价格的影响。但如果它们是一群补充物中的货物，这种情况会增加它们价格的变化，因而也会增加 X 价格的变化。

因之补充性如同不完全的替代性一样，可以看作是这一体系的刚性的一个因素，它减少了任一特定货物供给的弹性。同样地，如从 X 的供给增加开始，则这同一个因素会减少需求的弹性。

8. 对于交换理论，我要说的，即止于此。的确，如仅作同样程度的一般性叙述，则是否还有更多的可以补充，颇属疑问。因此我们也许可以立即进一步讨论应用的问题；举例来说，传统的国际贸易理论大部分是建立在两种货物的简单交换的分析上，对于应用我们的已经大大一般化的理论，我们无须太胆小。不过，我不想这样做；部分是因本书不拟对特殊问题作经济分析，但更大的原因是，假如我们想把实际问题都缩小到纯交换理论的范围内，我们就无法考虑实际世界的各个方面，我认为这是不必要的。

我们在交换理论上花了许多时间，并非无益，其中别有道理。当我们在以下几章中论及生产问题的时候，甚至当我们在第四篇研究到动态问题的时候，我们将会遇到和在这里观察的几乎正好相同的问题。最初它们似显复杂，但如将它们纳入我们熟知的形式中，我们就会发现，答案都属已知。交换理论对一般经济体系的研究所以是一个重要的部分，其理由在此。①

① 在本书的第一版中，我认为交换均衡的不稳定可能由于两种而非一种原因而起；除我们以上讨论的不对称的收入效应外，尚有“极端的补充性”。由于不对称的收入效应而起的不稳定，无疑地有其意义；如我们所见，构想出一些特殊情况以表明它如何运行是不难的。但“极端的补充性”却很难说得通，虽然由于在我的数学中似乎隐含着这一点，我不得不保留它。几年以后，当我研究消费者剩余理论时（《消费者剩余及指数》，载《经济学研究评论》，1942 年），我发现这是一个错误。我忽视了需求的一般定律，现补充在上文第 3 章最后一节中。正是这一点提供了数学上的理由，说明为什么“极端的补充性”——包含着不稳定性的这一种——是不可能的。这一论点现在数学附录第 15 节中详细加以说明。就本章而论，仅须将无甚意义的一种复杂情况省略，就可简化这一论点。其他相应而生的简化见以下第 8 章第 3 节及第 17 章第 5 节最后的附注。

莫萨克博士在其《国际贸易的一般均衡理论》（考尔斯委员会专论，1944 年）作了相同的改正（第 42 页）。

第六章　企业的均衡

1. 和私人的均衡理论不同，企业均衡理论在近代文献里讨论得几乎令人生厌了。[①] 在某种意义上来说，对于这些讨论我没有什么可以增添的。不过，我们有必要越过一步，以便找出企业与私人两种情况之间存在的某种相似之处。这种相似使我们能将企业的市场行为定律纳入和在另一种情况下我们所熟悉的形式相同的形式之中，最后并使我们能将上章所述交换理论加以扩充，把生产也考虑进去。

从价值理论过渡到生产理论可以通过以下的方法，极方便地做到。迄今为止，我们均假定参加贸易的个人带有某些商品或劳务的供给来到市场上，他们只能通过交换这一种办法获得其他商品。我们现在必须考虑，他们有时能通过其他途径，即通过技术的改变，或通过生产而获得新商品。除非这种方法比简单的交换更为有利，他们显然不会采取这一方法；此即意指通过生产把一组可以交换的货物转变为另外一组货物，只有所取得的一组比之放弃的一组具有更高的市场价值时，方属有利。因此，在不同的市场情况下，不同的生产机会会变成有利可图；而这些不同的机会也许会

---

① 举例来说，参见乔安·罗宾逊：《不完全竞争经济学》；施奈德：《生产学说》；卡耳多：《企业的均衡》(载《经济学杂志》，1934 年)。

对不同的人开放。这样,通过技术的转变而非通过出售其服务以获得货物(企业家阶级)的这一阶级的人也许会有改变。

通常一个企业家的特点是,他取得某种服务(生产原素),并非因为他直接需要它们,而是因为他需用它们以充分开发生产机会。他对所使用的这些原素需要数量多少则完全视生产为转移,生产须有原素方始可能进行;因之,可以把企业(将原素转换为产品)看作一个与企业家的私人账户分离的单独的经济单位。企业取得生产原素,销售产品;它的目标是最大限度地扩大原素与产品间价值的差距。①

2. 我们或许可从和我们的效用理论完全相似的分析开始。假设有一个特定的企业,面对着一个完全竞争的市场。它的必需的均衡条件是什么?

首先看最简单的情况。设一特定的企业具备技术上的可能性,可以将一种单一的原素 A 转变为一种单一的产品 X。A 和 X 二者的价格在市场上都是既定的;因此只要获得的产品总价值大于使用的原素总价值,进行生产就是有利的。此外,生产的数量如能使这一超额尽可能的大,对企业即属有利。

现再从图解来看这点。设沿横轴衡量原素 A 的数量,沿纵轴衡量产品 X 的数量,可以画一条曲线,表示从每一既定数量的原素的转变中所可能获得的产品最大数量。目前我们对这一生产曲

① 除在市场上获得的原素外,一个企业也可能利用企业主自供的原素。假使这些原素是能够出售(假使不把它们用在本企业中的时候)的那种原素,则必须把它们的市场价格贷记于企业的成本内。不过,假使它们除了用于本企业以外不能用于他途,则它们不产生成本问题,毋需(的确不能)计算在企业账户的贷方。

线(图 18)的形状,暂不作任何特别的假定。

假设现在使用了 ON 数量的原素,因此获得的产品数量即为 PN。使 OM 等于 PN,并使 MK 代表产品数量,其市场价值等于原素 ON 的价值。则 OK 为归于企业的剩余产品。OK 的价值为收入超过成本的剩余。

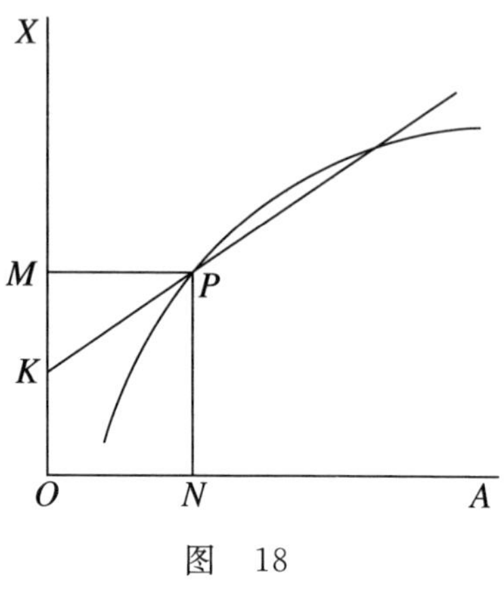

图　18

均衡的条件是:OK 应为最大数,同时应为正数。

在我们所画的图上,上述条件中的第一个条件没有得到满足。假使 P 沿曲线向右移动,直线 PK 将向上移动(对它自己保持平行,因为它的斜度 MK/PM 等于生产原素价格和产品价格的比率,这一比率是由市场条件所定的)。它将继续向上移动,使 OK 增加,直至变为生产曲线的切线为止(图 19)。因之均衡的条件可以详细叙述如后:

(1) 直线 PK 必须接触生产曲线。即是说,生产曲线在均衡点的斜度必须等于生产原素价格与产品价格之比。现生产曲线的斜度等于从少许增加生产原素所获得的产品增加数——即边际产品。因此这条件可用两个熟知的形式之一表出:生产原素的价格等于它的边际产品的价值,或者产品的价格等于它的边际成本。

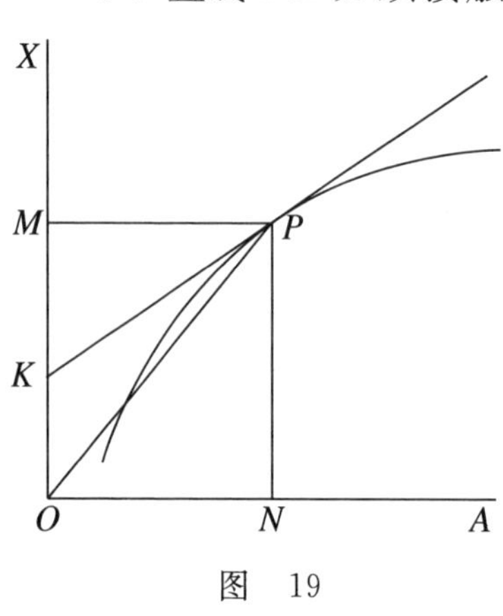

图　19

（2）为使 OK 是一最大数而非最小数，生产曲线必须在切点向上凸出。这含有以下的意思：在均衡点上，边际产品必须是渐减的，或者边际成本是渐增的。

可以看到，这两个条件在形式上非常近似于我们在主观价值学说中所达到的条件。我们所画的生产曲线，在性质上显著地和无差异曲线相似。在无差异曲线方面，价格比率等于边际替代率，现在，价格比率等于边际产品——我们或可称之为边际转变率。至于稳定的条件，则渐减的边际产品代替了渐减的边际替代率。因此，这两个条件在实质上是相同的，以此为据，我们即能构成企业行为的理论，它和我们的私人行为的理论很相似。

（3）但是，在生产理论中还有第三个条件，在主观价值学说中没有和这种条件相应的东西。剩余数 OK 必须是正数。假使 OP 的斜度大于 PK 的斜度，OK 只能是正数；这就意味当 P 向右移动时，OP 的斜度必须是渐减的。OP 的斜度表现产品数量与生产原素数量之间的比率；即是说，它是平均产量。因此，均衡的第三个条件是：平均产量必须是渐减的，或者平均成本是渐增的。[①]

因此，均衡条件可以用两种方式之一表出：

1. 生产原素价格＝边际产品价值	1. 产品价格＝边际成本
2. 边际产品渐减	2. 边际成本渐增
3. 平均产量渐减	3. 平均成本渐增

① 我们还可以用以下的方式讨论。假使有一个正数的剩余，价格必定大于平均成本，但是价格等于边际成本。因此，边际成本必定大于平均成本。因此，生产一个增加单位时，必定会引起平均成本的提高。因此，平均成本必定是渐增的。

3. 我们以上用的是几何方法；但是现在必须问，这样得到的均衡条件，事实上是否合乎情理？第二条件和第三条件关联到生产曲线的性质；生产原素和产品之间的关系具有这种性质在事实上是否可能？在私人的类似情况里，我们没有理由怀疑渐减的边际替代率的条件是否合乎情理。但在这里我们要涉及的条件有两个而不是一个；我们要回答的总之是更为严重的问题。

对于刚才所述的均衡条件的批评考虑到两点理由。其一是企业家本身常常相信他们是在渐减的平均成本下生产。另一是更属于理论性质的，从对近代著作家通常能接受的“报酬渐增与报酬渐减定律”的解释而来。由于大规模生产的经济，特别由于某些生产原素单位的不可分和某些生产过程的不可分，存在着一种报酬渐增（广义地说，即成本渐减）的趋势。假使制造产品的资源中有一种的数量增加，而其他某种（或几种）保持不变或增加较慢，则出现报酬渐减（成本渐增）的趋势。假使一个企业在平均成本渐增的条件下生产，那必意味着这两个趋势中的后者是占优势的——就是说，不仅生产使用的资源中有某种必定是稀有的，而且必定是相当稀有，稀有的程度超越了任何可能出现的大规模经济。①

因此，我们在图中所表现的那种情况只会在以下情况下发生，即生产原素 A 和某种资源混合在一起使用，而企业仅能掌握这种资源的有限的供给量，而在市场上又不能获得更多。就短时期的问题而言，企业过去建立的、多少有些独一无二性质的固定设备或

① 参阅乔安·罗宾逊：《不完全竞争经济学》，附录；卡耳多：《企业的均衡》。

工厂，这一例即属于这种情况。就长时期的问题而言，仅能由企业家自己作最后的控制。边际成本渐增的仅有理由是当生产规模增长的时候，控制一个企业会日益感到困难。[①]

不过，我们必须记住，我们要涉及两种情况，渐增的边际成本和渐增的平均成本。当企业扩充时，为了保证其扩充会中止于某处边际成本必定增加。但边际成本渐增并不是形成均衡的一个足够的条件。由于控制的困难随着企业的扩充而增加，边际成本会少许增加，这完全不是一种不可能的情况；我认为人们会料到这是一个企业通常会遇到的最普通的一种情况。但是，假如边际成本仅仅稍许高于最低数，边际成本很可能就小于平均成本（在边际成本为最小时，平均成本必然大于边际成本）。因此，假使企业以等于其边际成本的价格销售商品时，它必定是亏本销售。

4. 为适应这种情况，就得牺牲完全竞争的假定。关于这一点，意见似乎是一致的，如果我们假设典型的企业（最少是在大规模经济占重要地位的工业里）对企业的销售价格具有某种影响，因而在某种程度上是一个垄断者，则上述困难即会消失。垄断者销售的价格不复等于他的边际成本，而是超过它某一百分比，这个超过的百分比视市场对其产品的需求弹性为转移。因此，即使当边际成本小于平均成本时，价格仍有可能会大于平均成本。

这一切都没有问题，但必须认识，整个放弃完全竞争的假定和普遍采用垄断的假定，对经济理论必定会产生一种破坏性的后果。在垄断之下，稳定条件不确定，经济定律所赖以建立的基础因此就

① 不过，可参阅下文第 15 章，第 6 节。

会被弃置于一边了。不仅渐减的平均成本对垄断是相容的；渐减的边际成本也和垄断是相容的。的确必定有某种东西遏制企业的无限扩充；市场的有限性可以像渐增的边际成本所起的作用一样，有效地遏制这种扩充，当然二者也可能同时发生作用。

以上这一点可以通过市场对垄断者的产品之需求增加的情况来作说明（这里是孤立地看这一市场，不考虑第二级反应）。对这一产品需求的增加会使它的价格升高或降低；我们所知道的仅限于价格必定会超过边际成本以某一百分比——不是一个固定的百分比。后果如何，是双重的不确定的；百分比或许会变化，边际成本随着产量的增加或许会上升，或者会下降。（的确即使产量是否会上升也是不确定的；当需求上升变得更缺少弹性时，产量也许会下降。）①

我相信，只要我们能够假定即将谈到的大多数企业所面对的市场和完全竞争的市场没有巨大的区别，才有可能从这一受到沉没危险的船只中救出一些东西——必须记住受到沉没威胁的东西就是大部分的一般平衡理论。如我们能假设价格超过边际成本的百分比既不太大变化也不很多，②又如我们能假设（这一假设大部

① 需求上升的影响虽然是不确定的，（边际）成本上升的影响却是确定的，我们强调这种情况，也许会遭到反对。但只有假设生产原素市场处于完全竞争的情况下，这种成本上升的影响才是确定的。这种成本上升的肯定影响不过是在那些市场上（在那时）依然有效的经济定律所起的冲击作用。

② 在一般情况下，对一个利用数种生产原素的企业，我们必须考虑到对生产原素实行“买者垄断”和对产品的销售采取垄断行动的可能。我们可以认为这种企业一方面通过压榨它的产品的买者的百分比，另一方面通过压榨生产原素的供给者的百分比，借以聚集它的（或许是必须的）盈余。

分是第一个假设的结果)在平衡点上,边际成本确是随着产量普遍地增加(渐减的边际成本很少有),则在完全竞争情况下起作用的经济体系定律,在含有广泛的垄断因素的体系中也不会有显著的变化。至少,这种解脱办法似乎值得试试的①。不过,我们必须了解,我们采取的是一个危险的步骤,或许正把我们以后的分析中适宜于讨论的问题加以很大的局限。不过,我个人怀疑,我们因这一理由将会排除的大多数问题用经济理论的方法是否能作很有用的分析。

5. 现在再回到完全竞争的情况。兹假定企业拥有某种生产因素的固定供给(企业自己的特殊的生产可能性),此项供给相当重要,使企业可以在平均成本渐增的条件下进行生产。现在让我们提出一种情况,一种比之上面研究过的一种生产原素一种产品更为一般的情况,来叙述平衡条件。

那么,我们没有理由停下来不考虑任何程度一般性的问题。一个企业面对的技术上的可能性的确常常较为复杂。为了生产一种特别的产品,一般需要几种生产原素;生产许多联合产品常比孤立生产一种产品更有好处。因此,我们可认为企业会利用它的生产可能性把生产原素 $A,B,C\cdots$ 转变为产品 $X,Y,Z\cdots$

在我们的第一个简单情况中,生产曲线包含的技术情况提出了生产数量与生产原素之间的单一关系;在现在的一般情况中,在几种生产原素数量和从它们所得到几种产品数量之间,也有一种

① 值得注意的是柯诺特这个对完全竞争给予确切的定义的第一个经济学家,就是这样提出问题的。柯诺特肯定地不相信竞争在事实上常常是完全的;但是完全竞争对事实是大大地简单化的近似。

关系。(我们可以把它看作是有几个维度的表面。)这一生产关系既定,生产原素的全部数量以及除一项产品以外全部产品数量既定,则可推出其余一项产品的最大可生产数量。同样,全部产品数量既定,以及除了一项以外,生产原素的全部数量既定,则也可以推算出除外的这一项生产原素所需的最小数量。①

从任何一组既定的一致的数量开始,会发生带有不同程度复杂性的生产上的变化;但它们全都可以化为以下三个形态中的几个或全部的混合体。(1)一种产品或许会以其他产品为代价而获得增加,即是在边际上替代另一种产品。(2)一种生产原素或许会替代另一种。(3)一种生产原素和一种产品或许会同时增加(或减少)。②

假使所有产品和所有生产原素的价格对企业都是既定的,则企业所使用的生产原素数量及生产的产品数量由剩余是否达到最大数量这一条件所决定。这蕴含着剩余不会因任何形态的变化而增加。这样,我们就可以得到以下三个均衡条件,它们和一个产品

① 显然会有以下这种情况,即当其他生产原素及产品的数量任意选择时,留下的生产原素没有足够的数量可以生产产品的既定集合体。假使产品数量很大,而所有生产原素除一个以外只有很小的数量可供利用,则即使其余一项生产原素异常巨大,也不足以生产产品,除非生产原素的用途完全可以调整。但是,这一困难似乎没有很大关系。在应用上,我们总是从一个均衡位置开始,即从一组一致的数量开始。这样,我们仅须假定这一均衡位置可能会发生某些变动,无须再作其他假定。我想,这一点可视为当然。

② 在以上的分析中,甚至这一点也不必要地复杂化了,因为头两种形态可以化为第三种。因此,一种产品 X 替代另一种 Y 包含有以下几种情况:(1)产品 X 及生产原素 A 同时增加,(2)生产原素 A 与产品 Y 同时减少,数量经过一番调整,致生产原素的变化抵消掉了。因此,除非我们愿意,我们无须考虑头两种形态。不过,我觉得保留它们较为方便。

一个生产原素情况中所述三个条件相当：

(1) 相当于价格＝边际成本的条件。我们有以下三类条件：

(a)任何两种产品之间的价格比率必定等于这两种产品的边际替代率(现在这是技术上的替代率)。

(b)任何两种生产原素之间的价格比率必定等于它们的边际替代率。

(c)任何生产原素与任何产品之间的价格比率必定等于生产原素与产品之间的边际转变率(就是说，以这一特定产品计算的边际产品)。

(2) 其次为稳定条件。关于一种生产原素转变为一种产品，我们将有边际转变渐减率或边际产品渐减的条件(已在一种原素一种产品的情况中确立)。关于以一种产品替代另一种，我们将有"边际替代渐增率"的条件，即是说，以其他产品计算，边际成本渐增(边际机会成本)。关于一种生产原素替代另一种，有"边际替代渐减率"。①

这些条件不仅对单一的替代或转变(一种产品替代另一种产品，一种生产原素替代另一生产原素，以及一种生产原素转变为一种产品)有效，而且也对一群的替代以及转变有效。任何一对产品群之间的边际替代率必定会增加，而任何一对生产原素群之间的边际替代率必定会减少；任何生产原素群及产品群之间的边际转

① 对于产品则为边际替代渐增率，因为对所获得的产品总价值必须使其扩大到最大限度；对于生产原素则是边际替代渐减率，因为对所用的生产原素总价值必须使其降低到最小限度。这些条件可以很容易地从图解得到证验，假定其他生产原素及产品的数量既定，则所述两种产品(或生产原素)可沿两轴衡量。

变率必定会减少。①

上一规则的一个结果是，当产量增加时，即使所有生产原素(除了固定的生产可能性以外)的供给都作为是可变的，生产一特定产品的边际成本(以货币计算)也必定会上升。

(3) 最后，我们有一组条件以代替必须有正数的剩余这一单一条件。因为有正数的剩余，将生产全部停顿就会不合算。但是，把生产部分停顿，放弃生产产品 X，Y，Z 中的任一个或任一群，同样地不合算。因此生产每一种产品的平均成本必定上升，生产每一群产品的平均成本必定上升，包括含有全部产品的整个群在内。我想，这些条件(本章前半关于平均成本已经叙述的各点，都适用于这些条件)中只有最后一个才真正可能引起许多困难。因为，承认一群联合产品中的一种单一产品或次群(sub-group)产品，一般地在平均成本渐增(激增的边际成本)的情况下生产比较容易。假使其他产品的产量没有扩充，这样一种次群产品的生产将受到严重的限制。

以上为一般情况的均衡条件。以下再继续讨论，像第一部分一样。我们将假定第(2)及第(3)个稳定条件在均衡位置的邻近仍保持有效；从此处再推论出企业的市场行为的定律。

① 即是说，如果一特定生产原素群中的每一生产原素增加了一个任意规定的数量，因而造成一组产品增加量，它的生产是因生产原素增加而成为可能；假使那时每一生产原素再作第二次的等量增加，这第二组的生产原素增加量将不够生产数量等于第一次的第二组产品增加量。参阅第 1 章第 9 节所述法则。

第七章　技术的补充和技术的替代

1. 我们现在要问，如果一个企业在产品的某一价格和生产原素的某一价格之下已经处于均衡状态，则当这些价格改变时，情况将如何？这一企业已经在使用一定数量的生产原素，生产一定数量的产品；这些数量将怎样受着影响？

这问题恰和我们在第二及第三章中讨论私人情况时的问题相类似；我们的分析将循完全同一的途径进行，不过，我们在此处要对更为不同的几点给以特别的注意。

先从最简单的情况开始——即我们在上章曾详细讨论的情况。企业家本人拥有有限度能力的生产机会；否则，他就仅仅使用一种生产原素，生产仅仅一种产品。因此，他的均衡位置有如上章图19所示，并如以下图20中的P点。现假定生产原素的价格下降。在他对出产作任何改变之前，这一点立即引起的影响是他的剩

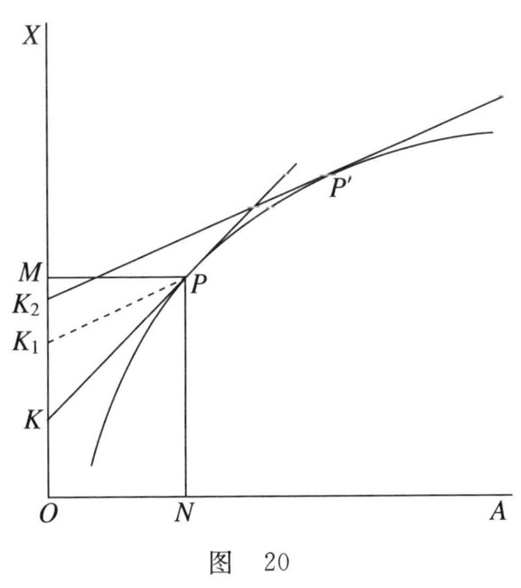

图　20

余从 OK 增至 OK_1。但是因为 PK_1 没有和生产曲线相接触，OK_1 不是他在新条件下所能获得的最大剩余。他如沿生产曲线移动至 P'，此处切线 $P'K_2$ 与 PK_1 平行，则他可得到好处。

因为生产曲线向上凸出（边际生产渐减，或边际成本渐增），在 P' 点上，切线向上倾斜的斜度不及在 P 点，P' 点必定位于 P 点之右。生产原素价格的下降，会引起生产原素使用的增加，以及产品产量的增加。

产品价格的上升，也包含了切线斜度的下降，会产生正好相同的后果。

这些是初步的结果；但是我们用以得到这些结论的方法提供了其他更有兴趣的结论。正如同私人的情况一样，价格的改变导致企业到达一个位置，此一位置可以一新切线与一不同的斜坡相切之点代表之。但是，在私人情况下新切线与不同的曲线相切；而在企业的情况下，则与同一曲线相切。因此，在生产问题上，没有任何和收入效应相似的东西，收入效应在效用理论中曾给了我们许多麻烦。仅有的“生产效应”(production effect)在性质上有些像替代效应，它是沿着曲线（在这种情况是生产曲线，在效用理论中是无差异曲线）的移动，我们在稳定条件中已了解曲线的性质。

但是，在生产效应之内犹如在替代效应之内一样，是另一种复杂情况——补充性的复杂情况。这一点在生产理论中比之在效用理论中确实更为纠缠。因为，在效用理论中，我们仅须考虑商品之间的关系，这些商品（在某种意义上）可以看作是相同的，而在这里我们要考虑两类商品——生产原素和产品。它们的互相关系和交叉关系较复杂，弄清它们比较费事。

2. 为弄清这些关系，第一步让我们虚构一种不必担心生产原素和产品关系的比较幻想的情况。假定企业要生产的产量是固定的；因之它不受价格一般变化的影响；同时，假定使用的原素有两种，A 及 B。这样，问题乃是在最低的成本上生产既定的产量。这可以用图 21 来作说明。生产曲线的形状像无差异曲线，向下凸出（生产原素之间的边际替代渐减率）。如果生产原素价格之间的比率有如 MK 对 PM，PK 与生产曲线相切的 P 点将是一个均衡点。今假定 A 的价格下降。和 A 的 ON 有相同价值的生产原素 B，其数量将从 MK 下降至 MK_1；生产的总成本（按生产原素 B 计算）从 OK 下降至 OK_1。但是，因为 PK_1 不与生产曲线相交，如沿生产曲线至 P'，此处 $P'K_2$ 与 PK_1 平行，成本可以进 ·步降低（至 OK_2）。

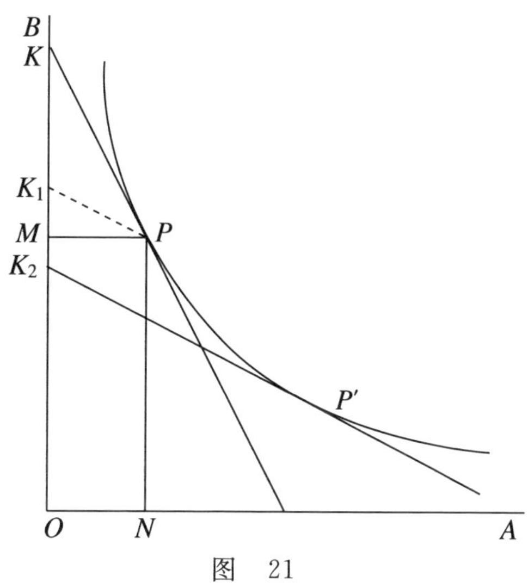

图　21

在新的均衡点上，使用了更多的 A 和更少的 B；替代的发生是更有利于 A 而不利于 B。其结果绝对地和一种生产原素一种产品的情况一样地肯定。在那种情况下，A 的价格下降导致产品 X 供给的扩充；而这里它导致对出产原素 B 需求的缩减。每一个后果都是必然的。

3. 记住生产理论和效用理论在某些地方有相似之处，在这两种情况中，我们可以料想到会得到这一类的必然结果，因为在这两

种情况中，我们仅仅涉及两个变数——一种生产原素以及一种产品，或是两种生产原素。一旦我们进入更复杂的情况中，这种明确性预料即会归于消失。

假定企业仍生产一固定的产量，但是，现在使用了三种生产原素 A,B,C。假定 A 的价格下降。则由于 B 及 C 的价格比率保持不变，可把它们作为一个单一的生产原素看待（如同在效用理论中一样）。① 结果对 A 的需求必定仍会扩大；对 B 和 C（加在一起）的需求必定会缩减。必定会发生一种替代，有利于 A 而以其他总加在一起的生产原素为代价。

不过，如同以前一样，这种替代不一定就会以其他生产原素中的每一个为代价。B 也许和 A 是相补充的，在这种情况下对 B 的需求会扩充。替代将是有利于 A 及 B 而不利于 C。

如同在效用理论中一样，A 和 B 作为补充的条件是，A 对 C 的替代（B 的数量保持不变）会使 B 对 C 的边际替代率变动而于 B 有利。

因之，只要产量保持不变，而我们所考虑的仅为生产原素之间的替代，那么我们便会发现一些法则，和我们在消费者预算的替代效应中所发现的完全一样。如果我们考虑一个企业使用的生产原素数量不变，在价格变化的刺激下，变动它的许多联合产品的生产，那么，实际上显然会发生同样的结果。只有 X 价格的上升才会引起一种替代，有利于 X 而不利于一般其他产品，但或许有利

① 像在效用理论中一样，这点能从稳定条件中用数学方法引申出来。见上文第2章，第4节注。

于某些相补充的产品。

4. 当生产原素和产品二者都是可变的时候，结果如何？这是一个很重要的情况。

假定企业出产一种产品 X，使用两种生产原素，A 和 B。则由于联结着生产原素数量和产品数量的关系，仍然具有和我们所熟习的那种性质相同的性质；因此，当 A 的价格下降时，对它的需求必定会扩大。但对 X 的供给和对 B 的需求会发生什么影响？如果我们孤立地看对产品的影响，产品的供给似乎必然地会扩大（图20）；如果我们孤立地看待其他生产原素的需求，它似乎必然会缩减（图 21）；但这不是讨论的合适方法。如果对这种讨论援用上述三种生产原素的情况，似乎可以说，对 A 的需求会以 B 和 C 为代价而得到扩大。我们知道，事实未必如此，无论是 B 或 C 也许都对 A 是补充的。

把补充性的观念应用于两种生产原素和一种产品的情况，则对于 A 的需求的扩大，似乎有三种方式可以平衡之：

(1) 产品 X 的供给会增加，对另外的生产原素 B 的需求会减少（这里不呈现补充性）。

(2) X 的供给会增加，但对 B 的需求也增加（这里生产原素 A 和 B 是补充的）。

(3) 对生产原素 B 的需求会减少，但产品 X 的供给也会减少。生产原素和产品之间在此处有一种奇怪的倒转的补充性。生产原素使用的增加会引起产品增加，生产原素和产品之间这种通常关系，和商品之间、生产原素之间或是产品之间的替代关系有许多共同的性质，这一点逐渐明显（比较本章图 20 及图 21 即可直接得到证明)。但设这种通常的关系和替代相一致,那就似乎必定有某种东西和补充性相一致。我们在这里发现了它。让我们称之为"回归"(regression)。如果生产原素 A 和产品 X 是回归的,A 对 B 的替代会降低以 X 计算的 B 的边际产品,因而(在 B 和 X 的既定价格下)引起 X 的供给缩减。

我感到,在这一点上,读者也许会觉得费解,以为讨论中有错误。回归是这样奇特的关系,很难使它和常识归于一致。这里面似乎遗漏了某种东西,它或者排斥回归这种关系,或者至少把它的可能性大大地加以限制。我们试看看它究竟是什么?

5. 如果第三种情况(A 及 X 是回归的)不大可能发生,第二种情况(A 及 B 是补充的)在常识则易于接受。我们将发觉,这是解决难题的一把钥匙。我们能把这三种情况按照这种或然性的次序安排,是有几个理由的。最可能的情况是 A 和 B 是补充物,其次可能的情况是既没有出现补充性也没有出现回归,三者当中可能性最小的是回归的出现。关于这点,理由是一致的。

首先,以一种局限的情况为例,在这种情况中,我们可以证明两个生产原素**必定**是补充的。我们必须记住,如果 A 的使用增加(B 不变)并引起 X 的产量增加,使 B 对 X 的边际转变率在对 B 有利的方向变动,则两种生产原素必定是补充的;即是说,提高了 B 的边际生产。(因此,两种生产原素是否是补充的,其标准只不过视两种生产原素是否"合作"而定;增加其中之一必定提高另一种的边际生产。此一标准已为人所熟知。① 此处我们毋需打破当

① 参看庇古:《福利经济学》,第 4 篇,第 3 章。

前已被接受的定义。[1])

在某些特殊的生产情况中，企业的固定的“生产机会”的贡献消失，成本不因产量增加而上升；在这里大规模生产带来的经济也不存在，成本不随产量的增加而下降，而这一切又都和完全竞争相容。在这种情况下，会出现什么？成本（平均和边际二者）是不变的；剩余等于0。设赋予每一种生产原素的每一单位的价格等于它的边际生产品，则总生产在付出原素成本后即无剩余。[2] 因为边际成本是不变的，由于两种生产原素（两种生产原素的边际生产品总起来看）的同时比例增加而引起的产品的增加必然是不变的。但是这一联合的边际生产只是由四部分组成：

(i)　在 B 不变的情况下，A 的边际产品。

(ii)　由于 B 的同时增加而引起的这一边际产品的增加部分（或减少部分）。如果 A 及 B 是补充的，边际产品将会增加，如果它们是替代物，边际产品将会减少。

(iii)　A 不变时，B 的边际产品。

(iv)　由于 A 的增加而引起的相同的增加部分（或减少部分）。对此可以援用同样的法则。

现在我们知道当生产原素的使用数量扩大时，第一、第三部分便会减少。但是整个产品并不会下降。因此(i)和(iii)的减少必

① 不过，只有在一种产品和两种生产原素的情况下我的定义才和庇古教授的定义确实吻合。如生产原素有两个以上，则要看在下列条件下 B 的边际生产（B 不变）情况如何而定，即其他生产原素（例如 C 等）的供给发生变化，但它们的边际产品不变。

② 因之所考虑的情况是，X 的产量是生产原素 A 及 B 数量的一次和同次函数。有时这被称为“经常回复到比例的运动”(constant returns to scale)。

须由(ii)和(iv)的增加部分来补偿。因此生产原素 A 和 B 必定是补充的。

因之,如果固定的"生产机会"并不限制生产水平,这两种生产原素必然是补充的。一旦它在限制扩充时,它们就不一定是补充的,但是如果这两种生产原素的联合边际产品缓慢下降,则仍有互相补充的可能性。当仅有两种生产原素用来制造一种产品,而产品的产量又是可变的时,在以下两个条件得到满足的情况下,这两种生产原素只能是替代物:企业家的固定资源对生产必须有明显的贡献,各种生产原素在生产一个既定的产量时必须是密切的替代物。①

我们现在能够对我们的奇特的情况——回归获得一个解释。如果 A 和 X 是回归的,A 和 B 必定是替代物。因此企业家的固定资源在限制生产上必定会起重要的作用。增加使用 A 必然会把和 B 合作的一些企业家的资源吸走,使其和 A 合作。在这一过

① 因此,在成本不变和两种生产原素的情况中,这两种生产原素在生产可变的产量时必然是补充的;在生产不变的产量时必然是替代物。这是一个似是而非的情况,除非我们很细心处理,否则很容易引起误解。如果一个人决定把不变成本的情况作为他的标准情况,他很自然地会根据既定产量解释生产原素的替代和补充(因为生产原素价格改变的重要后果是生产原素与产量之间比例的改变——至于对产量的影响,如不知需求情况如何,即无法确定)。这是我在拙著《工资学说》附录中所采用的观点,乔安·罗宾逊在讨论替代的弹性时(《不完全竞争经济学》,第256页)曾采用这一观点。在这方面最近的和更为详尽的探讨见艾伦:《为经济学家作的数学分析》,第19章。

我自己在这方面作了一些时候的研究以后,觉得最好不要把不变成本的情况作为标准情况,宁可把它作为一种局限的情况,在这里企业家的资源对生产的贡献消失了。从这一观点出发,在可变的产量下解释生产原素间的补充和替代比较好——这样,一个单一的企业所使用的一对生产原素通常是补充的。

程中产量的减少必定随之发生。这样,生产原素 A 必定特别适宜使用于产品的小规模生产,而生产原素 B 适宜于较大规模的生产。可以想到,A 的价格的下降,必定会使多使用 A 成为有利可图,这只能通过鼓励小规模生产才能产生这样的结果;企业家的资源从与 B 合作的大规模生产中被吸引到与 A 合作的小规模生产中去了。这样,产量也许会下降。回归结果成为报酬渐增的一种现象;如果固定的企业家资源有足够的重要性,这种现象是一种和完全竞争相容的现象。它仍然不是一个需要我们多加考虑的可能性。①

6. 我们对这一特殊情况的讨论最后终于告一段落;我们可以进而讨论一般的情况,即一个企业使用任何数量的生产原素和生产任何数量的产品,仍然假定生产原素和有限能力的固定生产机会相合作,以便满足边际成本渐增的条件。

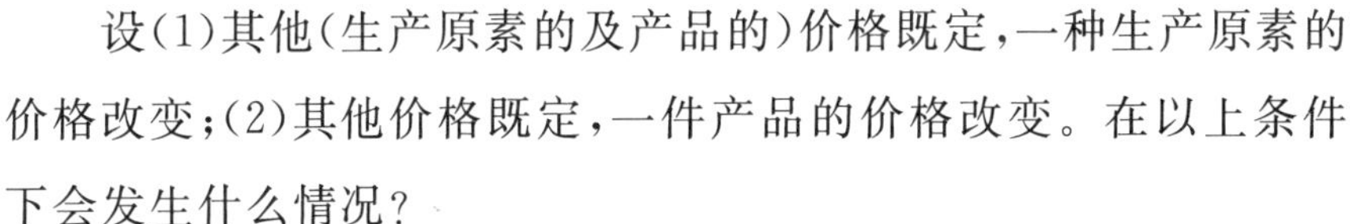

设(1)其他(生产原素的及产品的)价格既定,一种生产原素的价格改变;(2)其他价格既定,一件产品的价格改变。在以上条件下会发生什么情况?

(1) 设生产原素 A 的价格下降,对这一生产原素的需求必定增加。这一使用的增加必须通过某种方法加以平衡;结果或是某种产品的供给必然扩大,或是对某些其他生产原素的需求必然缩减,或者二者都发生。我们已经看到,当只有一种其他生产原素 B 时,对 B 的需求或许也会扩充(A 和 B 是补充的)。甚至在有许多

① 这一点可以通过观察回归的对称关系(和补充性一样)而测定。因之,如果 A 和 X 是回归的,X 价格的增加会导致 X 产量的扩充,B 的使用也会扩充,但 A 的使用会缩减。

其他生产原素时，这一点仍然有效。[①] 如果企业家的固定资源在限制生产上没有重要作用，所使用的整个生产原素群必定会构成一个单一的互相补充的群，其中每一对都是补充物。只有在固定资源较重要时，某几对生产原素成为替代物的可能性才开始出现——而在某些生产原素和产品关系上的回归可能性最后也会出现。[②]

因之，一种生产原素价格的下降引起的典型后果是：产品的供给会扩大，对其他生产原素的需求也会扩大。但当固定的资源具有一定的影响力时，这些一般法则都可能有少数例外；某些生产原素或许是第一种生产原素的替代物，某些产品对它或许是回归的；对替代的生产原素的需求和回归的产品的供给将会下降。

(2) 如果某一产品 X 的价格上升（其他价格不变），X 的供给必然增加。只有增加使用生产原素，或减少其他产品的产量，或者采用二者，这种供给的增加才有可能。在生产原素之中，可以预计补充性会占主要地位，我们可以根据相同的理由，预计在产品之中补充性也会占主要地位（如果企业家的固定资源对生产的贡献不值得注意，所有产品都必定是补充的）。因此，虽然可能有例外，但大多数其他产品的产量可能会增加。产量的普遍上升必定使生产原素的使用随之普遍增加；虽然在这一点上，也不是每一生产原素

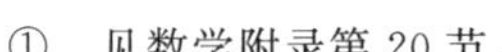

① 见数学附录第 20 节。

② 在联合生产的情况下比之只有一种产品的情况下，回归似乎是一种更可理解的可能性。生产原素 A 在生产产品 X 中或许是一个特别重要的部分；因而，当 A 的使用扩大时，X 的产量必定也会扩大。但是如果将企业家的固定资源更多地专用于生产 X，则用于生产 Y 便会更少可能。这样 A 和 Y 便可能是回归的。

都一定如此。

典型的情况是,一种产品价格的增加会引起其他产品供给的增加和生产原素需求的增加。替代的产品和回归的生产原素只在有限的范围内才是可能的。

这些是左右一个企业的市场行为的原则。它们在两个重要方面有别于左右私人行为的原则:第一,不存在收入效应;第二,在同一企业内联合生产的产品有互相补充的趋势,在同一企业内联合使用的生产原素有互相补充的趋势。替代的产品和替代的生产原素能够存在,但它们不大可能占优势。

第八章　生产的一般均衡

1. 我们现在可以探讨一下暂时的综合(provisional synthesis)。我们已经看到(在第一至第三章)什么决定个人的均衡,他怎么对价格的改变起反应。在第四至第五章中我们已经运用这些原则解释一种仅由这种私人组成的经济体系的运行,在这种体系中可能的经济活动仅为货物及劳务的交换。最后,在前两章中,我们介绍了一种新的经济单位——企业;我们也探讨了决定它的市场行为的原则。这样,我们最后就能够观察包含有私人和企业两种单位的经济体系的运行;以使价格体系不仅调节交换,同时也调节生产。

本章所讨论的生产一般均衡考虑到生产问题,因之它是一个比交换的一般均衡具有更广泛应用性的假设。这一体系前人论述较多,它包含了许多经济问题,近一世纪许多经济学家的思想体系都不能脱离这一范围,都可以归入它的简单化的形式内。我自己相信,有许多问题,特别是在长期问题,如分配问题及国际贸易问题中,它是一个较为适当的假设,因之利用这一假设比较安全。但是在某些问题上,利用它非常不安全;事实上误用这一体系是经济理论上错误发生的主要原因之一。因为它对经济生活的某些最重要方面仍然未曾接触到,和这些方面有关的问题不能很有效地利用它来进行研究。

它的主要缺点可以举出三点。第一,它对垄断和不完全竞争未加注意;我已说过,我认为这一缺点的重要性不应加以夸大。第二,它和国家的经济活动脱离;这点很重要,但国家是一个难以计数的经济单位,因此在经济理论中它的活动有其限度。(当然,这是这类经济理论也是整个经济理论的缺点。)最后,它没有注意到资本与利息,储蓄与投资以及在前章中我称之为“投机”的那些经济活动。这是一个重要的缺点,在本书较后的部分我们必须设法补救它。不过,在本章中我们还顾不到这点。

2. 我们现在要考虑一种包含有两种个人——私人与企业家的体系。对这两种人可作如下的划分。每一个人拥有两类资源中的一种或两种的供给——(1)能在市场上处理的生产原素,(2)不能用这种方式处理的企业家的资源,此种资源可以和他种生产原素混合在一起用以生产可以处理的产品。在一组生产原素和产品的市场价格既定的情况下,任何拥有企业家资源的人都能决定把这些资源用于生产能否产生正数的剩余。如果能够,他就成为一个企业家。作为一个企业家,他要决定生产如何安排才会使他的剩余成为最大数。在既定的价格之下,这一最有利的安排是由技术状况和他的企业家的资源范围所决定的;因此,他对生产原素的需求和产品的供给(由于商业上的原因)都可以决定;他的剩余的数量也可以决定。这一剩余现在变成他的私人账户部分的收入——对这一部分账户,他的决定和私人的决定是没有分别的。

仅拥有第一种生产原素的私人,或者发现不值得利用他的企业家的资源的私人,必须决定(1)他对他的生产原素的供给将处理掉多少——例如,他会做多少工;(2)他将支出多少这样获得的收

入在每一种商品上。[1] 在一个既定的价格体系和既定的偏好尺度上，这些决定必须在同一方式下作出。个人对生产原素的供给和对商品的需求便因此而决定。

拥有企业家资源以及可处理的生产原素（或有前者而无后者）的企业家必须对他的私人账户作出同样的决定。他的收入是从他的剩余也是从他的生产原素的供给得到的；在价格既定的情况下，这二者都可以决定；因此他的收入和他对商品的需求也都可以决定。

把企业家和私人加在一起，一旦价格体系既定，各种商品的需求和供给便都可以决定。严格地说，我们必须区分四种市场：(1)产品市场，在这一市场中，需求是从私人（个人的和企业家的）账户而来，供给从企业家的商业账户而来（即是说，来自企业）；(2)生产原素市场，在这一市场中，需求来自企业，供给来自私人账户；(3) 直接劳务市场，在这一市场中，供给和需求二者都来自私人账户；(4)中间产品市场，它们对一个企业是产品而对另一企业是生产原素，因而供给和需求二者都来自企业。无论如何，在各种市场中，一旦价格体系既定，供给和需求都得到决定。

在计算方程式时，如像在交换理论中一样，则稍复杂。必须把一种商品作为标准，假定共有 n 种商品，那么仅有 $n-1$ 个价格需要决定。显然一共有 n 个方程式，但是其中一个随着其余而来。即使市场不在均衡状态，账户（无论私人账户或商业账户）必须平衡；这意味着如果 $n-1$ 个市场处于均衡状态，其余一个市场也必定处于均衡状态。

---

① 我说“商品”而不说“产品”，因考虑到他可能直接需求生产原素（劳务）。

3. 我们迄今追随瓦尔拉和帕累托的步伐，对他们的论点仅略作修正，以便容纳近代关于企业的均衡观点。但当我们进而考虑这一体系的稳定，以及观察它的运行时，我们便失去了他们的指引。

观察生产均衡的稳定，必须采取第五章中观察交换均衡的稳定时所用的方法。不过，幸运地，我们毋需再作那种复杂而又令人厌烦的考察，因而在这里和我们相关的仍然是市场的稳定；我们以前的研究的正式结果可以取来应用于我们现在的问题。

我们会发现，除一点以外，都能顺利地进行这种应用。严格地说，在上章中，我们仅讨论了价格变动对单一企业的需求和供给的影响。在这里我们需要了解它对许多企业的影响。这种影响大部分是可以把价格变动对单一企业的影响加在一起而获得的，如我们过去发现，可以把对私人的影响加在一起一样。到现在为止，一群企业必须像单一的企业一样，服从同一的定律。但如果价格的改变会改变生产某一特殊商品的工厂数目，而使得工厂进入或退出这一“工业”时，情况将如何？这是一个出名难弄的问题，我们的确应当小心进行；然而对我们现在的目的而言，因新企业进入的可能性而引起的限制条件，似乎不可能很严重。产品 X 价格的上升，也许会刺激新企业方面的 X 的生产，其原因或者是由于这种生产使得利用以前没有利用过的企业家的资源为有利；或者由于它使得以前用于生产其他产品的企业家资源会转而用于生产 X。在任一情况下同一原理都可适用。如果新的企业家资源以前没有使用过，它们仅仅会使得工业中使用的其他生产原素的需求有新的增加，以及使 X 的供给增加新的来源。作为新工厂进入工业的结果，只有通过新工厂参加后对价格体系所起的影响方会使得产品

的供给以及生产原素的需求减少。在另一方面，如果新的企业家资源是从其他用途上抽来，则其他产品的供给也许会立刻减少；而适宜于制造那些产品的生产要素的需求，也许也会立刻减少；但这必然意味着企业家资源的有限能量是生产水平的一个重要限制，因而这种影响是和对自始至终生产两种产品的工厂所产生的影响相似。但是，由于相对价格改变的结果，这种影响更多的集中在一种产品上，而对另一种产品影响则较小。因此，在改变方面，由新工厂引起的复杂情况在性质上和我们已讨论过的相似，虽然在程度上或许不相似。

我们现在可以将交换均衡的分析应用于生产均衡。在生产均衡的情况下和在交换均衡的情况下一样，不稳定的唯一可能来源仍为收入效应的极端不对称。① 我们现在所须做的就是考虑这种不对称非常强大的可能性，在我们的新的假设下，它是否会强大到足以导致实际的不稳定。

当商品的需求或供给来自私人账户时，价格改变的效应和以前一样，可以分为收入效应与替代效应。但如果它是来自企业，则如我们在上章所述，不会发生和收入效应相似的东西。因此，在考虑通过不对称收入效应而产生的不稳定的可能性时，有必要区分四种不同的市场。

(1) 在产品市场中，价格的下降会使消费者的景况趋好，企业家的景况趋坏；因而对双方都产生收入效应，它完全和在交换理论

① 与第 4 章相同，此书第一版在此处讨论稳定条件时，因提出“极端的补充性”而使问题复杂化。因为，如第 5 章末的附注所述，所谓“极端的补充性”实际上是一种幻想，所以有关这一点的叙述已加以删除。

中一样起作用，而只有在产品较为低劣，或者生产这种产品的资本家本身消费这种产品达到相当重要的程度时，才可能产生不稳定。但是，我们必须记住，即使如此，仅有净收入效应仍不足以造成不稳定，只有在造成不稳定的净收入效应不受替代效应支配时，市场才会不稳定。在这里，作为稳定因素的，不仅有这一产品与消费者预算中其他商品之间的替代效应（如在交换理论中一样），而且还有价格改变对生产的效应，如我们所知，它的作用很像替代效应，因此常趋向于稳定。

（2）在生产要素市场中，价格的下降使生产要素供应者处境转坏，企业家处境转好；由于在提供特殊种类的生产要素方面个人的专门化（例如，受雇人提供的劳动通常和其雇主提供的不是同一种类），这一点特别可能使净收入效应危险地起作用。不过，在此处仍有两种稳定因素，即个人预算上的替代（如闲暇与消费之间的替代）以及生产效应。

（3）直接劳务市场（生产在其中不占地位）的运行情况和我们在交换分析中叙述的全然一样。

（4）中间产品市场，它的供给和需求都来自企业，在两方都不受收入效应的影响，因此必定是稳定的。[①]

就关于稳定问题而论，从这一切似乎可以说，在生产均衡的地位和它在交换均衡中的地位非常相似。不过，我们有一个新的有力的影响因素（在企业的市场行为中没有收入效应），足以造成稳

① 当然，有一方企业家的处境转好，而另一方企业家则处境转坏。在考虑到价格变更的一般影响时，必须斟酌这一点；但是它通常不直接影响中间产品的供需，根据假设，中间产品不是直接消费物。

定。在另一方面，不稳定的危险很明显地集中在生产要素市场上。

由于这最后一个原因，不稳定在整个体系中是否可能占主要地位呢？这似乎完全不可能。因为，我们必须常常记住生产要素与产品之间在技术方面的最主要关系是一种替代的关系，而这常是一种有力的关系。由于相对价格很小的改变而引起要素对产品的转变率的很大的变更的可能性，是一个强有力的稳定因素，正是这一点而非其他使我们有理由假定：生产的一般均衡，在大多数的通常情况下，是稳定的。

4. 在稳定这一题目上，或许还有更多可谈。但对于我们的目的来说，似乎已谈得够多了。我们所理解的已足使我们相信，一个完全稳定的生产均衡体系是一个合理的假设。现在让我们假设这样一种体系，并看看它是怎样运行的。

我们在第五章中所发现的一般均衡体系运行的法则仍然可以应用。我们仅须给它们多加上一些解释。

因为体系是稳定的，任何商品需求的增加（有些人希望得到更多的这种商品，同时提供某些标准商品作为交换）必定会提高以标准商品计算的该商品的价格。同样地商品供给的增加（有些人提供更多的这种商品，想接受某些标准商品作为交换）必然会降低这种商品的价格。这些法则适用于生产原素，也适用于产品。

这一类需求（或供给）的既定改变对商品价格影响的限度取决于体系中替代性的程度。[①] 体系中两种产品（或生产原素）之间的替代性愈大，或补充性愈小，则任一商品的需求的改变对它的价格

① 参阅第 5 章第 7 节。

的影响将愈小。这种替代也许是在技术方面，或者在私人的预算内。这里，生产原素和它的产品之间的正常关系又再可以看作为一种替代关系。因此，任何以其产品衡量的生产原素的边际生产曲线愈有弹性，任何商品（生产原素或产品）的价格因它的需求（或供给）的改变而受到的影响愈小。

这种需求（或供给）改变对其他商品价格所引起的影响基本上取决于这些其他商品是替代物还是补充物。当然，在这里替代和补充必须理解为和整个体系有关系。（如果两种货物在两方面是替代物，则它们在整个体系中必然是替代物；作为补充物也是一样的；如果它们在一方面是替代物而在另一方面是补充物，则取决于以何者为主。）

作为第一个近似，我们可以说如商品 X 的价格上升，其他直接作为 X 替代物的货物价格也会随之上升，而那些补充的货物的价格则会下降。但是第二，我们要考虑到通过其他价格而来的间接影响（这些价格服从以下法则，即替代物的替代物及补充物的补充物，价格趋向上升；补充物的替代物及替代物的补充物，价格趋向下降）。如果一种货物同时是 X 的直接替代物，又是替代物的补充物，则直接的和间接的影响将会在相反的方向相拉引。

第三，我们要考虑到收入效应。由于价格的改变，有的人变得更富，有的人更穷；这一点给予他们对商品的需求和供给所引起的影响或者不会互相抵消。关于这种收入效应，很难说出任何一般性的规律；有时它的运行可以猜测，但是它常常只能作为偶然错误的来源看待。

5. 以下就这些可能作出的分析举一些简单例子。

首先，假定某种产品 X 的需求增加。X 的价格会上升，而这又会引起整个体系内价格的普遍上升（但除非 X 是非常重要的商品，近旁有关联的商品价格的上升不会很明显）。在近旁有关的商品中，有制造 X 时所使用的生产原素；它们的价格一般会趋于上升。价格会下降的仅有商品是直接或间接和 X 相补充的商品。直接补充物可以分为以下几类：

（1）在消费上和 X 相补充的商品。当 X 的价格上升时，对这些商品的需求会减少，它们的价格会下降。①（在实际上，这些补充商品的需求常常会同时上升，因而掩蔽了这一后果。）

（2）在生产上和 X 相补充的产品。我们已看到，任何和 X 连带生产的商品都很可能属于这一类。当 X 的供给增加时，这些补充物的供给也会增加，而它们的价格则会下降。（这是人们熟知的教科书上的羊毛和羊肉的例子。）

（3）对 X 回归的生产原素。任何连带产品只要在技术上是替代物，它们的生产将会减少，为制造这些替代产品所特别需要的任何生产原素的需求也会下降。

间接补充物是直接补充物的替代物，或者是直接替代物（其价格上升）的补充物。例如，属于前一类的有为了制造和 X 在消费上相补充的产品所需要的生产原素，或是由于这些生产原素价格的下降生产得到便利的产品。属于第二类的有在消费其他价格已上升的产品时的补充物，因为在生产它们时需要某些制造 X 所需的同样的生产原素。

① 在本章的其余部分我略去了收入效应。

不过，这些较远的间接补充物的价格不一定会平衡下降。因为如果从一种关系看它们是间接补充物，则从另一种关系看它们常是间接替代物。在整个体系中替代的普遍占优势会使大多数的间接补充性无足轻重。

6. 现在再以一个相反的情况为例——生产原素 A 的供给增加。A 的价格显然定会下降。对其他价格的影响也可以像上节一样推论出来。不过，有一种影响特别令人感兴趣。对在同一种或几种工业中使用的另一生产原素 B 的价格会引起怎样的影响？如果 B 是补充的生产原素（我们已看到，在一同使用的生产原素之间，补充性可能是主要的关系，因此 A 和 B 很可能是补充的，最少是在生产方面），直接影响是 B 的价格将因而提高。不过，这里最少还应考虑到一种间接影响——通过产品（或几种产品）价格的间接影响。最少在生产方面，它们的产品对 A 和 B 二者或许都必须算作是接近的“替代物”。因此 B 的价格（在它作为替代物的替代物角色时）或许会下降。所以，对 B 的价格的净影响是由两种相反的趋势组成的，一种是直接影响，趋向丁提高 B 的价格，·种是间接影响，趋向于降低它的价格；二者中任一个都可能是占主要地位的。但是如果在生产上 B 是 A 的替代物，两种影响都可能会趋于降低 B 的价格。①

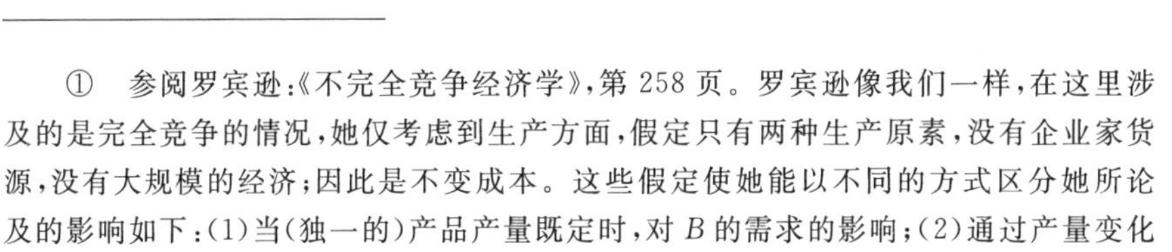

① 参阅罗宾逊：《不完全竞争经济学》，第 258 页。罗宾逊像我们一样，在这里涉及的是完全竞争的情况，她仅考虑到生产方面，假定只有两种生产原素，没有企业家货源，没有大规模的经济；因此是不变成本。这些假定使她能以不同的方式区分她所论及的影响如下：(1)当（独一的）产品产量既定时，对 B 的需求的影响；(2)通过产量变化所起的影响。我们的结论似乎完全是一致的。罗宾逊的方法应用于她想应用的问题是有利的，而我自己的方法则更易于一般化，以便探讨整个经济体系的问题。

当一种生产原素的供给增加时，在全部商品中，补充的生产原素的价格或许最有可能上升；但甚至它们，也只有在它们的共同产品价格受到影响很小时，即是说，产品的需求是较有弹性时，或产品是其他商品的良好替代物时，它们的价格才会实际上升。

7. 根据我们通常的习惯，A 的供给的增加（如上节）乃为用标准商品衡量的 A 的供给的增加；在既定的价格下提供的 A 的数量增加了，供给者需要的就是一些作为交换的标准商品。如果标准商品是货币，即蕴含着他们把从供给新单位所得到的收入都积贮起来了。同样地，在上面的例子里，也包含有这样的假定，即新的需求是以标准商品计算的需求；因之如果标准商品是货币，新的需求乃来自负积贮（dishoarding），而不是来自对其他商品的节约。如果这些假设没有什么道理，因而生产原素 A 供给增加时，对产品的需求亦随之增加，或者对 X 的需求增加，其他产品的需求随之减少，这一方面的影响也必须考虑到。它们很自然地会对一般价格产生一种影响，这种影响和最初的影响方向相反；因此由于需求增加的结果，一般价格会向上移动，而供给增加则会使价格下降，在前一种情况中积贮会有净减少，而在后一种情况中积贮会增加。[①]

如一种生产原素供给增加，某种商品的需求随之增加，则对价格的净影响如何？分析这种情况常常非常复杂，因此很自然地要通过一些其他方式寻求结论。有时，用改变标准商品这一简单办

① 从我们的分析中可以证明，我们不能指望这种一般的移动会在*任何*价格指数中显示出来。

法可以达到这一目的。迄今为止，要选择什么标准全听我们之便；假使我们谈到生产原素供给的增加，卖掉这些生产原素所得款项首先将用以购买消费货物，那么就有理由把某些为生产原素供给者所消费的有代表性的消费货物作为我们的标准商品，①并以实物计算有关项目。这样我们只须考虑生产原素供给改变的影响，而不必考虑另一方面的问题。我们的分析立即告诉我们，生产原素的价格用这一有代表性的消费货物计算必然下降；而对其他生产原素价格的影响同样地可以实物计算出来。

不过，应当注意到普遍采用这种方法会遇到一种障碍。如果在我们的体系之中，有任何价格是习惯地用货币计算确定的，则只要我们以货币作为标准商品，对于我们的论点不会产生什么差异。（必须作的调整在本章附录中谈到。）但设我们把别的东西作为标准商品，则要想有任何进展，就必须在脑子里来个大转弯。

关于这一点的重要性以后还要详细谈到。②

第八章附注　习惯的或刚性的价格

关于习惯的（最高的或最低的）价格，我们可以作如下的确切

① 参阅庇古的“工资货物”（wage-goods），散见庇古的《失业理论》各章。

② 见下文第21章。

分析：

假设全部其他价格不变，可画出一种商品的需求曲线(D)及供给曲线(S)如图22。如果该项商品的价格可以自由更动，则价格将在曲线的交叉点确立。但如它是固定在一个假定比这较高的水平上，则虽然卖者愿意供给数量LT，仅能售出数量ON(=LP或MQ)。因之，这种情况和下面一种情况相同，即如果价格OL仅为买者订定，价格OM仅为卖者订定，二者之间的差额成为确有成交的卖者的红利。(换过一种说法，我们也可以假定对每一单位的商品课以赋税LM，从该项赋税中所得款项归于卖者。这是农业部已使我们很熟悉的一种程序。)利用这一解释，虽然我们要牺牲市场上只有一种价格的法则，但可以保留供需相等的均衡条件。有一种真实价格，可以作为一种论据确定，还有一种"影子价格"(shadow price)，由均衡条件决定。由于卖者实际上并没有得到影子价格，只得到和它相当的红利，所以对收入效应而言，影子价格并不重要；但因为它左右供方的替代效应，因而仍然非常重要。

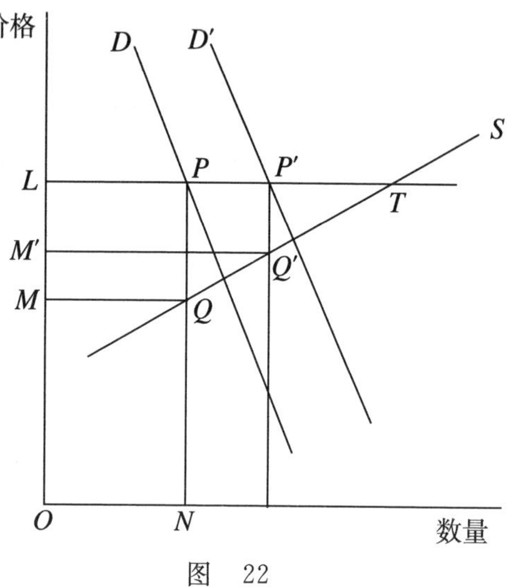

图　22

设对商品的需求增加(需求曲线从D移至D')，它并不能改变固定价格。但由于购买的数量会增加，影子价格将从OM上升

至 OM'。红利将从 $LPQM$ 改变为 $LP'Q'M'$；但这似乎并不很重要。重要的是供给会有所增加，其情况与实际价格由 OM 上升至 OM' 一样(且不谈收入效应)。影子价格所以重要理由在此。从这一市场供给方面开始而波及其他市场的全部反应，其表现情况和价格发生真实变化时是一样的；只有对需求方面的反应因价格的固定而中断。

举一例说明，设小麦有一最低价，并对供给加以相当的限制，以使最低价有效，则其后果如何？如果某特定方面对小麦的需求扩充，也许并不至于影响价格，而其他方面对小麦的需求也不致受到影响。然而它仍可能影响供给，供给可能以其他作物为代价而扩充。这样，这些其他作物的价格也许会上升，恰如小麦价格本身上升时它们所发生的反应一样。

这一命题(把全部条件掉转过来，对最高价格也同样有效)的重要性无待多说。价格控制可以压低价格的一般上涨，但除非控制绝对完全，否则它并不能完全阻止这种上涨。

在另一点上我们还将再回到这一命题上来。(见下文第 21 章。)

第 三 篇

动态经济学的基础

第九章　分析的方法

1. 我心中的动态经济学(这是一个争论纷纭的名词)的定义有如下述:我把那些我们并不计较日期的经济理论称之为静态经济学;而把那些对每一个数量都必须注上日期的一部分理论,称之为动态经济学。例如,在静态经济学中,我们想到一个企业家使用了某一数量的生产要素,借助于它们生产了某一数量的产品;但是我们并不问生产要素是什么时候使用的,和产品是什么时候可以生产出来。在动态经济学中,我们都要提出这些问题;我们甚至特别注意到这些日期的改变会怎样影响到生产要素与产品之间的关系。①

因此,到现在为止,我们还只涉及静态经济学;并且严格地限于这一方面;我们保持了一个严格的规则,即绝不提到任何日期问题。讨论同样问题的人多数经济学家并不是这样严格;的确,这是因为我准备了一个动态的学说,所以我敢于让我的静态学说这么地静态。在这样的情况下,我们的程序有很大的优点。不错,如果一个人追随过去的经济学家(至少是绝大多数的十九世纪的经济

① 静态经济学与动态经济学之间的区分,因之与物理科学上静态与动态之间的区分,并没有很大的共同点。使用这些名词的理由是由于它们在经济学术语中已有确立较久的地位;即使它们还没有精确的意义,至少它们已经具有一系列的意义,这些意义似乎集中了某些有用的东西。

学家)的通常的道路,给他的静态理论带上一些轻微的动态味道,就可以使他的理论看来更能直接应用于真实世界。它能包含传统经济学的大多数的主要部分,从地租学说和比较成本学说一直到垄断剥削学说,所有这些学说都可以不考虑在议论中牵涉到时间问题而建立起来。对这些学说可以用举例以及制度上的条件装饰起来,使它的骨架具有标准学说的形态。但是在讨论资本,或者利息,或者商业波动,或者甚至货币等问题时,由于在这些问题中对经济数量记明日期非常重要,因此这些学说仍然不能胜任愉快。①

相反的,如果把静态经济理论用最本色和不加添饰的形式呈现出来,如我们所已经做的一样,那么动态问题又会提到我们面前来了。现在,不能仅把经济体系作为一个互相依赖的市场网来思索,而是同时要把它作为一个时间的过程来考虑。在这一动态的领域里,是否可能用同样的分析方法呢?或是我们必须求助于全然不同的方法呢?任何相同的方法是否能够适用不很明显。然而,在继续讨论时,我们将会发现,可以用某种方式叙述动态问题,使其在形式上和静态问题相等同。因之,静态理论的结论最终也能使用;虽然它们几乎都要在很大程度上重新加以解释。

2. 当经济学家第一次从事于动态学的研究时,他们最初很自然地只想作出一个较不剧烈的调整。他们通过以下的方法达到这

① 当然,人们常以静态工具为满足,这只是因为他们不完全知道它的限度。因之他们常常把“生产要素”资本和它的“价格”利息介绍到他们的静态理论里,他们假定资本可以作为静态要素处理。(参阅克拉克的“自由资本”(free capital)和卡塞尔的“资本处理”(capital disposal)),在这一程序中含有某些错误,无人否认,但是由于没有一般动态理论(在其中全部数量都适当地定上日期)很容易低估这一错误。

一点。静态理论提供给我们一种价格体系，这一体系随组成经济的个人的偏好，在他们控制之下的生产资源（或生产要素），以及技术状况（生产函数）而定。如果在定日期的时候，我们能把这些事情都按照时间注明日期；又如果我们能说存在于任何时刻的价格体系视存在于那一时刻的偏好和资源而不是依赖别的而定，那么，我们现在应该可以最方便地来应用静态分析。很显然，这是不真实的（至少根据我们需要的意义来说是不真实的）；但是否有什么办法可以使得它成为真实的呢？

说它是不真实的主要理由是，为达到均衡所要求的调整需要时间。一项商品价格的上升对该项商品的供给立即发生的影响是很小的；但它使企业家猜测较高的价格是否还会持续下去。如果他们断定它可能会持续下去，他们就会为将来开始大大增加生产供给数量。这一决定会影响到他们对生产要素当前的需求；因之生产要素市场的当前位置是为企业家对产品价格上升如何解释所左右。

同样地，一项商品当前的供给，其受当前价格影响的程度不及受企业家过去的预期的影响为甚。左右当前产量的主要是那些过去的预期，不管预期的是对还是错；当前的实际价格所发生的影响是相对地小的。

这是动态学说第一个主要的难题；它也标志着方法的第一点分歧。我们或者面对这一难题，并仔细考虑以下事实，即预期的价格犹如当前的价格一样左右着供给（最后需求也是一样），或者我们只集中注意这类困难最小的那种情况，以避免这一论题。第一个是马歇尔的方法；第二个（广义地说）是奥地利学派的方法①。它的标志是集中注意于静止状态。

虽然我自己确信静止状态最终不过是一种规避，但是它在近代经济思潮中扮演了很重要的角色，我们对它必须稍加注意。静止状态是动态体系中的一个特殊情况，在这种情况中嗜好、技术以及资源在一段时间内维持不变。我们有理由假定，企业家在经历了这些不变的情况后，可能预期它们会维持下去；因此区分价格预期和当前价格是不必要的，因为它们都是一样的。我们也可以假定，企业家在过去所预期的今天的价格正好是现在出现的价格；所以商品的供给已经完全根据价格体系调整过。因此，在这种静止状态中建立的价格体系实质上和静止的价格体系是一致的，后者的性质我们已经知道。

对于这一点可以这么来看。在生产过程中实际使用的生产要素，最终会变为将来的生产，而将来可以出售的预期刺激了对它们的使用。但是，在静止状态中当前使用的生产要素似乎确是生产当前的生产；因为它们使生产那一生产成为可能，不过有以下条件，即中间产品（一般为固定及运用资本）的存量结果不会减少。如庇古教授的有名的譬喻中所说的，②中间产品的存量是一个"湖"，当前的生产要素的进货把它灌满，当前产品的出产又把它抽干，虽然水在湖中一般停留某一段时间，然而，如果我们加上一个条件，即湖水的总量应当保持不变，则在当前的进货与当前的出产

---

① 对奥地利资本学说的经典解释当然是庞巴维克：《资本实证论》；基本上属于同一学说但更为精炼的见解，见威克塞尔：《讲义》第1卷。（威克塞尔在价值论上是瓦尔拉派，但在资本论上是奥大利派。）

② 《福利经济学》，第4版，第43页。

之间有一直接的关系。只要我们作出资本维持不动这一“静态的”假定，则技术的生产函数即成为当前进货与当前出产之间的一种关系——我们又回到了“静态的”世界。

不过，当我们观察静态经济的时候，有一件事非常明显，而在全然不计及时间因素的静态学说中，这事并不是那么明显。这就是进货与出产关系（生产函数）对体系中所持有的中间产品数量的依赖。中间产品的数量——资本的数量——是怎样决定的呢？

事实表明它是由利率决定的。利率的下降会鼓励采取较长的生产过程，要求使用（在任何时间）较大数量的中间产品。但是因为我们是在静止状态中，资本的储存不会有增加或是减少的趋势；存量的不变就给我们提供了它的大小与利率之间的关系。如果企业家不想增加或减少他们的储存，他们的净借款必定为零。如果贷款的供给和需求是均衡的，那么净储蓄也必定为零。因此利率必须固定在一个水平上，它对净储蓄或负储蓄（dis-saving）都不提供任何刺激。这一水平是什么，部分地有赖于组成社会的个人的储蓄倾向，部分地有赖于他们的真实收入——而这又和中间产品储存的大小有关。因之我们有两个方程式决定资本物存量的大小以及利率；所以二者都得以决定。

这一粗略地摘要叙述的理论，是静止状态的一个似乎合理的理论；不幸它只是静态的理论。只有在非常特别的情况下，经济中的每一个单位里储蓄与投资二者都等于零的情况才会出现；只有这样，我们才能把有关资本和利息的方程式分开来，并使价格体系中其余的东西如同在静态中一样加以决定。一旦我们舍弃这一特殊情况，就有一群新的复杂问题需要考虑，在静态经济中它们是被简单地排除了。由于对静态情况已有先入为主的成见，造成对这些复杂问题（其中有许多非常重要）的忽略，因之它在经济学家的心中已造成了非常有害的影响。

只有在静止状态中实际价格无须和预期价格区分开来；收入无须和产品区分开来；货币利率无须和真实利率区分开来；一个时期放款的利率无须和另一时期的利率区分开来。静止状态对这么许多重要的方面都未加考虑确有碍利息理论的发展。而且，虽然人们承认任何现实经济的实际状态在事实上绝不是静态的，然而静态理论家自然地把现实看作为“趋向于”静止；虽然这种趋势的存在也是很成问题的。当然，静态理论本身并没有指明现实含有这种趋向。它告诉我们如果我们达到静止状态，那么（在其他事物相等的情况下）我们必须坚持；但它并没有给我们指明我们在事实上是以这样一种地位为目标；因为关于任何实际的事情它完全不能告诉我们什么。

3. 我们自己对动态问题的研究必须完全不同。它与马歇尔的方法有更多的共同点；在马歇尔著作中的有关部分（《原理》第五版论“需求、供给和价值的一般关系”），他涉及仅仅一种商品价值的决定，尽可能在孤立中考虑，而我们讨论的是整个价值体系的决定，我们不能在所有方面都追随他。①

马歇尔的分析从一个特定的日子开始（让我们称之为第一

① 虽然马歇尔至少提出了一般动态问题的一部分，但可怪的是他甚至在动态分析中也不愿意放弃静态的观念。在他的著作中很少把静态和动态区分开来，他的动态理论采取了非常静态的“均衡”用语，同时它们的中心论点导向于介绍那一“有名的虚构事实”——静止状态，但他的理论并未因此变得平易通晓。

日)。他并没有作以下这种不真实的“静态的”假定,即生产者在过去预见到实际存在于第一日的需求和供给的情况。反之,他甚至把在第一日求售的已完成的供给看作为完全是由过去的预期所决定的,因此已经是一个已知数;现在做的事情不能改变它。不过,买者的需求,或者还有卖者的保留需求是由实际存在于第一日的偏好和收入情况决定的;它们也可能受到第一日的预期的影响;如果商品是耐用的,而有些人预期将来需求会增加(或供给会减少),情况特别如是。

在第一日决定的价格确定到什么程度呢?开市时的价格显然地是不确定的;因为贸易者并不确切知道今天会有什么供应物上市;也不知道买者今天需求什么。他们不得不开始通过不断的试验和错误,来决定价格(虽然现在的市场情况和他们所预期的市场情况差别愈少,调整当然也就愈容易)。但是,马歇尔有一个明智的论点,他认为在闭市时的价格是确定的;供给与需求最后必须相等——其意即指买者根据第一日的市场价格购买了他想在第一日购买的东西,而卖者售出了他所想出售的东西。我们以后还要回到这一论点。①

其次,他继续谈到第二日,或者也许是以后的某些“日子”。在一段时间以后,上市供给的货物不再单独受到第一日开始以前的决定的影响;第一日达成的价格开始影响供给。但是,它对供给的影响,视所涉及的是“短时期”或是“长时期”而有所不同。在短时期内,“特殊技术和能力的供给,适合的机器和其他物质资本的供

① 马歇尔:《原理》,第2卷;参阅本章末关于价格的形成附注。

给以及适当的工业组织的供给都还没有时间充分适应需求;但是,生产者必须尽最大可能利用他们所已经掌握的工具,根据需求调整供给”。[1]“另一方面,在长时期内,所有资本投资,以及准备物资设备商业组织以及获得贸易知识与专门能力等方面的努力,都有时间得到调整以适应他们预期能够赚到的收入”,[2]如我们所将发现的,“长时期”就其严格意义(供给对需求的“充分适应”)而言,并不是一个能非常适合一般动态理论的观念;但是,马歇尔所作的以上的区分的实质需要我们充分加以注意。

如果我们假设生产者对未来价格的预期是基于第一日实际实现的价格(马歇尔一般地作这种假设),那么我们可以说,当第一日的价格在某一水平(“短期正常供给价格”)之上时,生产者就会开始为不久的将来计划一个较实际为第一日销售而生产的产量更大的产量。如果第一日的价格高于“长期正常供给价格”,他们就会设法扩大设备,并开始循此方向计划增加将来的产量。

严格地说,我们可以从第一日开始,究问如果生产者预期在 n 日的价格是某一数量,则他们计划在 n 日生产的产量如何;然后我们可以画出一根曲线,表示在每一可能预期价格上的计划产量。这样的曲线能够为每一个特定的将来的日期画出来;马歇尔的短期和长期的曲线是从这些可能为数很大的曲线中取出的样品。[3]

4. 马歇尔如何进而完成他的理论,我们将来会知道;以上的

---

① 马歇尔:《原理》,第 376 页。

② 同上书,第 377 页。

③ 必须注意只有对于 n 以外的其他日期的预期维持价格有所知时这些曲线才是确定的;一个完整的理论必须把这一复杂情况考虑到。

摘述或足以使读者忆起他的分析中和我们最相关的那些部分。我们现在所需做的是把他的体制加以一般化,使得能利用它以讨论整个经济体系的问题。

首先,他的方法的某些部分,不值得我们加以保留,严格的三分法(第一"天"的暂时均衡,短期以及长期)是其中最重要的。这些范畴适用于马歇尔的孤立的市场,但对整个体系的分析不大相宜,很少有任何期间如此地短,在所有商品上都给予我们暂时的均衡(就马歇尔的意义说);几乎常常有某些产品,它们的供给能在这一时期内增加。很少有任何能说得出时期的时间如此地长,以致所有商品都能在这一期限内"充分地调整";将长期加以延长,以包含全部经济的完全均衡,很容易使我们陷入关于静态均衡趋势的以假设为论据的推论中。因之,我将不使用马歇尔的三分分类法,而尽力记取其所包含的真理(所取时间经过调整)。

即使我们决定允许产量的某些小变化进入我们最短的时期内,然而对那一最短时期(我将称之为一周,以别于马歇尔的日)仍必须清楚地加以思考及给与定义。我给一周下的定义为:价格的变化可以忽略的一段时间。为了理论上的目的,这意味着假定价格不是连续地而是在短的间歇期间变化的。一周的日历长度当然是任意规定的;把它定得非常短,我们的理论设计就可以如我们所愿意的那么密切地与那种不停止的摆动相适合,这种摆动是某些市场价格的特点。不过,我们将会发现,如把一星期定得非常短,我们的理论将成为无甚益处的东西;我认为最好还是把它看作较长的时间,虽然这意味着我们必须满足于一种对现实的不大密切的近似。

为使这一个在一周中价格不变的假定具体化，方便的办法是假定在一周中只有一天（例如说星期一）市场开放，只有在星期一才能作成合同。合同可以在这一周中执行；（货物可以交卸，等等。）但在下星期一前不能再作新合同。因之星期一的价格将在这一周中维持下去，同时它们将左右这一周中资源的处理。

现在不难看到当市场不开放，价格因之无机会变更时，在一周中价格将保持不变。但是，我们也还得假定在星期一这一天的市场时间里，市场开放，交易者经过讨价还价，确定市场价格；但价格变化是微小得不值得注意的。这意味着市场（所有市场）向暂时的均衡的地位（根据马歇尔的定义）迅速而圆滑地前进。马歇尔认为在他的方法中，这是一个合理的假定，对此他举出了某些理由；在本章附录中，我将观察一下我们能利用这些理由到什么程度。目前，我必须要求读者接受这一个到达暂时均衡通道的假定，把它作为一种"完善"的东西，我们可以假定市场情况中存在这种"完善"，正如我们将假定同时存在的完全的知识——即每个人都知道所有那些与他有关的市场的当前价格。就我所理解，这种简化和利用我们的分析可获得的结果并不会有很大的差异。

5. 星期的第二个性质是随第一个性质来的，或者更可以说是随我们对第一个性质的解释而来的。我们假设这星期是计划的间歇期——即关于将来如何处理资源的决定都在星期一作出。因为，差不多任何新的决定都将包含新合同的订立，而新合同又只能在星期一订立，因此我们很有理由假定星期一也是计划日。

认识以下一点非常重要，即企业家对购销的决定（在某一程度上也是私人的同样决定）几乎常常构成决定体系的一部分，这种体系不受当前的限制而与将来的事情相关。企业当前的活动是计划的一个部分，它不仅包括进行当前购销的决定，而且也包括在较近或较远的将来进行销售（无论如何，通常也包括购买）的意图。

对经济过程的现实的描绘无疑会显示我们企业是在不规则的间隔期内制订计划的。在制订计划日期之间的一段时间内，最后的计划多少是按照规定实行的，虽然一般会有某种次要的力量造成较小的变动。当下一个制订计划的日期来临时，对整个地位就根据新的情况重新加以考虑，订出新的计划。

由于对于计划可能有进行重大修改的必要，如何常常观察整个情况或许是商业管理上最重要的课题之一。愿意进行重大修改是第一流商业企业最肯定的标志之一；一个效率差的企业常常尽可能少作主要计划，它所作的全部计划不过是对细节进行较小的调整，这只需要考虑环境中很少的一些要素，而无须用很多的思索。然而，尽管这一区别颇属重要，我们在这里不拟注意这一点，我们假定每一个企业在每星期一多少会重新考虑整个情况；虽然这意味着我们趋向于把这一体系看作具有比实际可能有的较高的效率程度，但是我想这没有多大关系，因为在讨论的后一阶段，估量惰性问题是较为容易的。

然后，我们假定企业（及私人）在星期一，根据显示出来的市场情况制订或修订它们的计划；在星期当中所作的次要的调整可以忽略。和我们的其他假设加在一起，即意味着，当星期一晚上闭市的时候，市场已达到了在这一天可能有的最充分的均衡；不仅价格已经决定，而且每一个人都在那一价格上进行了对他似乎有利的买卖。这些买卖的进行指明计划已经针对价格进行调整——或者如果我们愿意承认低效率的存在，计划也已经根据和计划人的有缺点的效率相容的情况进行了调整。

6. 任何特定一周采取的计划不仅随当前的价格，而且随计划人对将来价格的预期而定。我们一般将以一种非常严格的态度来解释这些预期，即假定每一个人对和他相关的价格在未来任何星期如何变化所作的预期，有一肯定的概念。这一假定当然是过于严格的，而实际上会在两个不同的方面犯错误。第一，人们的预期常常不是对外界给与他们的价格的预期，而是对市场情况的预期，例如对需求表的预期。在垄断的情况下，在某种程度内这必然常常是如此，所以确切的价格预期的假设的确是完全竞争的假设的一个方面，我们始终保持了完全竞争的前提，在这里还是继续保持这一点。

第二，或者更为重要的是，人们简直很少有确切的预期。他们不预期在一个特定的未来的星期里，他们所能销售一特定出产的价格恰是若干，他们仅考虑可能会有某一个数字，或是一个范围内的数字；但是，从这一最可能价格的两方发生偏差在他们看来也多少是可能的。这是一个值得注意的复杂情况。

为了某些目的，例如在估计某人财产（或者如我们将看到的，他的收入）的资本价值的时候，只要集中注意于最可能的价值就可以不必考虑其余的频数分配，但对大多数目的而言，分散是非常重要的。

在我们考虑是什么因素决定最后采取的计划时，我们必须想到，个人总是在许多的行为路线之间进行选择，而它的结果并不是同样肯定的。即使在某一将来日期的最可能的价格保持不变，如果某人对那一价格的可能性觉得更少把握，如果可能的价格的分散增加，[①]那么他对采取在那一天进行购销的计划，不免踌躇。可以设想，分散的增加一般地会使他更不愿作出在受到影响那天进行购销的计划。如果是这样，那么在个人计划出售的情况里，分散的增加会有同预期价格降低同样的后果，在个人计划购买的情况里，会有同预期价格增加同样的后果。我们如果体察到预期的不定性，在这些决定计划的问题里，我们不应将最可能的价格当作代表性的预期价格，而应看作是最可能的价格±对预期不定性的估量，亦即对风险的估量。

在一种分析中，我们假定人们对价格具有确切的预期，在面对着一个风险占有极端重要性的世界时，这种分析并不是全然无能。当我们涉及计划的决定时，我们必须假定计划人的预期会极据风险进行调整。这并不是一个绝对可以满意的处理风险的方法——我自己觉得除我们在这里讨论的动态经济学之外，还应当有一门风险经济学——但是它已足以显示我们即将进行的研究并不缺乏应用性。

认识以下一点是重要的，就是对风险的估量，（即代表性预期价格低于或超过最可能价格的百分比）并不仅由计划人对不定的程度的意见而决定。它也受到他是否**愿意**担负风险的影响，也受到在最后的分析中，因他的偏好水平而定的一种因素的影响。因此，在我们的分析中，一种对计划人有利的预期价格的改变即代表

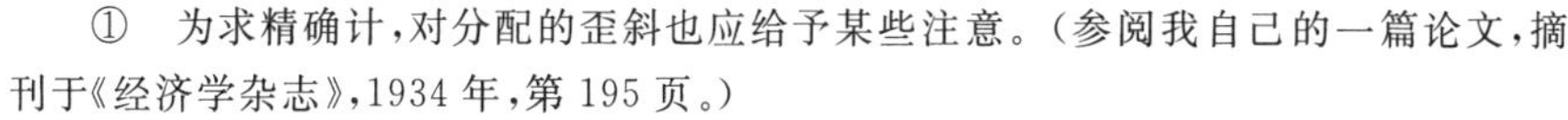

①　为求精确计，对分配的歪斜也应给予某些注意。（参阅我自己的一篇论文，摘刊于《经济学杂志》，1934年，第195页。）

负担风险的意愿的增加。

此外(这是我们的讨论中最为严重的缺点),负担任何特定风险的意愿(计划在任一特定的预期价格不肯定的将来日期购买或销售,并按照计划行事)会受到包含在计划其余部分中的风险的显著影响。在目前所用的方法下,对此我无能为力,虽然关于风险的内在联系的某些结果,经常会受到我们的注意。

这样,我们就将正式假定,人们预期特定的肯定价格,他们有某些价格预期。但是,我们准备在必要时把这些预期解释为一种特定数字,它们最能代表对现实的不定的预期。①

7. 这三种观念——星期、计划、肯定的预期——对我们的探讨非常重要。由于利用它们,我们对现实世界的现象有某些歪曲,但并不过分,如果我们要在动态理论上取得任何进展的话,只能这样做。我曾想表明,我们的方式的过分严格,应当不会带来什么严重的后果。

通过使用星期这一观念,我们能够把一种改变过程当作包含有一系列的暂时均衡来处理;这使我们在动态的领域内仍然能使用均衡分析。通过使用计划这一观念,我们能够得出从事于当前目的的行动和指向将来的行动二者之间的关系。通过假定计划在一星期中展开,我们就能够想象出周末的环境有异于周初的环境;因之,在第二个星期建立起来的新的暂时的均衡必然与在第一星期建立的有所不同;如此类推,我们就得到一个在形成中的过程。

---

① 一家企业决定采取的计划不仅依赖于它的价格预期,而且也依赖于技术的预期,例如对收成的预期。我们一般将假定在上述的相同的条件下,这些预期也是肯定的。

通过肯定的预期的观念，我们就能使用在静态学中所用的同样的分析表述私人和企业的均衡，以及决定计划对当前价格和预期价格依赖到何种程度。把这一点加上我们已经保留的市场均衡的观念，静态分析的要点就仍然可供我们使用。

因之，我们没有放弃我们的静态的方法，仍保留了静态工具的要点。

以下就看看这一方法怎样用来分析我们的动态问题。

第九章附注　价格的形成

1. 马歇尔在他的《原理》第五版第二章以及关于易货的附录中，有一很巧妙的议论，意在表明通过试验与错误确定价格的过程在市场情况正变化时是必须的，但对最后确定的价格不一定有任何显而易见的影响。由于此事对于我们的分析也有些重要性，马歇尔的这一论点值得在这里考察一下。

因为一般的说我们不能预想贸易商会知道在任何市场上可能有的总供应正好是多少，也不会知道在特定价格之下将出现的总需求是多少，任何最初确定的价格只能是一种猜想。在这样一个猜想的价格上，需求和供给实际上不大可能相等；如果它们不相等，那么在贸易的进行中价格会上下移动。如果在贸易中间价格有变动，这种情况就似乎规避了需求分析的通常工具；因为，严格地说，需求曲线与供给曲线表示买者和卖者在任何特定价格之下各自需求和供给的数量，如果这一价格是自始就确定而且始终被坚持的话。因此早期的著作者如瓦尔拉和埃季沃思①曾经假设需供分析应严格限于可允许"重订合同"(recontract)这样的市场；即是，在这样的市场里，如果交易是根据一个"错误的"价格(为方便计，利用一个名词表示均衡价格以外的价格)作成的，当均衡价格达到时，可对它重加修订。由于这样的市场是非常例外的，它们对问题的解决(如果它能算作一个的话)不是很令人信服的。

马歇尔的论点是用他的"不变的货币边际效用"术语叙述的；如果我们用我们现在已很熟悉的相应术语来复述它，对我们的目的来说是较方便的。它的要点是，在贸易过程中价格的改变，其后果与财富的重新分配相同。假定均衡价格是每磅六便士，但是在贸易开始时，确定一个错误价格为十便士，后来下降为六便士。假定有人以错误的价格购买三磅，则他的位置最终就和价格始终保持为六便士恰好一样，但是这一买者已经被迫将 3×(10－6)便士授予卖者。他的总需求以及卖者的总供给完全像曾经发生这一直接转移一样。

这种转移后果是收入效应，有如我们在本书中所用名称一样；同时，如我们已经一再发现的，收入效应常常可以忽视。在马歇尔所考虑的特殊情况里可以假定个人买者只花费了他的资源的一小部分在所谈及的商品上；如果是这样，价格的改变只会在很小的程度上影响到他的资源的实际价值。很明显的，这是马歇尔的命题

① 瓦尔拉:《要义》，第 44 页；埃季沃思:《数学物理学》，第 17 页。

的基础。这一假定“就大多数与我们相关的市场交易来说是言之成理的。当一个人为他自己的消费购买任何东西的时候，他一般地只花费他的资源的一小部分在它上面”。[①] 买者由于早先的“错误的”交易处境变得更好（或更坏）；但如果他对该商品的总支出是小的，他的所得（或损失）必然是小的，他对该商品的需求所受的影响也将很小。结果，市场必定是以非常接近于均衡价格而告结束。

2. 这就是马歇尔的论点会达到的结果。很明显的，对于马歇尔心中的那种“鱼市场”的情况它是很有效的。在马歇尔的暂时均衡的理论中，供给是固定的，需求来自一大群最后的消费者，市场间的互相作用是被忽略掉的，为了我们的目的，如果我们能够的话，最好是把这些限制去掉。我们是否能把它们去掉，而不致使整个结构崩毁呢？

在一般的情况里，正如在马歇尔的特殊情况里一样，这一点仍有它的真实性，即由于错误的贸易而来的所得或损失只会引起收入效应，——就是说，这种效应和我们假定均衡价格可以立即确定时我们所必须考虑的收入效应属于同一种。我们已经一再看到，收入效应几乎常常将某一程度的不定性掺入经济理论的定律中。由于错误的贸易而发生的结果，就是这一不定性多少有所增强。当然，究竟增强多少视错误贸易的范围而定；如果在与均衡价格非常不同的价格上发生的交易非常广大，则波动将是严重的。但是，我想我们有理由假定在“非常错误”的价格上发生的交易，在数量上是有限的。如果在价格确定上显示出任何智慧的话，情况就是

① 马歇尔：《原理》，第335页。

这样。

正如在静态学中一样，由于以下的事实这些波动的影响也许受到一些挫折，即买者之所得意味着卖者之所失，反之亦然。因之，每当两方在他们将支出的增加部分分配在不同的商品上是完全相同时，在需求方面的变化会部分地被供给方面的变化所抵消。[①]

由于我们假定市场仅在星期一开放，错误价格的影响仅限于收入效应；因此，均衡价格用来当作在星期的其余时间进行的生产和消费计划的指示物。如果假设星期的日历长度很长，在实际应用我们的结果上，这一办法的确包含了某些武断性；如果我们特别有兴趣减少这种武断性，我们可以缩短星期的长度。

① 参阅第5章，第2节。

第十章　均衡与不均衡

1. 我们所必须采取的一般方法现在已属了然。首先我们必须集中注意某个特定的星期一，并探究是什么决定在那时确立的价格体系。在提这一问题时，我们必须把每一件发生在星期一以前的事当作既成事实看待；现在所作的决定不能改变它。“上天自己对过去也无能为力”。这一点特别意指对在星期一早晨开市时所存在的整个物质设备，包括待售的成品，半成品及原料，各类固定设备及耐用消费资料，都必须看作是既定的。从现在起，经济问题就是关于这些继承自过去的资源怎样在满足现在需要和将来需要之间进行分配的问题。

以这些继承下来的资源为基础，企业家（甚至也是私人）会拟订出计划，这些计划决定他们当前的行为和他们在未来星期中打算做的行为。一个企业家的计划包括以下各项决定，即他在当前一星期和未来星期中准备出售的产品的数量，以及他在当前和未来数星期中准备购买或租赁的进货（劳务、材料或者甚至新获得的设备）的数量。私人的计划包括关于他在当前及未来数星期中准备购买商品的数量（或者也包括他准备供给的劳务的数量）的决定。因此，作为计划的一部分，所有货物及劳务的当前的需求和供给就决定了；虽然它们是和人们对将来需求和供给的意图一起决定的。

人们采取的计划随当前的价格和他们对将来价格的预期而定；但当前的价格本身是由当前的需求和供给决定的，而它们又是计划的一部分。因之，如果在第一个星期一确定的一组价格不能使所有市场的需求和供给相等，价格就得调整；在供给超过需求的市场里价格会下降，在需求超过供给的市场里价格会上升。当前价格的这一改变会引起计划的改变，而结果又会引起供给和需求的改变；通过计划的改变，供给和需求就会达到均衡。

我们假定在星期一这天贸易会继续进行，直到供给和需求达到均衡为止；为了使我们能在动态理论中利用均衡方法，这一点是重要的。由于我们将不会太注意在均衡价格构成之前的均衡过程，[①]我们的方法似乎蕴含我们把经济体系当作经常处于均衡状态之中来考虑。我们求出一个星期的均衡价格，再求出另一个星期的均衡价格，就不再往下推求了。

2. 就均衡的这一有限意义而论，我们的确假定经济体系总是处在均衡状态。这样做并非没有理由。它意味着当前供给和当前需求在竞争情况下常常是相等的。存货也许确是留在商店里未能出售；但它们之所以未出售是因为人们宁愿选择在将来出售的机会而不愿在现在削价求售。当前价格的下降趋势会导致供给从现在移向将来。除此而外，供给超过需求的情况只有在以下条件下才是可能的，即价格下降为零，或者商品受到垄断，或者价格是习惯地确定的。（在我们的动态理论的后一阶段，我们将再回到习惯价格。[②]）

---

① 见前章附注。

② 见下文第 21 章，第 6 节。

在这一(分析上很重要的)意义上,经济体系(或者至少那些和我们有关的体系)可以看作常处于均衡状态;但在另一更为广泛的意义上说,它通常在某一程度上处于不均衡状态。在近代讨论应用问题时,关于均衡的这一类的意义是人所熟知的;我们能利用我们的工具给予它确切的意义。

在决定第一个星期一确立的价格体系的时候,我们也同时决定了左右这一星期当中资源分配的计划体系。如果我们假定这些计划会实行,那么它们便决定了在星期末会留下来的资源数量,以作为第二个星期一必须采取的决定的基础。在第二个星期一,新的价格体系必须确立,它或许会多少不同于第一个星期一确立的计划。

当我们开始比较任何两个日期的价格情况时,就会发现均衡的较广泛的意义——我们或可称之为长期均衡,以别于任何当前一个星期保持的暂时均衡。静止状态在以下条件下才是完全均衡,即不仅在当前确立的价格之下需求等于供给,而且,同一价格在所有日期中继续保持——即价格在长时间内不变。我们最初也许会认为同一的标准(价格的不变)也可以应用于变化中的经济;但事实显非如此。[①] 因为还有一个试验标准,比之算术上的同一与差异更为重要,算术上的同异蕴含着静态经济中的不变价格,但却不一定蕴含着一个会变化的经济的不变价格。这就是以下一个条件:即在第二个星期一实现的价格和以前**预期**会在这一日保持的价格正好相同。

① 即使我们放宽条件,仅仅要求某种不变的价格水平,情况也不是这样。

当然，即使是在一个变化的经济中，人们仍然会预期不变的价格，如果是这样，他们的预期是不大可能实现的。一般只有对变化的价格的预期才会实现。在均衡状态中，所发生的价格的变化是那些预料中的变化。如果嗜好和资源的情况也和人们预期的相同，则在均衡当中就没有出现足以打乱在第一个星期一订下的计划的任何因素。就所能看到的来说，没有人犯了任何错误，计划可不经任何修订而继续执行。一种在长时期中处于完全均衡的经济好像《浮士德》中的太阳：

太阳循轨道，

步武如雷霆。

不均衡的程度标志着预期受到欺蒙以及计划走入迷途的程度。

没有一个经济体系曾经呈现过长时期的完全均衡；然而在某些时候会比之在其他时候更临近于这一理想境界。无疑地，当情况最近乎静态的时候，即当人们预期价格会保持稳定，而它们的确保持稳定的时候，通常也就是最临近这一理想状况的时候。然而，企业家的预期事实上并不是对特定价格的精确的预期，而是更带有或然率的分配的性质，因之，实现的价格即使在某一程度上和预期最可能的价格不同，也显然不致引起任何关于不均衡的敏锐感觉。为了实际目的，对长时期均衡的理想情况可以作很随便的解释。凡当价格较为稳定时，这一体系很可能是处于充分的均衡状态。主要是在价格迅速运动时，才可能会发生尖锐的不均衡。

尽管这一观念在实际应用上有这样一个灵活的范围，但在理论上最为重要的还是对它的严格解释——在预期和实现的价格之间的分歧。每当这样一种分歧发生的时候，就意味着(反溯既往)

存在有错误的投资以及随之而来的浪费。资源的使用方式已属不当，倘设能更为精确地预见到将来，即不会如此使用；需要也将得不到满足或得不到完全的满足；如果能预见到它们的话，它们应当是可以得到满足的。因之，不均衡是浪费和生产效率有缺点的标志。那么，不均衡是怎样发生的呢？

3. 我们的分析提供了不均衡的几个可能的原因。第一个（或许是最不重要的一个）是在不同的人对价格预期不一致时发生的。设有一人预期某一特定商品的价格在本星期一和次一星期一之间会下降，而另一人则预期它会上升；那么不会两人都对。但是，除非预期非常肯定，如此引起的不均衡大概不会很严重。

第二，价格预期虽然一致，计划或许不一致。即使一项商品的买者和卖者预期同一的价格，然而所有买者计划在第二星期购买的总数量也许不等于所有卖者计划出售的总数量。如果计划供给大于计划需求，则当第二个星期一来临时，价格将比预期的为低。这显然是不均衡的一个强有力的原因；它或许是所有原因中最饶有兴趣的一个。

第三，即使价格预期一致，计划也一致，人们对他们自己的需要的预见仍可能不正确，或者对生产的技术过程的结果估计错误。如果这一点发生，那么，在第二个星期一，他们将会发现自己不愿意或不能够购买或出售他们曾经计划购买或出售的那些数量的货物。这样，实现的价格会又一次与预期的价格不同。某些人的不完全的预见会把其他人也推向不均衡。

在一个所有预期都很肯定的经济里，这些是会发生的仅有的几种不均衡；但是在实际世界里，人们只预期“或然性”，偶然也会发生第四种不均衡。因为它是由我们在上章讨论的价格预期观念的含糊性而发生，所以最好是把它作为不完全均衡的一种形态，而不把它作为不均衡的形态。在第一次讨论预期的性质的时候，我们看到，当风险出现时，人们的行动反应一般不是以他们预期最可能的价格为根据，而是好像价格曾经朝不利于他们的方向稍有变动一样。现在这意味着即使没有任何上述意义的不均衡出现，即使价格预期相容一致，计划相容一致，而在嗜好方面没有不可预见的变化，在技术程序方面没有不可预见的结果，但资源仍难以根据欲望作完全的调整。这一体系可能处于均衡状态，即是说，实现的价格就是预期最可能的价格。然而，企业家对风险的感觉也许会使他们不愿生产某一数量的产品和某些品种的产品，如果他们对自己的预期的正确性更有信心，即不致产生此种结果。在这种情况下，并没有出现以上提到的任何形态的不均衡，但这个体系的效率会受到严重的损害。

这是浪费的一种可能的来源；但对自己的预见的缺乏信心当然不一定就是浪费的来源。只有在预期本来是正确的时候，损失才会发生。对于良好的判断信心不足是效率差的一个来源；但对于坏的判断的怀疑胜于深信不疑。然而，我们在以后会发现，有理由认为误信比之过信更会引起经济体系的损失。

4. 不均衡的原因如何分类对不同形态经济组织的相对效率的大争论有很显然的关系。第三和第四个浪费来源在每一个可以想象得到的经济制度中都可以发现，不论其为资本主义制度或社会主义制度，自由制度或专政制度。即使是鲁滨逊也不能避免它们；他不能预知他会在什么时候生病，或是什么时候收成会荒歉；

在他为目标寻求最完全的调整手段时，他会为未来的这些事件的不定性而感困恼。即使是组织得最完善的经济制度（不管哪种制度）也会因收成的波动、发明或是政治动乱而乱其步伐。而在另一方面，骤眼看来，第一和第二种来源是私有企业制度所特有的。在一个完全中央集权的制度下可以把它们消除。但一个完全中央集仅的制度不过是一种虚构的幻想；任何政府都会在某一限度内下放它的权力。因之在实际上一个国家机器的不同部分步伐也会紊孔，正如企业家的步伐会紊乱一样。资本主义比社会主义的效率是更高还是更低，在很大程度上，要看社会主义的效率而定。这仍然是一个未下结论的问题。

人们常常假想资本主义完全缺乏任何调节计划的组织；但情况并不完全是这样。在私有经济的轨道内，确乎还存在着一种方式，预期和计划都可能（至少是部分地）从中得到调整。这就是期货贸易的办法（不仅包括如普通所称呼的期货市场的交易，而且也包括所有预先的订货，以及所有长期合同）。对这种调节的运行给以某些注意，并考察一下它为什么并不比事实上更有效率，它的范围为什么比之事实上更为广泛，虽在这一阶段，这样做亦属有益。

有一种完全可以想象的私有企业制度，在其中没有期货贸易，所有交易都是立即交货（“现货”）。在这样一种“现货经济”中，凡事都不能预先确定，而调节就差不多要碰机会。在市场上，只有当前的需求和供给相配合；人们尽其最大可能，对于未来价格的预期只能以这些当前的价格以及任何其他可利用的资料为基础。即使如此，可能发生的不均衡量当然不一定很大。如果计划大部分是属于一种较为静态的形态，大多数人计划在将来购买和出售的数量差不多和当前相同，那么只要他们预期当前价格会继续不变，由于不一致而引起的不均衡就不会很大。即使计划不是静态的，但是人们计划购买或出售的数量在将来会有增加或减少的趋势，如果人们对于其他人的有关计划能善于猜测，这一点不一定会导向不一致的不均衡。关于这一点还可以提出更多的问题，但是对商人当前行为进行冷静的观察会对他们的计划得出一些线索。因之这类事情可能确会在某一程度上发生。当公司正在计划大事扩充时，要想完全保持秘密是不可能的。但对此不必深论。当情况遭到打乱时，现货经济必定会在很大程度上失去均衡。

在另一极端，还可以想象得到另外一种经济，在这种经济中，在未来相当长的一个时期内，每件事都预先确定了。如果所有货物都是期货买卖，则不仅当前的需求和供给可以配合，即计划的需求和供给也可以配合。在这样一个“期货经济”里，头两种不均衡将不会发生。各个计划是调和的；同时，为了实际目的，预期也是调和的。（左右着一家企业在特定的未来一星期内的计划产量的是未来的价格，而不是它的个别预期价格。）这样，不一致的不均衡就会消除，但是由于欲望或资源不可预料的变化而引起不均衡的可能性不会消除。人们或许约定要在第二个星期一购买或出售某些货物。但是，当第二个星期一来临时，他们或许不愿意或不能够购买或出售约定的货物数量。那时他们就不得不另行增加现货买卖，或者用现货交易抵消合同。这样，就会出现一个现货市场，而在这一市场确立的现货价格可能有异于以前为这个星期一确立的期货价格。

现在人们知道不能通过期货贸易办法逃避第三种不均衡；而

最终，这又限制了期货贸易能够在实际上实行的限度。他们知道，预先为某一特定日期确定的需求和供给也许和那一天实际的需求和供给很少有关系；他们特别知道，他们完全不能准确地事先说出在将来一个时期里他们自己想购买或出售的数量是多少。因此，普通商人只有在通过期货交易能进行“套利交易”(hedge)的时候——也就是说，只有在期货交易能减少他处境的风险的时候，他才会参与期货合同。而这也仅仅会发生在以下这类情况里，即他已经计划在未来某一日期进行销售或购买，同时他的某些行事已使他难以改变这些计划，因而他非设法在这一日期进行销售或购买不可。现在的生产过程具有很大的技术上的死硬性，使得许多企业家不得不因此对他们的销售进行套利交易；最近的将来的供给大部分是受过去所作的决定支配的，如果远期销售能包括这些计划供给的话，风险就降低了。在计划购买方面虽然有时也发生同样的情况，但比较稀少；技术情况使企业家对于进货(在开始新生产过程时对进货有大量需要)较之对出产(它的生产过程——就其通常的企业上的意义而言——也许已经开始)能够更自由地处理。因此，虽然可能会有对计划购买进行套利交易的某些愿望，但比之对计划销售进行套利交易的愿望，它显得更不坚持。如果期货市场全由套利交易者组成，则需求一方总是相对的微弱；远期合同包括的计划购买较之计划销售所占比率较小。①

但是，正因为这一理由，远期市场很少全由套利交易者组成。

① 需求方面的这种先天的弱势当然只能适用于商品期货市场，而下能适用于(举例来说)外汇的远期市场。然而，在所有远期市场中似乎有一种趋势，即从长时期看，套利交易者总是在这里或那里占优势。没有投机因素远期市场就行不通。

单由套利交易者的交易而做成的期货价格(例如,一个月交货的价格)是由和通常决定市场价格的原因无关的一些原因决定的;因此它会大大不同于任何最敏感的人预期会在一个月的时间内保持的现货价格,而它通常要比这一预期价格低得多。因此,期货价格几乎常常是部分地由投机者作成的,当期货价格低于他们预期在相应日期保持的价格时,他们就买进期货以谋取利润,他们的行动会把期货价格提高到一个更为合理的水平。但是,恰是由于投机的本质而非由于套利交易,使得投机者因进行期货贸易的结果而自陷于风险更大的境地——他全无必要冒险从事远期交易,他要是不这样做还会更安全一些。因此,只有在期货交易肯定地维持在他所预期的现货价格之下时,他才愿意继续购买期货;因此他预期能够收到作为他担负风险的报酬的是这些价格之间的差额,如果预期的报酬太小,他不值得担负这种风险。

凯恩斯先生在他的《货币论》的重要的一段中曾经指出过这一点的结果。在"正常"情况下,当需求与供给情况预期不变,因而现货价格在一个月的时间内预计和今日大致一样时,一个月交货的期货价格就一定会低于当前的现货价格。这两种价格(当前的现货价格与当前确定的期货价格)之间的差额,凯恩斯先生称之为"正常的卖方付给买方的交割延期费"(normal backwardation)。[①]它衡量套利交易者为说服投机者负担价格波动的风险因而必须付

---

① 凯恩斯:《货币论》,第 2 卷,第 142—4 页。以市场用语来说,如果期货价格低于现货价格,就说是有一个"卖方付给买方的交割延期费",反是则称为"买方付给卖方的交割延期费"(contango)。显然只有当现货价格预期会在将来急剧上升时,才会发生买方付出的交易延期费,这意味着现货价格不正常地低。

与后者的数额。因此，它最后衡量通过远期交易进行调节，其成本为多少；如果成本太大，潜在的套利交易者就宁可不进行套利交易。

类似的理由限制了其他我们类别为远期交易形态的贸易，虽然一般并不把它们作为远期交易。举例来说，一个受雇者常愿意对他的劳动的未来出卖进行“套利交易”——如果他能获得长期雇用，他就会这样做。但对他的雇主来说，却没有兴趣来订这种合约，除非他能从中得到某些特殊的利益——如受雇者难以替换，他就会这样做。在这一方式下。我们就可以将（在一定程度上）区分薪金赚取者与工资赚取者的长期合约的特殊形态适合于我们的分析。①

5. 因此，一般地说，未来的不肯定以及人们愿意不受拘束以应付这种不肯定两种因素限制了资本主义下远期贸易的限度；头两种不均衡不能有效地应付的根本原因就使得第三第四种不均衡的呈现难以避免。但这是在任何形态的社会中都可能呈现的不均衡；在任何形态的社会中，不肯定都会造成“无计划”。在社会主义组织中，目标肯定，不为可能发生的错误留下余地，同时尽可能坚定和直接地调节计划，这种组织很有理由可以看作是具有效率的；但是平常从事和平时期的经济福利时，眼近的目标可能很不肯定，在执行经济政策时，自然地也是采取不断试验的方法。在这种环境下，聪明的社会主义的执政者也会为资本主义中阻碍协调的同

① 就这种劳工合约和通常的商品远期市场而论，都有另一种限制远期交易的不定因素。这就是关于同意在未来日期供应的货物，其品质如何不能肯定的问题。有组织的产品市场采取细致的办法来减轻这种不定，但所有这些办法都是费钱的，使人不敢采用。

一种不肯定感到苦恼，结果他们也许会宁愿采取一种松懈而不集中的组织，而这种组织也易于受到无计划的责难，在为目标而调整手段方面，它的力量也并没有明显的优越性。

关于这一大争论，我们只想谈这几点，不拟深入讨论，否则就会使得我们远离与我们现在有关的问题。我认为，显示资本主义下和社会主义下的计划问题之间有一种关系，也许是有用的；在这两种制度下，无疑各有其具体的情况，但在每一个制度之中都会发生相似的问题。

为了我们自己的目的，本章讨论的问题具有不同的意义。在我们讨论下去时，我们会发现，记住现货经营与期货经营（就其一般意义解释）之间的区别是非常重要的。实际发生的交易中有一部分应作为（整个地或部分地）远期交易；在我们的分析中，它们的地位不同于现货交易。即是如此，我们发现，作为一种方便的程序，我们可以从忽略远期交易开始——开头可以研究一个仅有现货交易的世界。我们已经熟悉了这样一种经济模型——它就是我们的"现货经济"。由于远期贸易受到限制，这一模型实际上并不是对现实的一个过大的简单化。但是，除非我们需要，我们毋需停留在这一模型上；我们对远期市场已经很了解，使我们能随时考虑到它们。

在纯"现货经济"的另一极端，有另一种模型——纯"期货经济"。这种经济不是很接近于现实，因为这种经济只有在这样一个世界里才会出现，在那里没有不定因素，所有预期都肯定，因而每件事都能预先确定。[①] 然而，纯"期货经济"或许有某些理论上的

① 甚至通过以后对期货的买进卖出，合约在事实上等于取消。

用处。通过观察什么价格体系会在期货经济中确立，我们可以发现在既定的变化条件之下，价格体系会在长时间内保持均衡。经济学家常常玩弄这样一种体系的观念，在这种体系下所有从事贸易的人都有“完全的远见”。这种观念会引起棘手的逻辑上的困难，[①]但他们虚构这种体系的目的却可以由我们的期货经济来适应。设提出这一问题：何种为人们预期过的价格运动可以维持到底而不致引起不均衡？那么这就是解决这一问题的一种方法。

① 参阅奈特：《风险，不定与利润》。

第十一章　利　　息

1. 在经过上章的讨论以后，很自然的就得对利息问题进行一次基本的研究。我们已经知道根据交易的履行日期来区分交易。现货交易在当前履行——就是说，在作成交易的当前一周履行。远期交易则完全在未来贩行——买卖双方都在未来的同一个星期履行。但是，并没有理由要买卖双方都在同一日期履行。这样我们就得到了第三种形态，贷款交易。这种交易仅有一方在当前履行，另一方则在将来的某一天履行，或者会在将来的一系列的日期里履行。贷款交易的主要特点是交易的履行在时间上分隔开来了。

凡以现在的货物或劳务换取在将来交付货物或劳务的约定，它们间的任何交换都具有贷款的经济上的性质；但是在实际上整个贷款交易都被一种特别的亚种所支配：即交易双方都以货币形式出现的一种交易形态。实际上运用的不限于这一种贷款。以现在的真实货物和将来的真实货物作直接的交换是很少的，正如在现在以一种货物和现在另一种货物相交换也很少见一样，其理由都是直接易货不方便。但是，人们以现在的商品交换将来付款的约定（延期付款）并不在少；或者反之，他们以现金交换在将来交货的约定（预先付款）。这种交易并不是没有人运用，但很自然的可以把它们分解成为一笔货币贷款**加上**一宗现货交易（或者一宗远期交易)。事实上任何贷款交易都可以这样分析。

甚至现在的商品和将来商品之间的纯易货(如以现在的咖啡交换一年以后的咖啡)也可以同样地分解成为一宗现货交易,一宗远期交易以及一笔货币贷款。在有期货市场存在的地方,实质上的利率常常已在暗中建立。假设一年期贷款的货币利率是百分之五,而十二个月交货的咖啡期货价格高于现货百分之三;则有可能贷出咖啡一年,其办法是卖出咖啡现货,将所得货币贷出,而在期货市场上购进咖啡。交易的全部环节建立了按咖啡衡量的绝对肯定的利率。现在的一单位的咖啡交易一年期交货的咖啡 105/103 单位,因之利率以咖啡计算约为百分之二①。(只有在咖啡现货价格等于期货价格时,咖啡利率才和货币利率是一样的。)②

因之,商品的利率对我们没有什么直接的重要性,它们是我们不拟着重的体系的一部分,正如当两种商品都不是价值标准时,我们不着重它们在现货交易中的交换率一样。对货币的性质,除迄今所作假定(即它是被选作价值标准的一种商品)以外,我们用不着作更多的假定就可以设想:所有贷款都是以货币计算的;因为以其他方式出现的任何贷款交易常常都能够分解成为一笔货币贷款

① 参阅凯恩斯:《通论》,第 222—3 页。这种公式——即商品的利率差不多等于货币利率减交易延期金(期货价格超过现货价格的百分比)——值得注意。

② 从外汇交易中,我们得到一个例子,说明当两种商品(货币)中的每一个都有借贷市场以及在它们之间也有即期和远期贸易时会发生什么。如果四个市场都是自由的,即除非以上的关系保持下去(例如,除非对远期法郎的贴现等于巴黎与伦敦在有关时期内利率间的差额);即使是暂时的均衡也是不可能的。如果这些关系不再保持,即表示在四个市场之中至少有一个交易正受到限制。(必须着重指出四个市场是互相依赖的,在均衡的过程中它们之中任何一个或全部都会受到影响。)

加上一宗现货交易以及一宗期货交易。

2. 这样，我们就可以限于研究货币的利率；但甚至在这一领域内，我们也必须面对一种颇令人困惑的复杂情况。在同一日期中，对不同的贷款所付的货币利率也是不同的，其主要理由有二：(1)由于借款期限长短不同以及在借款期限内清偿分配方法的不同；(2)由于借款人违约引起的风险的不同。借款条件的其他差别有时也应算计到，但这些是应当考虑到的主要事情。

在讨论这两种理由有何分歧时，就发生了风险的问题，但是如一般所理解的，关于利率中的“风险报酬”因素是由第二种理由而起的。如果一个借款人的信用很差，人们对于他在将来偿付某一金额的约定所愿付的价格，和在他信用很好的条件下所愿付的价格是不一样的。关于这点有两点理由。第一，一个完全可信赖的借款人对约定金额的偿还给了充分的保证，因之贷款人得到了一种实际上很肯定的希望，而在另一种情况里他得到的是不肯定的希望。第二，即使这个假定不可信赖的借款人会清偿他的债务，他所付的不会多于他所欠的；这就为贷款人预期的进款立下了一个最高额；所有从其中可能发生的变化都不出这个范围。这就意味着最后可能获得的平均价值比之借款人可靠的情况下的价值为小；而另一点意味着结果落空的可能性也较大。这二者都会使贷款人裹足不前；以致只有在对他提供更好的条件的情况下，才能诱使他贷款给较差的借款人。

对借贷市场这一风险因素的运行作充分的分析是很复杂的；此处我们不拟谈得太远。有一件事要考虑的是，借款人的信用可靠性是有关贷款人个人的估计问题；而这些个人估计可能会有分歧。因之，如果某一企业仅须筹集小额的资本，它只须求之于那些和它往来有素已著信用的可能贷款人圈内即可，这些贷款人也许愿意在比较有利的条件上借款给他。如果它想筹集的款子较多，它就必须直接向市场上较难深托的方面去申请（它必须对他们提供较好的条件），或者它必须得到圈内的人士为它担保（他们或者转向他人借款再行贷放给该企业，或者采取某些担保或承兑的办法）。但是如果他们被说服这样做，他们就会被牵连到更大的风险里，对此他们将要求补偿。

一个特定的借款人能向一个特定的贷款人筹措到的款额部分地受到贷款人资源范围的限制，但或许更直接受到限制的是贷款人在把他的资源过多的投资于一个方向——“把所有鸡蛋放在一只篮子里”后所遭到的风险。依靠提供更好的条件（这些条件也许相等于提高利率，但不一定必然采取那种公然的形式），它或许可能从个别贷款人获取更多的资金；同时，根据刚才所述理由，通过说服新贷款人参加，它常可能从整个市场获取更多的资金。这样，每一个特定的贷款人就会发现自己面对着一种“贷出资金的供给曲线”，相似于一个生产者处在“垄断买方”的位置时，他所面对的其他生产原素的供给曲线。没有理由假定这一曲线是完全有弹性的，至少在所需筹措的资金数额变化很大时不能如此假定。这一点带来了某些利息理论问题，它们和某些作者在不完全竞争论题中曾经讨论过的那些问题相似，一个完善的利息理论无疑应当正式地考虑到它们。①

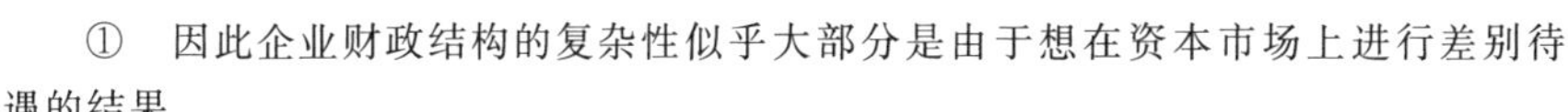

①　因此企业财政结构的复杂性似乎大部分是由于想在资本市场上进行差别待遇的结果。

此处我不能从事这一工作，但我们一定不要把这些问题全然忽略。

3. 对于因借款期限不同而引起利率的差别这点，我们现在所用的分析方法，还有更多的可谈。关于这点，结果表明它们部分地也是风险问题；但它们也受其他原因的影响。

在长期贷款合约与货物或劳务出售的长期合约之间有显然的相似之处，如我们在上章所看到的，后者可以分析成为一种即期和远期贸易的组合物。一个在六个月的期间内按月交货的合约相等于一项现货交易加上一系列的远期交易；同样地，六个月期的贷款相等于一笔一月期的贷款加上一系列远期贷款交易，其中每一笔都为相继的一个月换上一笔新贷款（重贷本金，或本金及利息）。假使我们决定一个最低期限，短于这一期限的贷款可以忽略，每一笔任何期限的贷款都可以化成为一种标准的模型——一笔最低期限的贷款，加上以后同样期限的既定的几张重订的合约。如果我们把一"星期"作为最低期限，它显然就和我们的一般方法很相一致了。

从这一点看来，从星期一开始的为期两周的贷款，其利率乃包含一星期贷款的"即期"利率以及也是为期一星期但要在第二个星期执行的贷款的"远期"利率。如果在整个交易终结之前不付给利息，则通过以下两个方法得到的资本总额是一样的，即或者按两星期的利率累积两星期，或者按一星期的利率累积一星期加上按"远期"利率累积第二个星期。这两种交易最后是相同的。因此，设令R_2，R_3…作为现在的两星期，三星期，……利率（"长期"利率），r_2，r_3…作为"远期"短期利率，r_1（或R_1）作为现在的短期利率

（它同属于两种体系），我们即得到①

$$1+R_1=1+r_1,$$

$$(1+R_2)^2=(1+r_1)(1+r_2),$$

$$(1+R_3)^3=(1+r_1)(1+r_2)(1+r_3)。$$

如果，作为第一个近似值，我们按简单利息计算，这些关系就大为简化。它们变为：

$$R_1=r_1,$$

$$2R_2=r_1+r_2,$$

$$3R_3=r_1+r_2+r_3。$$

长期利率是现在的短期利率和有关的远期短期利率之间的算术平均数。②

4. 因此，不同期限贷款的利率体系可以化成为一种标准形态，它由短期利率（一星期贷款的利率）以及一系列远期短期利率组成，这种远期短期利率为一星期贷款的利率，贷款不在本周执行，而是在未来某星期执行。后面这种利率完全和我们在上章讨论的期货价格相似，而且几乎可用恰好同样的方法加以决定。

从套利交易者及投机者的角度来考虑长期贷款市场并不是常有的；但是这一区别事实上在这里仍然有关系。在其他事物相等的情况下，一个人从事长期贷款合约比之不参加这种合约所担的风险更大；但是对于某些人（和商号）并非如此，因为他们的处境使

① 所有利率按每周计，用分数衡量而不用百分比衡量；因此每周百分之$^1/_{10}$的利率写作 0.001。

② 如果长期贷款的利息约定按一定的间隔期付给，而不是在交易终结时一总付给，则一般的公式是较为复杂的，但简单的利息公式自然不受影响。

他们在未来相当长的时期内，不得不需求借贷资本。他们或许正从事于要在以后相当长的期间才会有结果的某些工作；或者他们正在制订继续生产计划，其中包含一长系列计划进货和出货，要使他们在任何特定点上中断是不容易的。这些人对于贷款资本的未来供应需要进行套利交易，正像他们对原料的未来供应要进行套利交易一样。他们有一种进行长期借贷的强大倾向。

在市场的另一方面似乎不存在任何同样的倾向，虽然有一种重要的情况需要注意。任何交易的实际作成都包含有一些时间和麻烦，贷款交易也并不例外。从一项期限很短的贷款中预计可以获得的数额是很小的，因而它不能抵消安排贷款的麻烦，除非贷款人地位方便，宜于经营短期市场。在近代，依赖银行的发展，这种困难已经得到很大的克服，银行对存款账户提供利息，实质上就是为小的投资人提供了一个“短期”市场。（银行对所付利率有权变更就证明它确是短期市场。）然而，短期贷出的困难有时会驱使贷款人转向长期市场。①

把这些事情合起来看，贷款的远期市场（像商品的远期市场一样）似乎在一方面具有一种先天的弱点，这种弱点提供了一种投机的机会。如果对长期贷款不提供额外的报酬，大多数人（和机构）将宁愿作短期贷放，至少是说，他们宁愿以这种或那种方式把他们的钱存起来，但是这种环境会使长期借贷的需求不能得到满足，而使需求的额度大大超过供给的额度。因此，借款人就会趋向于提供更好的条件以说服贷款人转到长期市场上来（就是说，进入远期

① 我们以后还要回到这一重要问题上。见下文，第13章。

市场)。这样做的贷款人所处的地位就正和商品市场上的投机者相似。他只有在预期能够获利,并能充分地获利以抵消所招致的风险时,才会进入长期市场。

任一特定的未来星期(我们已经看到它是建立长期利率的一个单位)的远期利率就像商品的期货价格一样,决定在一个足以吸引足够数目的“投机者”来担负远期合约的水平上。它必须高于这些投机者估计会在那一星期保持的短期利率,因为否则他们所遭到的风险就得不到补偿;的确,它必须超过后者以一定的数额,使足以诱致边际投机者来担负这种风险。因此,远期短期利率会超过预期的短期利率,其数额等于一种风险报酬,它恰好相当于商品市场的“正常交割延期金”,如果短期利率预期在将来不会变化,则远期利率超过当前短期利率的额度为这种报酬的幅度;如果短期利率预期会上升,超过额就会大于这一正常水平;只有在短期利率预料会下降时,远期利率才会低于当前的利率。

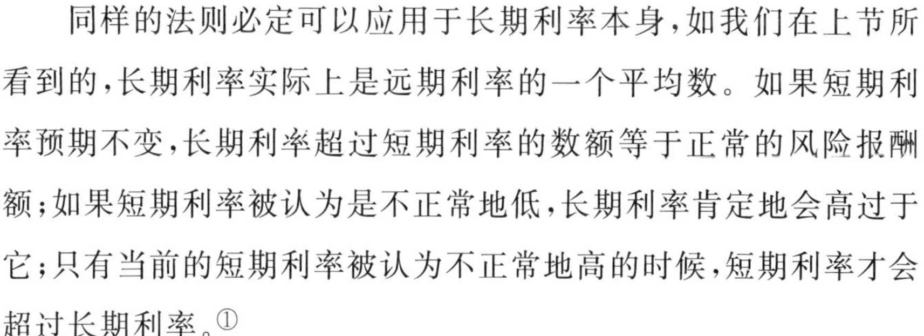

同样的法则必定可以应用于长期利率本身,如我们在上节所看到的,长期利率实际上是远期利率的一个平均数。如果短期利率预期不变,长期利率超过短期利率的数额等于正常的风险报酬额;如果短期利率被认为是不正常地低,长期利率肯定地会高过于它;只有当前的短期利率被认为不正常地高的时候,短期利率才会超过长期利率。①

5. 这一关于短期和长期利率之间关系的分析对于我们在上

① 关于这一点的含义我们以后还要详细谈到,它的一个实际结果是,短期利率比之长期利率势必更容易遭到大得多的波动。见下文,第 21 章,第 3 节。

章末尾所作的政策的决定有显明的关系；就这一点而论，它的确比较令人为难。如果我们一开始就集中注意于一种纯“现货经济”，在这种经济中所有货物及劳务都卖现货，不发生期货交易，那么，它似乎是一种方便的简化，它对于作进一步分析，或许有用。就商品贸易而论，这一简化似乎是合理的；事实上，商品的远期市场并非十分重要，我们把它抛开，也不致对现实有很大的歪曲。但是既然长期贷款也是远期交易的一种掩蔽的形式，因此在纯现货经济中似乎也要把长期贷款除外。这是一种断然的排除，让我们来揣想一下这种情况。

在一个只允许有短期贷款的纯现货经济中，没有期货买卖，所有贷款都以最低期限——一星期为限。结果，在第一个星期一开市的时候，就必须假定从上星期转来的债务都要还清，因而完全没有未了的合同。在另一方面，因为现在不能作远期合同，企业家（和所有别的人）不得不在他们自己个人对未来价格（包括未来的短期利率）预期的基础上来制订他们的计划。在这两种情况下——每星期一要了清债务，以及缺乏长期贷款带给企业的那种安全——这种模型看起来是非常不现实的。虽然我们或许可以在以后调整它，以弥补它的缺陷，但如果我们能找到一个更密切接近实际情况而又同样简单的模型，我们会得到更多的好处。

第一种模型的最大的而又为我们所愿保留的优点是它把各种不同期限的复杂利率体系化成为单一的利率，这种复杂的体系在实际上是存在的。（如果忽略不履行的风险，总共只有一种利率需要考虑。）经济学家在讨论利息问题的时候，常常谈及利率的决定问题，看来在他们心目中必然有某些这样的转化观念；但是他们讨论的利率多半是长期利率。①

试考虑以下一种经济体系的运行，在其中仍然没有货物及劳务的远期交易，同时在其中仍然只有一种借贷形式。但是现在，代替那种只借贷一星期的借贷形式（这种形式是我们以前“现货经济”的特点），我们假定可作无限期的借贷。在每种体系中都只有一种形态的证券。但是，在我们以前讨论的只有短期借贷的现货经济中，那一种证券乃是票据（bill，一种在星期末允付若干资金的约定），而在我们的新模型中——有长期贷款的现货经济——它是未约定日期的债券（undated debenture，在有规则的间隔期内，永久地付出若干数额，作为贷款利息的一种约定）。

如果在市场上确立的仅有的利率是一种无期限贷款的利率，则在这一经济中对任何有期限的贷款所必须付的利率常常只是一种推测。甚至是一星期贷款的利率（在我们的第一种模型中它是一种确定的利率）在有长期贷款的现货经济中也成为一种个人预测之事。因为如果有人想借款一星期，他只有一种方法这样做。他必须按当前利率 R 发行一种无期限的债务，然后筹划在星期末按照当时的市场价格赎回，这一市场价格受第二星期的利率 R' 所左右。因之为期一星期的贷款的有效利率根据借款人对未来利率 R' 的预期而定。这一贷款的资本价值在一星期当中按比例 R/R' 变更。因此，他必须付出的有效利率为

$$R+\frac{R}{R'}-1,$$

① 凯恩斯的《通论》中的利率是长期利率。

如果 $R'>R$，这一利率较 R 为小。因此，人们愿据以作短期借款或贷款的利率是根据他们对市场利率未来情况如何预测而定；如果市场利率预期上升，它就小于当前市场利率，如果市场利率预期下降，它就大于市场利率。

在一个有长期贷款的现货经济里，贷款不一定必须在周初偿还；所以我们必须假定有一个典型的个人，在第一个星期一拥有若干他人在过去某些时期里发出的证券及债务，或者负有过去向他人举借的一些债务。如果在这一星期当中他决定借款，他可以售出他所拥有的某些旧证券，或者发行新证券以达到达一目的。旧证券的价格必须根据新证券的利率进行调整（如果我们愿意换另一种说法的话，新证券的利率必须根据旧证券的价格调整）；因为，不偿还风险的程度是相等的，对于个人来说，不管他购买或出售新证券或旧证券，对他都没有什么区别。由于在利率和旧证券的价格之间有这样一种纯数学关系，旧证券的价格不必列入应该决定的价格之内。在体系内，实际上只有一种市场利率。

6. 因而，要构成一种只有一个市场利率的经济，有两种可能的方法；每一种都有其用处。当我们讨论下去时，我们就会发现，具有这两种可任意选择的研究方法有很显然的方便。当我们采用其中一种方法时，某些事情显得很清楚，而当我们采用另一种方法时，另外一些事情又变得很清楚。因此，我们想暂时足跨两个马鞍来考虑问题。

我们已经看到，用短期利率作为单位，有可能建立起整个利率体系；如果有长期借贷的现货经济也是一个有用的工具，则按照相同的做法，从长期利率中建立整个体系也必定可能。这是否能做到呢？我们看到：一个除短期借贷外别无所有的体系在实际上无法维持，因为借款人愿作较长时期的借款以得到更多的安全，而贷款人也愿意给予他们这种安全以换取较高的利率。但是一个除无期限长期贷款以外别无所有的体系处境又会怎样呢？

对于某种借款人——那些从事于继续不断的生产的人，这样一种体系将是很可满意的；甚至那些并不一定要作无限期借贷的人，对于这样做也不会很不满意，如果借款期限在他们需要时能作较长期展延的话。这两种借贷或许包括了工业借款（大略而言，即是投资于固定资本的借贷）的大部分。在另一方面，或者还有某种贷款人会乐于作无限期的贷款——这些人的目标仅仅只是想从他们的资金中获得一种经常的收入而别无他想。这种人究有多少可以争论（广泛的历史性的运动会大大地变动这种人的数字），然而，在任何情况下这一条件——**他们不作他想**——都是重要的。一旦借款人开始想到他会在可以想象得到的情况里收回他的资金的可能性（难以相信这种思想会完全没有），那么，无限期的长期贷款的缺点就开始变得很明显。我们已经看到，通过投资于未注明日期的债券所作的任何固定期限的贷款，其所以能获得的利率常常在很大的程度上属于一种推测。如果长期利率上升很多，实际收益或许会被一扫而光。如果获得的证券有一个确定的到期期限，则即使不在到期日处理它，这种情况也不大可能发生。

因此，如果贷款人能以较短期限的贷款代替较长期限的贷款，则他们所受到的风险常可望减少，虽然他们觉察到这种好处的程度因不同的时期而异。一般来说我们可以假定他们为了获得更大的安全，会愿意在利率上（或大或小）作某些牺牲。现在我们已经知道了通过投资于未注明日期的债券所作的有限期的贷款，其所能获得的最可能的利率是怎样决定的；借款人或会接受比这为小的利率，以得到短期贷款的更大的安全。在这种方式下短期（或中期）利率可以得到决定。它们将低于期限与贷款相同的无日期债券的最可能的收益——二者的差别仍为某种“正常的”风险报酬，其大小取决于对从安全方面得到的收获作何估计。

如我们所看到的，当预期现时的（长期）市场利率在将来会上升时，无日期债券的投资在有限的期间内最可能的收益数将会低于这种利率，反之就高于这种利率。因此，在稳定的条件下，当预期长期利率会保持不变时，短期利率将较它为低，其幅度为正常的风险报酬；当预期长期利率会上升时，短期利率低于它更多；只有当预期长期利率会下降时，短期利率才会高于长期利率。

可以看到，这些结论和用我们前面的方法所达到的结论完全一致。它们之间仅有的不同是，以前我们通过对短期利率的未来情况的预期来解释利率的结构，而在这里，我们通过对长期利率的未来情况的预期来解释。在实际上，有关的预期无疑是对于整个利率体系情况的预期；但是（假如它们是没有矛盾的）它们可以化成为两种预期中的一种。只有在短期利率被看作为不正常地高以及长期利率被看作为不正常地高时，短期利率才会高于长期利率；但是这些现象在事实上是互相相容的，而一种现象的确又会引起另一种现象。一种暂时均衡的位置，在其中长期利率预料会在最近的将来显明地下降，这种位置只有在以下情况下才会存在，即投机者想立即购买证券以期从它们预料会上升的价值中获得利润的做法受到阻止——如当短期利率很高，足以抵消这种预期的利润时，他们即无法进行这种投机。但是同时（从另一角度来看）这种很高的短期利率会倾向于把长期利率提高到超过正常；因为长期利率是当前和远期短期利率的平均数，而这种平均数多少提高了一点。从这两观点来看，短期和长期利率有在同一方向运动的趋势，但短期利率运动的幅度更大。

第十二章　利率的决定

1. 现在我们接近了现代货币理论讨论中排在最前列的问题之一。决定利率的是什么？一直到最近，经济学家也许都会异口同声地回答，决定它的是“资本”的需求和供给；但是由于他们对“资本”的确切解释不大肯定，他们只是表面一致而非真正一致。资本是不是就是指具体的财物以及对它们中的特定数量进行处理的权力这种意义上的“真实资本”呢？如果作这种解释，那么左右利率的力量很自然地就是一些技术的和心理的因素，这些因素影响对现在和将来财物需求的相对急迫程度——那就是说，我们得到了一种如庞·巴卫克所精心构思的那种理论。或者，“资本”是不是指可贷放基金——处理特定数量货币的权力这种意义上的“货币资本”呢？随我们采取的解释不同，就会产生很大的差异。

这种意见的第一个分歧是严重的；它是一个真正的争论，必定有一边是对的，有一边是错的，即使对或错最后对特定问题或许只是相对的而非绝对的。但是，最近由于在从货币方面研究的一派人中间发生虚假的争论，把这一真正的争论变得复杂化了。[①] 利

① 凯恩斯：《利率的两种理论》，（《经济季刊》，1937 年 6 月）；奥林，罗伯逊，霍特里的回答（《经济季刊》，1937 年 9 月）；凯恩斯：《利率的“先在的”理论》，（《经济季刊》，1937 年 12 月）；罗伯逊与凯恩斯论：《财政》（《经济季刊》，1938 年 6 月）。

率是由可贷放基金的供给与需求（就是说，通过借与贷）而决定的呢，还是由货币本身的供给与需求所决定？这最后的观点是由凯恩斯先生在他的《通论》中提出来的。我希望表明，我们无论是信奉他的提法也好，或者信奉那些在现在看来采取相反观点的作者也好，二者之间并没有什么分别。如果我们适当地追随他们的观点，这两种研究方法全导向恰好相同的结果。

2. 有两个困难已经被我们以前的分析扫除掉了，否则要引起我们很多的麻烦。首先，任何企图以整个经济体系作为对象的讨论（全部争论都与这种一般的分析发生关系）都不可能孤立地看待利率问题。它是一种价格，像其他价格一样，必须把它作为一个相互关联的体系的一部分来加以决定。这个问题不是一个在真空中决定利率的问题，而是在一种实行借与贷的经济中，关于价格决定的一般问题，因而在这种经济中利率是一般价格体系的一个构成部分。

第二，除在只有一种利率的经济体系中外，我们不能决定利率；在任何其他情况里，我们都必须涉及整个利率体系。我们现在已经熟悉了两种不同的简化的模型，在其中只有一个利率——有短期借贷的现货经济以及有长期借贷的现货经济，如同前章所述。在这里我们要讨论的问题就变成了对这些简化了的情况的考虑；因在基本利率的一个或另一个——短期利率或长期利率——一经决定后，则对于如何决定利率体系问题，我们已经了解了一大半了。

因此，留下来让我们在这里讨论的问题就是关于在一个特定的星期一建立的即期价格体系的决定问题；根据我们假定，唯一实行的一种借贷是短期贷款或是长期贷款，我们又可以把这一问题分成为两个问题。让我们把这两个问题逐个考虑一下。

3. 在一个有短期贷款的现货经济里，一等开市以后，所有过去的合同都结清了。要决定的仅有的价格为货物及劳务的即期价格，以及为期一星期的贷款，即从本星期一至下星期一贷款的利率。这些是由当前的需求和供给决定的。在任何一组当前的价格（包括当前的利率）的基础上，企业家与私人相似，能够订出计划，虽然这些计划不仅为当前的价格以及当前的利率所左右，而且也受他们对价格以及利率的未来运动情况的预期所左右。当前的需求与供给只是这些计划的一面，因为这些计划包括关于当前政策的决定，也包括关于未来政策的暂时的决定。但是，在现货经济里，只有关于当前政策的决定才付之执行；因此在市场上只有当前的需求与供给相等。如果第一次拟议的价格体系不能引导出一套使当前需求与供给相等的计划，就必须把它加以调整，一直到达到暂时的均衡为止。暂时的均衡即蕴含已经使当前的需求与供给达到相等了。

为了证实这一体系的内部的一致性，就必须核对一下必须决定的价格的数目，以及可用以决定它们的需供方程式的数目，如同我们讨论静态体系时一样。[①] 假定有 n 种可交换的货物及劳务；那么总共有 n 个价格需要决定。[②] 因为在所有“货物”当中必须列入作为价值标准（货币）的那一种货物。我们因而有按价值标准计算的其他货物及劳务的 $n-1$ 个价格以及一个利率（在这里是为期

① 参阅第 4 章及第 8 章。

② 当然，有某些货物虽然可以交换，但在当前一周中完全不曾易手。尽管如此，把它们当作有一个市场价格较为方便。通过这一价格的确定（或大略地确定），它们的需求＝供给＝0。

一星期贷款的利率)。这样就总共有 n 个价格。为决定这 n 个价格,我们有 $n-1$ 种商品(不包括货币)的 $n-1$ 个供需方程式,一个贷款的供需方程式,一个货币的供需方程式。这样共计有 $n+1$ 个供需方程式。然而,如同我们以前所熟悉的瓦尔拉体系,$n+1$ 个方程式中的一个是随着其余而来的。这样就留下 n 个方程式决定 n 个价格。这样决定,既不过多,也不过少。

仔细地检查一下第$(n+1)$个价格是怎样消除的也很有必要。因为所有的贸易是以货币价值交换相等的货币价值,一个私人只有在他举债或减少现金余额时他的支出才会比他的收入更多;只有在他贷放或增加现金余额时,他的支出才会比他的收入更少。因此,就任何私人而言,我们可以这样写:

通过贸易获得的现金=收入-支出-贷放

(记住这里面某些项目可能是负数)。同一方程式对企业家的私人账户也适用;所以它对于总在一起的所有个人的私人账户也是适用的。

企业的情况较为复杂。最初它会因偿付它上周的借款而耗尽它的现金余额;但可以预期它会通过重新借款而使现金余额复原至某一限度(或许还会超过原数)。它会因获得生产原素而减少现金余额,或因出售产品而增加现金余额。最后,它会因对企业家付出红利而减少现金。

因此,对一个企业而言,

通过贸易获得的现金

=出产价值-进货价值-偿清旧借款

+新借款-红利。

同一方程式对所有的企业总在一起也有效。此外，当这一方程式用于整个工业时，所有售予其他企业的未完成的货物可以除外。这些货物的供需方程式一经成立，就可以把它们抵消掉。可以算入的进货仅仅是私人供给的劳力及物质财产的进货；可以算入的出产仅仅是售予私人的已完成货物的出产。

同样的，私人收入的一部分来自其他私人的开支，当所有私人账户总在一起时，这也可以抵消掉。这样，私人的净收入是从企业的进货，从它们对旧欠的偿付，以及它们对红利的付给而来的。如果在进货市场上，需求等于供给，这些总数在价值上是相等的。（对欠款的偿付是预先付给的，红利是任意确定的。）同样，如果在产品市场上需求等于供给，工业出品的价值等于私人的净支出。如果在贷款市场上需求等于供给，借款等于贷款。

因此，对整个社会而言，

通过贸易净获得的现金

=（出产的价值－私人的净支出）

+（私人的净收入－进货的价值－红利

－偿付旧欠）

+（借款－贷款）

=0。

对整个社会而言，我们说通过贸易净获得的货币是零就等于说货币的需求等于货币的供给，因此，如果货物及劳务市场以及贷款市场存在均衡，那么在货币市场也必定存在均衡。只有 n 个独立的方程式来决定 n 个价格；所以这体系是完全没有矛盾的。

4. 在继续考虑关于这一点的含义之前，让我们先转过来用同一方法表述我们的另一个模型。在一个有长期贷款的现货经济里，如同以前一样有 n 个价格（$n-1$ 个货物及劳务的价格，以及一个未注明日期债券的当前的利率）。如果我们愿意，我们可以在这些价格之外再加上所有旧证券的价格；但是假定它们会按通常的法则直接根据新利率而得到调整，似乎更简单些。在这个世界里，任何新旧证券都是一种诺言，应允连续不断的付给一笔特定数额的货币；我们把每年允许付（例如）一英镑当作“证券”的单位，就可以把它们全都化成为一种同性质的商品，它的价格为当前利率的倒数。（当然，对于价格的决定，无论我们采用这一倒数或者当前的利率本身都是无关紧要的。）

如以前一样，$n-1$ 种货物及劳务，证券和货币共有，$n+1$ 个需求及供给方程式。如以前一样，有一个方程式可以取消。但在这一个情况下，取消的进程稍有不同，因为一方面在开市时没有借款待清偿，另一方面，借款可以采取出售旧证券的方式也可以采取发行新证券的方式。消除的一般情况是这样：

就任何私人而言，

现金的获得

=收入（包括拥有的证券的利息）

-支出-所获证券的价值。

对任何企业而言，

现金的获得=出产的价值-进货的价值

-负债的利息-红利

+发行的（或售出的）证券的价值。

对整个社会而言，

私人的净支出＝净出产的价值，

私人的净收入＝净进货的价值＋红利＋利息付出，

购买的证券价值＝售出的（或发行的）证券价值。

因此，如以前一样，通过贸易净收获的现金＝0。如以前一样，n 个未知数以及 n 个独立方程式决定这一体系。

5. 现在应当考虑一下取消这个零头的方程式的意义是什么。它的意思就是，如果一种价格建立后，它使 $n-1$ 种货物及劳务的需求和供给相等，并使证券（或贷款）的需求和供给相等，那么货币的需求和供给必定相等，因而这一方程式不再有什么可以告诉我们。但是，必须注意这一论点仅使我们能取消 $n+1$ 个方程式中的一个；至于我们取消哪一方程式一点没有关系。如果我们决定取消货币方程式，那么我们就可以想到我们是在货物及劳务市场上以及贷款市场上决定价格及利息；货币方程式变成完全多余，没有什么可以告诉我们。但是，我们也可以从其他方面考虑这一个论点，我们可以取消我们选择的任何其他的单一的方程式。如果我们决定取消其他方程式，则货币方程式又恢复了它的地位；另一个方程式变为多余，而货币方程式则在价格体系的决定中起了有效的作用。

因此，凡当货币方程式用作为价格决定机构的一个有效部分时，它必然蕴含着，必须取消其他一个方程式。在阐述甚多的货币数量学说中，货币方程式用来决定价格水平，必须假定其他货物及劳务的相对价值是独立地决定的，货币方程式仅须用来决定货币的价值。然而，除非是按某一标准计算，否则即使是相对的价格也不能决定。因此，货物及劳务的价格必须首先按某种辅助的标准商品(在古典著作中为非熟练劳动,在近代著作中为一有代表性的消费资料)计算而确定之;货币方程式然后乃用以决定辅助标准的货币价值,亦即为货币的价值。在这里仍然存在一个多余的方程式,但它是辅助标准的供需方程式,而非货币方程式。

这一方法本身完全是一个合理的探讨方法;但是它有一个很大的危险,的确,这种危险是整个问题会遇到的大部分的麻烦的来源。如果被选来加以取消的方程式是辅助标准商品方程式,那么似乎整个相对价格体系就可以在"实物的"条件上论证出来,而货币价值的问题仅在以后才加以介绍。商品的(相对的)价值和货币的价值变为各自独立的问题,甚至是各自独立的题目;可以而且已经把它们交给个别的专家去研究甚至教学。但是如果保持这种二分法(dichotomy),利率会怎样呢?

货币专家心神贯注于凭借货币方程式决定价格水平,他们会对方程式详加讲述;在讲述时,他们不免会遇到利息问题,例如以银行利率形式出现的利息问题,但是他会把利息当作控制货币数量的因素(在某种意义上),而或许不会把它和一般利息问题联系起来。在另一方面,"实物的"经济学方面的专家又会认为利率的决定是在他的研究范围以内;因为交给货币专家的只有货币方程式——所有其他活的方程式(如借贷资本的需供方程式在这个计划内就是一个活的方程式)都是"实物的"经济学专家的分内事。但是"实物的"经济学家,利用他的辅助标准,仅决定以此为准的价值,而不曾注意到货币的价值,他不能把握住利率。除非他非常仔细地注视他的论证的发展,否则他会发现他决定的不是真正的利率——(如我们所已看到的)货币利率,而仅仅是包含在他的有限度的体系内的利率——这种利率表明按辅助标准商品现货计算的辅助标准商品期货价值。

现在没有理由认为这种“自然的”利率(从威克塞尔之称[①])应和真的货币利率一样。如我们所已知道的，只有在辅助商品的期货价格和现货价格一样时，它们才是相同的。[②] 如果货币价值(或辅助标准商品的货币价值)预期完全不变，而这种预期又是绝对肯定，因而不存在风险的话，则这一条件可以得到满足。(这一条件也可以在某些其他特殊情况下得到满足，但这些情况显然没有什么关联。)货币价值不变的假定对讨论是一个严重的限制；但没有风险的假定则不仅是限制问题——它而且是实际错误的一个来源。

我们当然不必否认克服这种困难的可能性；一旦清楚地认识到按辅助标准计算的利率不可能和货币利率是一回事，则按实值衡量的一般工作方法仍然可用。但作为对利率问题的探讨，在这方面就不再有很多可说。如果取消一个不同的方程式，似乎会比较好些。

6. 凯恩斯先生在他的就业通论中反对把实物的和货币的经济学加以分开，在这一点上他说了很多；反对的理由部分是由于这种说法对利率的曲解，部分是由于考虑到有以货币计算的习惯价格的存在，这样分法就要遇到困难。应当注意这些反对理由都是

① 威克塞尔:《利息和物价》或许可以看作为第一个企图接触这一困难的著作，他把货币利率(货币经济学家著作中出现的)和自然利率(实物的经济学学者著作中出现的)相对比。以后我们还要回到威克塞尔的论点，见下文第20章，第4节。

② 见前第9章，第1节。

各不相干的；不论一个人对货币工资的刚性看法如何，头一个反对理由总是适用的。凯恩斯先生拒绝把利率决定问题交给“实物的”经济学家，这一点就足以说明其理由。

但它本身并不足以判定要如何来看利率决定问题才是最好。即使我们废弃辅助标准，对于要取消那一个方程式仍然可以有所选择。假使我们愿意，我们可以取消货币方程式，这样就可以用商品的需求和供给来决定商品的价格，用贷款基金的需求和供给来决定利率，这是可遵循的最自然的途径，似乎没有任何东西可以反对它。或者我们可以选择另外一个办法，追随凯恩斯先生之后，取消另一个方程式——借款及贷款，或买卖证券的方程式，这个方程式在其余的方程式中显得特别。假如这样做，则 $n-1$ 个通常的价格以及一个利率由 n 种商品（包括货币）的 n 个需供方程式决定。当然，如通常一样，每一个方程式在决定所有价格方面都起了它的作用；但是因为很自然地每一种商品的价格要和该种商品本身的需供方程式“相配”，利率也必定要和货币的需供方程式“相配”。

在我看来这些方法的任一种都是完全合理的；对它们的选择纯粹是一种方便问题。凯恩斯先生的方法建立在经济学说发展的背景上，其优点为保留了货币专家的作用；它不像其他方法一样，迫使他们变为一般经济学家，它仅仅把他们的注意力从价格水平的决定转向利率的决定。假如我们用其他方法，我们就不得不把货币因素时时记在心里。在另一方面，凯恩斯先生的方法使我们舍弃只有一种利率的现货经济而开始涉及利率体系，因而较不方便。证券在事实上并不是一种“同性质的商品”，如果把它们从决定的方程式中除去，它们的不同就不会受到充分的注意。（就不同期限的证券而论，这不是一个很严重的反对意见；在上章我们已经看到，不同期限贷款的相对利率的决定可以分析成为对利率的未来趋势的投机。由于不履行风险而产生的差别是更为严重的，但或许可以采取同样的方式找到处理这种困难的方法。）不过，所有这些有利和不利都只是一些意见；我们没有理由只正规的采取这一种或另一种方法。为供互相核对同时采用两种方法的确是很有用的。

凯恩斯先生自己从他的研究方法中所得到的最大好处是，它给予他一个极良好的机会着重说明货币与利息间的密切关系。现在是我们转向这一问题的适当时候。①

① 我早先曾企图说服凯恩斯先生，以上的方法是研究他的学说的一个有效方法，但似乎未能十分成功。（凯恩斯：《两种利息理论》，《经济季刊》，1937 年 6 月，该文曾引用我的书评：《凯恩斯先生的就业理论》，《经济季刊》，1936 年 6 月。）我想我的文章之所以含混不清是因为：我在写到有短期借贷的现货经济和有长期借贷的现货经济的不同性质时，我自己还不够明确。凯恩斯先生习惯地采用后一种模型，而我在他的书出版以前即开始探讨前一模型的性质。取消贷款（或证券）方程式的方法对两种模型都可用；在凯恩斯先生的著作出版以前我即已发现它对我的模型的方便。（参阅我的《工资与利息》，《经济季刊》，1935 年 9 月，第 467 页。）我希望这一章会澄清这一问题。

第十三章　利息与货币

1. 每一种带有固定利息的证券(票据、公债票、债券)都是一种在将来付给一定数额货币的允诺;但是有某几种约定的文书,通常不算作证券,而包括在货币本身的类型之内,它们实际上也属于同一类。现在一般算作货币的银行存款,是在将来付给货币的允诺;甚至纸币也是付给货币的允诺。当纸币是一种付给其他货币(黄金或较优越的银行的纸币)的允诺时,纸币的这一特点是明显的,和常识是相符合的;当较优越的货币消失时,情况便变得有点似是而非了。但是,这一矛盾反映了问题的一个重要部分,绝对不是一件偶然的事;在我们的口袋中有一个经常提醒我们这件事的东西,在英格兰银行的一镑纸币上刻有这样的题词:"见票即付持有人金额一镑。"

作为货币的证券与非货币的证券,其不同点为前者不带利息;即是说,它们的现值等于它们的面值,不似票据的现值低于面值。从这一方面看,货币是作为证券的最完全形态出现的;其他证券是较不完全的,由于它们的不完全,只可卖较低的价格。这些证券的利率就是对它们的不完全——对它们的不完全的"货币性"(moneyness)的衡量。因此货币的性质和利息的性质很近乎是同一的问题。当我们一判定是什么使得人们对那些作为货币的证券比之不是货币的证券愿意付出更大的代价时，我们将也会发现为什么会付出利息。

在我们早前关于利息的一章中，我们已经看到对实际的证券付出的利息一部分是归因于不履行的风险；一部分是归因于利率未来趋势的不定，最少在长期证券上是如此。这两种因素都纯粹是风险因素；如果这些因素是利息的仅有因素，那么可以正确无误地说，所有利息最终都不过只是一种风险的报酬。我以为这就是凯恩斯先生的观点；他的“灵活偏好”学说似乎把所有利息都化为这两种风险因素。[①] 但是说完全安全的证券的利率不是由别的而是由未来利率的不定所决定，那就似乎是说，利率是由利率本身所决定的，我们坚信事情绝不只是这样。让我们设法发现其中包含的更多的因素是些什么。

2. 如果考虑一下货币和最近似货币而又不完全是货币的那种类型的证券之间的关系，我们就能更了解利息的真正性质。这种情况在期限极短的票据上发现，这种票据在最近的将来付现，而从不履行的风险来看，它又是完全安全的。为什么这样一种票据的现值会低于它的面值，即是说，低于同样面值的货币，如果我们能对这问题找出一个理由，我们就发现了纯利息存在的理由。

我们可以根据我们一直采用的典型体系来考虑这一问题。(实际上，这并不是完全可用我们的典型体系的用语来讨论的那种问题之一；但是那一体系仍然可给我们一个很好的开端。)

如果市场仅在每星期一开市，任何票据的最短的流通为从一

---

① 凯恩斯：《通论》，第13章。

个星期一到下一个星期一，这样一种票据相对于货币而言，其价格是否可能会有折扣呢？（一直到现在我们都假定这是可能的，但是我们现在看到，这个假定也应当作为一个问题。）如果票据按折扣出售，因而可赚得利息，则有没有任何东西可以拦阻任何个人，使他不把他所有的剩余基金投资于票据上并在这一个星期内一直保持它？如果没有什么可以拦阻他，那么货币对票据并无优越性，因而相对于票据而言也不能有贴水。利率就必然等于零。

使人保持货币的仅有的一个诱因我们已在早前的一章中提到过，对此我们现在必须充分地加以探讨。如果人们出售东西，得到货币，把这些货币变换票据需要另一个交易手续，作这一交易的麻烦也许会抵消利息的收获。只有把这种障碍去掉以及能不经过任何麻烦即可获得安全票据的时候，则只要提供任何利息，人们即愿意把他们的货币转换为票据，在我们所采取的这种经济情况下，短期利率的产生只有用进行交易的麻烦来解释。

这一利率的水平乃为衡量在投资时对于边际贷款人所引起的麻烦，而非对一般贷款人而言。没有理由假定这种投资的成本对不同的贷款人都是一样的。进行较大的交易较之较小的交易通常增加的麻烦并不太多，但对较大数额所提供的总利息要比对小数额提供的多得多；因之大资本家比之小资本家更易于被诱购买票据。如果对为期一星期贷款的需求较低，可以完全由大资本家予以满足，则这些贷款的利率将会很低，实际上等于零。但如果必须求之于较小的资本家的资本时，预料利率会在某一点之后急剧上升。

这是看待短期利率决定问题的一个方法，但即使就我们的典型体系而言，它也不是完全令人满意的。只有在人们为获得票据必须作一次单独交易时，进行投资的成本才会成为获得票据的实际障碍。但是，只有在他们出售货物，获得的付款为别的东西——即货币时，他们才不得不进行这种交易。现在如果票据是完全安全的（我们假定我们谈到的票据都没有不履行的风险），那么人们为什么会不接受以票据形式而不是以货币形式所作的付款呢？假如这种情况普遍发生，投资就不会有成本发生，因而票据就不会有折扣，也没有理由会发生折扣。

这完全不是一种空想的假设；某一等级的票据就确有这种情况。如我们在本章开始时所看到的，纸币（甚至银行存款）是票据，它们并不按折扣作价，因此算作货币的一种。如果对不履行风险普遍地无须加以考虑，以致所有的商人都把一种特殊的票据认为是完全安全的，而且别人也都知道他们持这种看法，那么就没有理由说那种票据还会有折扣，因为投资成本所引起的障碍已经能被克服了。但是，普遍的接受性和我们以前所假定的仅仅不存在不履行的风险还是有点不同的。某一种票据也许被实际承受的人认为是完全安全的，但是这些人也许不同于债务人必须偿还债款的债权人。后者也许不愿接受借款人的票据，他因而得付现金；前者完全愿意贷款，但要求有利息以补偿他们的投资成本。

这些并非货币的票据，它们的不完全的“货币性”是由于它们缺乏普遍接受性而起；由于缺乏这种普遍接受性才引起对它们投资的麻烦，而这又使得它们要打折扣出售。

3. 就我们那一典型的经济而论，关于货币与利息的关系，所能说的确乎就是这些。我们现在看到短期利率是怎样发生的；至于长期利率，我们已在第十一章中把它解释为与对短期利率将来趋势的投机有关。但在实际上，由于借与贷都没有最低的期限，也并不会把贸易分成几个不连续的“市场日”（如我们已经方便地假设的），那些被我们描写为对短期利率起作用的影响和我们以前所讨论的投机因素纠缠在一起了。在实际上，并没有一种利率期限会短得不受投机因素的影响；也没有利率会因期限太长而不受资金的另一用途——保持现金的利益的影响。

任何人购买一张票据，设其流通期限较最低期限为长（这实际上指任何票据），则他都必须考虑到在票据到期以前，有再需用他的资金的可能性。如果发生这种事，他就不得不把他的票据再贴现；再贴现将必然包含麻烦，相等于（甚或大于）原来投资的麻烦；它也许还包含着进一步的风险，因为如果在原投资日期和再贴现日期之间利率已经上升，他就只能在不利的条件上再贴现。票据到期以前的时间愈长，后一种风险就可能愈严重；因此，如我们在以前讨论长期利率时所见到的，在正常的情况下，长期利率可能超过短期利率，其数等于风险的报酬，这种报酬的功能是补偿因利率的不利的变动而引起的风险。这种风险报酬是长期和短期利率差别的基础；但是票据的期限愈短，这种风险就可能愈不重要。如果票据要再贴现，所包含的主要风险一般只不过是再贴现的麻烦；包含在这种麻烦中的风险就是要加以考虑的主要风险。

再总括一下这些结论。在偿付债务时不被普遍接受的证券带有一些利息，因为它们是不完全的“货币”。即使实际的贷款人不考虑不履行的可能性，但当资金是以证券的形式而非货币的形式被保持时，就包含有成本和风险，对此出借人需要某些补偿。(1)

对于期限很短的票据，可以不考虑需要再贴现的可能性，这种票据唯一的短处是投资的成本；所以票据的利率相当于边际借款人的投资成本。(2)对于较此期限为长的票据，须将票据再贴现的可能性加以考虑。这种票据的利率必须能抵消这种重贴现的风险，对在发生这种可能的事情时所遭受的麻烦必须提供某些补偿。(3)对为期更长的票据，对一般的长期证券，(有时候)甚至对短期票据，还得考虑另一个风险，即当必须贴现时，可能仅能在不利的条件上进行。但这一风险对长期证券虽属重要，对短期证券而言，只有在第一种风险(必须贴现的风险)已经很严重时它才变得很重要；因此主要是在很紧张的情况——多少是一种危机的状况下，它才会影响到短期利率。

4. 我们现在所考虑的不同种类的证券(包括货币)，它们的行为与一组替代商品(例如不同品质的小麦或糖)极为相似。货币自然是属于最高级，因此，相对于货币而言，其他等级通常都有折扣。[①] 正因为货币与证券是一组替代物，所以利率一般是正数的；也因为同一理由(除非当不履行风险很大的时候)，利率一般是小的——每年仅有百分之几。

在社会的较早阶段，作为仅有的属于最高级的“货币”通常是某种耐用的原料商品；在这种情况下，要区分对这商品作为货币的需要和作为耐用消费品的需要是不容易的，——对它作为货币的需要意味着什么，甚至要理解这点也不容易。但当某几种付给货

① 这一法则在某些情况下也有例外，有时持有货币并不是完全安全的，货币的存储易因盗窃或充公而遭受贬值。这就是为什么人们对银行代为保存小额货币愿意付给费用——即是说，他们接受负利率。

币的允诺开始被普遍地接受，因而变成原来货币的完全替代物——并因而与原来货币同立于最高级时，很明显的纯货币需求就变成了独立存在的东西。货币已经脱离了它的作为耐用消费品的蛹虫阶段而发展成为纯货币——这就是证券的最完全的形态。

短期票据构成了次一等级，它虽不是完全的货币，但仍然是它的非常邻近的替代物。有一个很好的方法可以显示出它们是如何的密切，我们可以把良好的三月期票据的货币值（在一个有组织的市场上）所发生的波动和一种物质商品的不同等级的相对价值所发生的变化加以比较。对于一百英镑的票据而言，一百英镑是一个不可能的高价，而九十八英镑则是一个极其低的价格；但对于两种物质商品而言，它们的相对价值的波动幅度即使比此为大，我们仍然会认为它们是很好的替代物。

较长期的证券又构成一个更低的等级，所值更少，同时——从它们的价值的波动来看——显然是更不完全的替代物。（没有不履行风险的长期证券的年利率比之短期证券的年利率更不易于有波动；但长期证券的资本值更易有波动。）但是，货币与长期证券之间的替代仍有发生。追究一下它的不同的形式或许是有用的。

首先，有一种平常的小投资者，他们购买长期证券为的是可以靠利息过活，由于投资的成本与麻烦，投资的数额不能太小，在他能投资以前，他必须累积一笔货币资金。从他的观点看来，投资的成本是真正重要的事情；他在什么日期把货币变换为证券，这或许是主要的决定因素。因而在这里不会有很直接的替代，利率的变化有时会影响他购买的日期；但或许可以假定，利率必须要有很大的变化才会对这种事情产生很大的后果。

第二，还有一种更为投机的投资人。如果他与货币市场没有充分接触，对于短期证券不能很方便地接近，他就会利用长期证券市场作为仅仅暂时闲置的资金的囤储所。这一类人包括所有私人投资者，他们不得不对证券的资本值付以更大的注意，因为他们为获得财产（房屋等等）需要把它们卖掉；也包括一些行号与机构，他们将资产的一部分投资于证券（在目前是一个很重要的集团）；最后还包括狭义的投机投资者，他们进入市场是想依借投机得到资本收益，因而，他们也不得不准备担负资本损失。所有这些，都使得货币与证券之间的差价成为一个很敏感的差价，他们愈是意识到资本损失的重要性，在利率变动时，他们愈是易于变换方向。

然而，对于第二类的大多数人而言，最少有一种形式的短期证券是可利用的；他们可以把他们的资金放在银行的存款账户上。因此，第二类就在不觉察间融化于第三类。银行本身，金融行号，公共机构，大工业及商业企业，所有这些机构都有各种各样不同到期期限的证券在他们的手中。因此，在货币和长期证券之间他们要想进行替代或许只有通过短期证券或票据作为中介；如果长期利率太低，不能补偿资本损失的风险，他们就会投资于短期证券；如果短期利率太低，不能补偿即使在此处也存在的风险，他们就会保持现金；利率的少许变动即会使得他们作出这些变更。这些职业的投资者，经营各种证券，注意到利率的细小差别，利率体系的逻辑大部分是由他们提供的（正如职业的套汇者 arbitrageurs 提供了大部分的外汇率的逻辑一样）。无须假定小的投资者在这方面有很大的关系，专门经营者本身会起充分的作用。①

利率体系的整个运行是一般替代法则运行的一个例子：如果两种商品是市场一个重要部分的密切替代物，则对整个市场而言，它们的行为也会像密切的替代物一样。

5. 本章并不曾企图对货币的需求提供一个完全的理论；更没有打算对利率的运行提供一个完全的理论。这二者都有待在第四部分中作更有系统的分析。但是，我觉得我们借以探讨货币问题的某些观点以及关于货币和利率关系的初步观察都得在这里初步表明。货币与证券是密切的替代物这一事实对动态经济学是一个绝对基本的原理；如果我们不能尽快认识这一事实，即会浪费时间。

这种密切的替代性是实际货币的一个最重要的性能，在我们的进一步的研究中，我们将会用到这一特点。除此而外，如果我们仍继续像早几章一样，把货币看作标准商品——一种从其余商品中挑选出来作为价值标准的商品，也没有什么大关系。因为实际货币的性能之一乃是它被用作价值标准，我们在前几章建立的关于标准商品的几个命题对于实际货币也是适用的；但是它们不仅对实际货币适用，对于任何我们为了讨论的目的取来作为价值标准的其他商品也是适用的。（这一点是没有问题的，从以下事实就能证明：在我们愿意时，我们可以随便变更我们的标准商品。）实际货币有价值标准的性能，但是它也有其他的性能——作为“交易

① 当然，银行与政府在决定利率体系上所占的重要地位对控制这一体系的可能性有很大的关系；近年来这种可能性已经被大大地利用。

中介”以及“价值储藏”这些人所熟知的性能。我们在本章中第一次考虑到这些性能。对价格体系的运行而言，它们的重要性是：它们解释了为什么在货币与证券之间存在如此密切的替代关系，就是说，他们解释了利息——货币利息的现象。

第十四章　收　　入

1. 我们现在已经结束对于利息的讨论;对于涉及动态经济学基础的根本问题也就告一段落。如果我们愿意,我们就可以立即进而分析动态体系的运行,在第二部分分析静态体系运行的平行线上进行分析。我们最后就是准备这样做;但是同时读者也有权利提出反对。在过去通常被看作为动态理论的一系列的基本观念,我们在前面丝毫未曾道及。例如关于收入、储蓄、折旧,或者投资(资本I)我们都未谈过。这些都是人们惯于考虑到的名词;它们在这里怎样适应?

在前五章中我决定不用这些观念当然也是经过熟思的。尽管它们为人所熟知,我并不相信它们对任何要求达到逻辑的精确的分析都是适合的工具。它们的意义非常模棱两可,虽用极大的工夫,也很难澄清。它们实在完全不是逻辑的范畴;它们是粗略的近似,商人用以应付变化莫测的环境。对于这一目的,严格的逻辑范畴是不需要的,比较粗糙的东西反而较好。但是,如果我们想利用这一类的名词进行在此处和我们相关的研究,我们要对它们加工一番,这种加工的分量它们担受不了。

我想任何人如果注意到近年来理论上的纷争,都会为我提出这一观点而惊异。我们已经看到一些卓越的权威人士由于对储蓄和收入采取了不同的定义而使彼此甚至他们自己陷入紊乱，这些定义既不是前后一致，又不能很令人满意。在发生这类事情时，紊乱的引起常有其理由；在做出任何改进之前，需要把这种理由提出来。

2. 虽然在我们的动态理论中我们不用收入这一名词，但读者当还记得在我们讨论静态经济时我们对此并未避而不谈。在静态学说中，关于收入的困难并未发生。一个人的收入可以看作等于他的进款（劳动所得，或财产租金）而无所增减。莫惹睡狗，不必惹是生非。同样的道理适用于静态经济学——动态经济学的一个分支，但它（如我们所看见的）隐蔽了某些最重要的动态问题。如果一个人对经济情况并不预期会发生什么变化，并预料会有经常不断的收入，未来每一星期的收入和本星期的收入同一数量，那么有理由说那一数量就是他的收入。但是假定他预期在未来的星期中收入较本星期为小（本星期的进款也许包括几星期工作的工资，或者还有股份的红利），那么我们就不能把他当前的进款全部看作收入；某些部分也许要归入资本账户。同样，如果他完全依赖工资，工资系在每个第四周领到，而当前的一星期不发放工资，我们并不能认为这星期的收入等于零。那么它是多少？在对于收入的性质没有一个一般的明白的概念以前，我们不能作出准确的回答。

在实际事务中计算收入的目的是指示人们他们能消费多少，而不致感到贫乏。从这一概念出发，我们似乎应当把一个人的收入下定义为：收入是他在一星期当中所能消费的最高价值，并预期他在周末的处境会和周初一样的好。因此，当一个人储蓄时，他计划在将来过得更好；当他入不敷出时，他将来会过得更坏。记住收入的实际目的是用来作为审慎行为的指导，我认为很明显的这就是中心意义所在。

然而，商人及经济学家都常常满足于使用这个或那个和中心意义近似的意义。现在逐一考虑一下这些近似的意义。

3. 第一种近似意义是以个人预期进款的资本化的货币价值为其中心。假定一个个人在周初预期的进款川流和以金额 M 镑投资于证券所能得的收益是一样的。其次，假如他在本周一文不花，把所得的任何进款重新投资，累积在未到期的证券上，那么在周末预期投资总数为 M 镑加上 M 镑的一周利息。但是，如果他花掉了一些，他预期的周末的价值就会少于此。某一个特定的支出数额会把他预期的价值减到恰好等于 M 镑，根据这一解释，这一数额就是他的收入。

在进款完全来自财产——证券、上地、房屋等等的情况下，这一定义显然是容易理解的。假使在周初私人拥有财产值一万零十镑，没有其他收入来源。如果利率为每周百分之十分之一，则收入为每周十镑。因为如果花掉十镑，还留下一万镑投资；在一星期中将累积到一万零十镑——原来的数额。

在收入来自工作的情况下，这一定义就不是那样显然容易理解，但是它仍和通常的习惯很相一致。我们并不和奴隶市场打交道，没有把工作收入加以资本化的习惯，但是在平常发生的情况里，这点没有什么关系。工作收入的波动通常不易事先预见；任何预期会有经常的进款川流的人（预料利率不发生任何变化），根据这一定义，即会把这一经常的数目算作他的收入。如果波动能预见，它们几乎总是和现在相隔不久，变化部分的利息可不必注意。如果利息忽略不计，从资本化所作的计算便化成为一种以时间除之的算术除法了。每月四周二十镑可以当作为等于每周五镑。

因此，如果预期的进款（以货币计算）保持不变动的话，第一号收入是在一个时期内所能支出的最高数额。这或许是大多数人在他们私人事务中暗中使用的一个定义；但是它绝不是在任何情况下一个很接近于中心观念的定义。

4. 首先，如果预料利率会改变，考虑一下会发生什么。如果在未来一星期中对于为期一周的贷款维持的利率不同于另一星期的利率，那么，以货币资本不变为基础的定义就不能令人满意了。因为（再回到上面举的那个数字例子），假定为期一周的贷款每星期的利率是百分之十分之一；但是从现在算起的第二个星期的相应的利率是百分之五分之一，而这一较高的利率预期会在以后无限期的继续。这个人如果预期在周末再会有一万零十镑供他支配，他在当前一周中的花费就一定不能超过十镑；但是如果他愿意在第二个星期末有同样的数额供他利用，他在第二个星期可以支出将近二十镑，而不止十镑。在第一个星期开始时可利用的同一金额（一万零十镑）使得如下的开支川流成为可能：

十镑，二十镑，二十镑，二十镑，……，

而如果在第二个星期开始时有同一金额可供利用，则可作为开支的数目如下：

二十镑，二十镑，二十镑，二十镑，……。

通常我们有理由说一个人处在后面一种境况比处在前一种境况要好些。

这一点就把我们引到第二号收入的定义。我们现在给收入下定义为个人在这一周能支出的最高数额，同时预期在每一个随之而来的星期里仍能支出同样的数额，只要预计利率不会发生变化，这一定义和头一个是一样的；但当预计利率要发生变化时，它们就不再是等同的，第二号收入比之第一号收入是更接近于中心观念的近似意义。

5. 如果预计价格会发生变化，会发生什么情况呢？我们现在对上面的定义作些修正，这种修正本身就立即自然地说明了一些问题。第三号收入的定义如下：它是个人在本星期能支出的最高数额的货币，并预计在未来的每一个星期中仍能支出按实物标准计算的同一数额。如果价格预计会上升，那么一个计划在本星期及随之而来的每一个星期花费十镑的个人在星期末的处境必定会比星期初较差。他每天都可以期望在未来的每一星期花费十镑的机会，但是在第一个日期里许多十镑中之一可以在价格较低的一个星期花费。在有利的条件上花钱的机会出现在第一种情况中，在第二种情况中却不存在。

因此，如果他这一星期的收入是十镑，根据第三号定义，他在未来每一个星期中支出的，预计不是十镑，而是一个大于或小于十镑的数目，其幅度视该星期价格比第一星期的价格水平升降多少而定。

某些这类的修正显然是应当有的。但是“按实物标准计算”的意义是什么？采用什么价格指数才适当呢？我想，对这些问题并没有完全可以满意的回答。甚至当价格预计将发生变化时，仍然有一个苦心作成的标准，使我们对任何一套既定的计划支出能说出计划者是否生活在他的收入范围以内。① 如果这一试验的应用是用来表明个人的支出等于收入，那它当然能决定他的收入；但是在所有其他场合下，它不足以表明他在什么程度上生活在他的收入范围以内，亦即他的收入确数究竟多少。

因此，第三号收入已经存在着某些不定因素，而困难尚不止此，因为第三号收入仍然只是收入观念的中心意义的一种近似，而非中心意义本身。还有一点未曾考虑到，因之第三号收入仍非完全的定义。

这就是关于耐用消费品的问题。严格地讲，储蓄并非收入与支出之间的差别，而是收入与消费之间的差别。如果个人希望在星期末境况不致较前为差，那么收入并不是他能够支出的最高数额，而是他能消费的最高数额。如果他的支出的某些部分是用在耐用消费品上，就会使他的支出超过消费，如果他的消费的某些部分是属于已在过去购买的耐用消费品的消费，那就会使他的消费超过支出。只有在此二者相对等，新获得的消费品与用完的旧消

① 如果他是生活在他的收入范围以内，他必定能够为第二个星期一计划购买数字，如同为第一个星期一计划一样，并仍能有所节余。假定他计划在连续的几个星期中购买商品 X 的数量为 $X_0, X_1, X_2, \cdots$；购买商品 Y 数量为 $Y_0, Y_1, Y_2, \cdots$；等等。他在第一个星期能生活在他的收入范围以内的条件如下述；以后数星期实际计划的购买川流为 $X_1 Y_1 Z_1 \cdots, X_2, Y_2 Z_2 \cdots, X_3 Y_3 Z_3 \cdots$，
它们的价值按每一项商品实际会发生的价格（在第二，第三，第四，……各周的价格）计算，这些购买数字的价值应大于原来的购买川流：

$$X_0 Y_0 Z_0 \cdots, X_1 Y_1 Z_1 \cdots, X_2 Y_2 Z_2 \cdots,$$

这些数字系在第二个而非第一个星期一估计，按照另一川流（第二、第三、第四星期等的数字）的同一价格计算价值，也就是说，比实际购买的日期迟一个星期的价格计算价值。

费品正好相对等时，我们方能使消费等于支出，并像上面那样讨论下去。

但如果这些情况并不相对等，又将如何？更其坏的，我们怎能说得出它们是否相对等呢？如果所讨论的货物有一个完全的旧货市场，能根据它们每一个特殊的损耗程度精细地估计出它们的市场价值，则由于消费而引起的价值损失方能准确的加以衡量；但是如果没有这样一个市场，那么，除了回转到中心观念本身以外，就别无其他办法。如果个人正在把他现存的耐用消费品用完，并无新的补充，同时他在星期末又只能如在星期初一样计划同一的购买川流，那么他在星期末就处于更坏的境况。如果他要在他的收入限度内生活，在这种场合下，他就必须采取步骤，以便在星期末能够计划一个较大的购买川流；但是究竟大多少，只有中心标准本身才能告诉我们。

6. 这样我们又被迫回到中心标准，即一个人的收入是他在一星期当中所能消费的，并预计星期末的处境不逊于星期初。从考虑这一标准的近似意义中，我们已经看到它是如何复杂，由于须作详细的分析，它显得很缺少吸引力。它作为最后一种可采取的手段，是否经得起分析，我们追求的是不是只是一团鬼火，这种怀疑，我们现在不去注意它。

个人在星期初有消费品的储存，并预计有进款川流，使在将来能获得其他耐用或不耐用的消费品。我们可称这为前景 I(prospect I)。在星期末时他知道这一前景中的一个星期已经消失；他预期会出现的新的前景中将会有一个新的第一星期，它也就是老的第二星期，会有一个新的第二星期，它也就是老的第三星期，等等。我们称这为前景 II。如果在第一个星期一有前景 II 可供选择，我们可假定个人在这一天知道他对 I 是否比对 II 更喜欢；同样，如果在第二个星期一有前景 I 可供选择，他会知道他是否在那时宁愿有 I 而不愿有 II。但是如果问第一个星期一的 I 是否比第二个星期一的 II 更好，纯为一无意义的问题；它们之间的选择完全是不实际的；二者不是同一事情，无从比较。

这一点当然完全是学术性的；但是它与我们在较早的阶段中提出的关于效用的不可衡量性具有同样的重要意义。① 为了在经济理论中获得界说明确的结果，我们应利用直接和个人偏好尺度相关联的观念，而不应利用任何和个人的模糊的心理特性相关联的观念。避开效用这一观念曾使我们在静态经济中能获得较明确的结论；同样理由，在动态经济中避开收入和储蓄这样的观念也是较好的。它们是坏工具，在我们手中毁坏了。

7. 当我们从考虑个人收入（直到现在我们谈的全属这一种）转到考虑社会收入的时候又出现了另外一些要考虑的问题，它们大大加强了上面所考虑的各点。即使我们满足于个人收入观念的近似意义的一种（譬如说收入第一号，对大多数目的而言，都是合用的）收入仍然是一种主观的观念，视个人的特殊预期为转移。如我们所已看到的，不同的个人的预期没有理由会相一致；经济体系中不均衡的主要原因之一就是预期和计划缺少一致性。② 如果 A 的收入以 A 的预期为根据，B 的收入以 B 的预期为根据，而这些

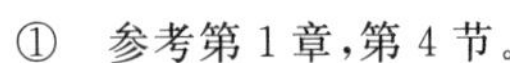

① 参考第 1 章，第 4 节。

② 见前第 10 章，第 2 节。

预期并不一致(因为他们对同一商品在未来特定日期中的价格预期有所不同,或者他们计划的供给和需求在市场上不能配合),那么他们收入的总和就没有多大意义。它除了服从数学定律以外,别无其他特点。

这一结论似乎是无可避免的,但它很使人烦恼,甚至比我们怀疑个人收入观念本身最后是否可以了解还要更使人烦恼。社会收入在近代经济学中占有非常重要的地位,不仅在我们现在讨论的动态和货币学说中,而且在福利经济学中都占有重要的地位,没有这一观念是难以想象的事。经济学家讨论得如此之多的社会收入仅不过是可能不一致的预期的总和,这是难以相信的。但它如果不是这样,又是什么呢?

为了回答这一问题,我们必须从在个人收入的领域内作进一步的区别开始。我们迄今所已讨论的收入的定义都是先在的定义[①]——它们涉及一个人在一星期中所能消费的数额,同时并预期处境仍会和过去一样好。关于这一预期的实现丝毫未曾谈及。如果它不是恰如预期地实现,在星期末的价值大于或小于原来预期的价值,以致使他获得"意外的"利润或遭到意外的损失。[②] 如果我们把这意外的收获加在我们任何以前的收入定义上(或者减掉损失),我们就得到一套新的定义,"包括意外损益的收入"或"后在的收入"的定义。相当于每一个我们以前的先在的收入的定义都有一个后在的收入的定义;对于大多数目的而言,相当于第一号

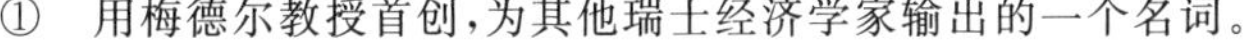

① 用梅德尔教授首创,为其他瑞士经济学家输出的一个名词。

② 用凯恩斯先生的名词。

收入的一个定义是最为重要的定义。后在的第一号收入等于个人消费的价值加上在这一星期中产生的货币价值的增加；它等于消费加资本积累。

这最后一种非常特殊的“收入”具有一个非常重要的性能。只要我们仅注意及从财产获得的收入，而不考虑由于人的赚钱能力的变化（“人力资本”human capital 的累积或反累积）而引起的价值的增减，则后在的第一号收入就不像其他种类的收入是主观的事情；它差不多完全是客观的。个人财产的资本价值在一星期开始时是一个可以估价的数字；在星期终了时也是如此，因此，如果我们假定我们能够衡量他的消费，他的后在的收入就能直接计算出来。因为任何个人的后在的收入是一种客观的量，组成社会的全体个人的后在的收入就能没有困难地加起来；后在的第一号收入等于消费加资本积累这一法则对整个社会也是适用的。

这是一个很方便的性能，但可惜没有理由把这一观念在经济理论上加以扩充运用。资本积累的后在的计算在经济的及统计的历史上有其地位；它们对经济的进步是一个有用的衡量杆；但是它们对于想发现经济体系如何运行的理论经济学家却属无用，因为它们对行为没有重要意义。任何特定的星期的后在的收入要等到星期终了时才计算得出来，而在那时它包含了现在的价值和完全属于过去的价值之间的比较。根据“过去的事终是过去的事”这个一般的原则，它对现在的决定没有关系，和行为相关的收入不能包括意外收获在内；在有意外收获时，必须把它们当作未来星期收入的提高（按它们的利息计算），而不把它们作为当前一星期的有效收入。后在的收入和先在的收入之间理论上的混淆相当于收入和资本之间实际上的混淆。

8. 从以上似乎可以说任何想对社会收入作统计计算的人遇到了一个难题。他能计算的收入不是他想探求的真正的收入；他想探求的收入是不能计算的。在这种进退维谷之境中只有一个办法，那当然就是在实际中应当采取的办法，他必须采取他的客观的量——后在的社会收入，并进而对那些似带有意外之财性质的资本价值的变化以某种表面有理或是合理的方法加以调整。这种估计是正常的统计程序，从它本身即足以说明它是有道理的。但它仅能产生统计的估计；根据它本身的性质，它不是一种经济数量的衡量。①

为了福利经济学的目的，我们所想衡量的一般是真实的社会收入；这意味着要作出一个相当于第三号收入的估计，就好像在上面所作的估计相当于第一号收入一样。这里，我们碰到进一层的困难，要获得对第三号收入（即使是后在的）的客观衡量是不可能的；因为第三号收入常视对消费品价格的预期而定。但是我们可以构成某种类似的相当的东西。在计算资本价值时，可以在某种方式下，将价格的变动排除在外；从理论上说，可以想到的最好办法之一为对期末的实际资本货物，按类似货物期初的价格计算其价值；经过这一试验后所得的任何资本累积为按实值计算的累积。把这一时期的消费数量加在一起，我们至少得到了一种意义的后

① 因为统计学家必须采取这一条路线，他们常求助于其他探求客观的收入的部门——国内收入税务司，这一点殊不足为奇。他所能做的最好的事情就是追随收入税管理部门的实践。但是理论经济学家要能够批评这些管理部门的实践；他没有理由和他们附和在一起。

在的真实收入;然后再把意外收益与损失加以校正,我们就得到了关于真实的社会收入的有用的衡量。① 但是它和对社会货币收入的衡量是属于同一类的估计。

我希望本章已经说明白个人收入计算怎样可能对个人经济行为起重要的影响;社会收入的计算怎样可能在社会统计学中以及福利经济学中占有很重要的地位;同时,为什么纯理论经济学家只有甘冒危险才会在讨论中利用收入的观念。对他而言,收入是一个很危险的名词,是可以避免的;如我们所将看到的,动态经济学的整个一般理论都可以不用这一观念。或者可以说,只有在我们研究的后期,当我们想观察一下"量入为出"这一实践的格言对经济的发展产生什么影响时,我们才有必要利用它。② 为此,也并不需要有一个准确的关于收入的定义;适用于这一粗略的实践格言的某种很粗略的东西就完全可以了。

第十四章　附注

有两个从收入理论发生的问题我觉得应当在本书中讨论一

① 在真实收入的情况中,校正意外收益与损失的过程是较不重要的,因为仅仅由于货币价值变化而产生的意外得失已经被排除在外;只有由于自然灾祸及战争的意外损失才算在内。

② 见下文,第 23 章。

下，虽然如前所述，我很不愿被它们拉得太远。其一为储蓄与投资的关系问题；我想读者有权要求对这一争论纷纭的题目表示意见。另一为关于利息变化对折旧的计算，因而也就是对收入的影响问题；这问题本身较为重要，在此处考虑到它，会引出一两个概念，我们记在心里，对以后有用。

A. 储蓄与投资

关于储蓄与投资问题，主要的困难显然起因于这些术语能作多种界说。非常明显，相应于我们在前章陈述的每一个收入的定义都有一个储蓄的定义，而这并不会把我们牵涉到那些已经提出来过的暧昧不明的定义当中去。对储蓄可以下先在的定义也可以下后在的定义；可以和第一、第二、第三号收入的定义相配合来给它下定义。对于每一个这种储蓄定义就有一个相应的投资定义。这样就常常使讨论陷入互相矛盾之中。

一旦这些不同的定义陈展于我们之前，很清楚的，我们一般就没有理由期望同一种收入定义相关联的储蓄和同另一种定义相关联的投资之间会有任何重大的一致之处。不同的收入定义是在很不同的阶段发展的，考虑到的问题有所不同。只有起源于同一个收入定义的储蓄与投资之间才能发现值得研究的一致。

这第一点意见清除了许多可能的争论点，但它还留给我们很大的选择余地。我们还得决定我们所要考虑的是和第一、第二，或第三号收入中的哪一个相应的储蓄与投资；以及考虑先在的定义呢还是后在的定义。我现在并不相信第一个决定是很重要的决定，我们可以从任何一种近似于收入观念的观念开头，并发现所得结果非常相似。但是先在后在的区分当然是非常重要的。

为了简约起见，此处我将限于谈及那些与第一号收入相应的储蓄与投资的定义。如果我们从譬如说第三号收入开始，整个的讨论将完全重复，但是我想我还是把这留给读者自己去试验。如果我们从第一号收入开始，我们给一个人的储蓄（先在的）所下的定义是：这一星期当中他的实际消费和某一种消费水平之间的差别，在这一水平下，他预期的前景在星期终了时的货币价值和在星期开始时的实际货币价值相同。如果我们把一个星期看作为时很短，可以忽略在这一星期当中增加的利息，我们也许可以说他的储蓄是他的前景的货币价值的增加，这种增加计划要在这星期当中发生。此外，如果我们忽略由于他个人赚钱能力的变化而引起的他的前景的变化，他的储蓄也许可以看作是他的财产价值的有计划的增加。所有这些都是先在的储蓄；后在的储蓄是他的财产已实现的增值。

社会的全体成员的后在的储蓄可以总加在一起。它们的总数等于所有人的财产在这星期中货币价值的总增加数。现在财产有三种形式：它包含有物质货物（真实资本），或者证券，或者货币。但是如我们所看到的，货币或者是物质货物，如黄金，或者是证券，如钞票或银行存款。这样三种就变成两种。此外，证券不过是一个人（或商号）对另一个的各种种类的债务；因此当所有财产相加的时候，它们就互相抵消掉了。因而总的后在的储蓄就变成了物质资本价值的增加；它似乎就是投资的含义——当然，这里指的是后在的投资。

因此，就整个社会而言，后在的储蓄和后在的投资必然相等。但是，这种等同仅仅是一种无待说明的道理——它不过表明在经济中所有资本货物都各有其主这一事实。而这并不是一个很深奥的带有理论上重要性的问题。

先在的储蓄和先在的投资之间的关系更属有趣。照前类推，先在的投资必定等于物质资本——包括生产货物及耐用消费资料的价值的有计划的增加。从这一定义来说，一特定的人（或商号）只要计划在这星期当中，获得非物质种类的财产——证券方面的财产，他就能计划储蓄多于投资。同样，如果他想减少持有证券，他就能计划投资多于储蓄；如我们看到的，这包括发行证券，增加要由他自己偿付的证券。因此，计划储蓄与计划投资之间的差别就是对一般证券——包括货币的计划需求与计划供给的差别。

我们记得，在我们所一直使用的模型的特殊假定下，"星期"是暂时均衡的时期，其特征为在这星期当中所有的需求与相应的供给是相等的。并假定对证券的计划需求与供给在"星期一"的市场上会立刻变为实际。因此就整个社会而言，它们必然相等，因此在这星期当中，不仅后在的储蓄等于后在的投资；先在的储蓄也等于先在的投资。[①]

不过，这些先在的量之间的等同并不是无待说明就能明白的道理，如像后在的量之间的等同一样。它是对证券的供需方程式的一种表现；如我们所看见的，这又形成决定价格体系的方程式体系的一部分。不过，我并不认为我们应该承认在储蓄投资方程式及利率之间有特别的关联。我们曾经看到有这么一种观念，[②]即

① 同时，当然没有必要要求先在的量和后在的量彼此相等。

② 见前第 12 章。

利率是特别地被证券——不包括货币——的供需方程式所决定的;但是这里的方程式是一个包括货币的方程式,和利率没有特殊的关联。因为对证券(包括货币)的供需方程式和对一般实际货物(生产货物加消费货物加生产原素)的供需方程式是同一样东西;[①]如果我们要把储蓄投资方程式和价格体系的任何特殊部分或方面联系起来,那就还不如把它和一般价格水平联系起来。还有,当我们记得整个体系是如何内在地相关联时,那么,把特殊的方程式和特殊的价格联系起来就没有什么作用了。

因之,在一星期当中,先在的储蓄等于先在的投资;但这只是一星期当中而不是任何较长的时期中的特性。后在的量在我们所取的任何时期中都是相等的,但先在的量只有在计划一致时才必然相等。先在的储蓄和先在的投资之间的等同是长期间均衡的条件之一。在不均衡的环境下,在比一个星期为长的一个时期中,计划储蓄超过计划投资是完全可能的。而不均衡可能通过这种不相等的过程显现出来。如果企图不经过调整就完成计划,商品的供给就会开始超过需求,同时(就我们现在所能看到的),价格会趋于下降。同样,如果计划投资超过计划储蓄,价格就有上升的趋势。

这一切都是多么诡谲!凯恩斯先生在他的《货币论》中指出,储蓄与投资只有在均衡的情况下才是相等的;投资超过储蓄就意味着价格的上升,反之亦然。在他的《通论》中,他又告诉我们储蓄与投资常常是相等的,而这仅仅是一种同一性或无待说明的道理,对价格的决定没有什么重要意义。就我所能了解,对这四个叙述的

---

① 见前第 12 章。

每一个，我们都有一些相关的和重要的理由说它们是对或者是错。

B. 利息与收入的计算

1. 无论我们选用收入观念的三个"近似意义"中的哪一个，收入的计算都在于找出某种标准的价值川流，它的现在的资本化的价值相等于实际可以预料的进款川流的现在值。它是一个标准的价值川流，因为它保持了某种不变的东西，这正好和实际预期的进款川流不同，后者也许会在这种或那种方式上波动。但是三个近似意义中所包含的不变种类是不同的。相应于第二号收入的标准川流是一种数学意义上的不变川流，它把同一数额的货币价值等同地归诸每一个相继的星期。相应于第三号收入的标准川流按实际价值计算不变，因而归属于相继的星期的货币价值会随价格水平的变化而变化。如果利率预计并非不变，则相应于第一号收入的标准川流按货币计算会发生变化；我们在计算它时，将使所有（在标准川流中的）未来价值的资本化货币价值每个星期都属不变。

但是，在每一种情况中我们做的大致是同一的事情。我们以一种标准川流替代实际上预期进款川流，这种标准川流在时间上的分布情况有某种确定的标准形状。我们要问的，不是一个人在当前一星期实际进款多少，而是如果他得到现在价值与他的实际的预期进款相同的标准川流时，他的进款是多少。这一数额就是他的收入。

如果他对某些将来进款的预期有上升，他的前景的现在价值就会提高，它会大于旧的标准川流的现在价值。为了恢复均等，就必须提高标准川流，仍使它保持旧的标准形状，但全部地把它提高。这样收入就增加了。

在利率变动不定时，事情更为复杂。因为不仅实际预期的进款川流的现在价值会变化，旧的标准川流的现在价值也会发生变化。为了发现对收入所产生的影响，我们得找出在这两种现在价值中，哪一个更受影响。如果利率的下降使实际预期进款的现在价值的提高多于标准川流的现在价值的提高，那么它就会把收入提高；如果利率的上升使标准川流的现在价值降低甚于实际预期川流的现在价值，那么它也会把收入提高。

如果我们仅注意各种期限贷款利率都相同的那些情况（在收入计算中，这有时——甚至常常——是合理的简化），这一关系可以进一步通过图解来研究。

2. 无论哪一种价值川流都有一个资本化的价值，现在可以把这看作利率的函数；这一函数可以用曲线的形式画出来。从所得结果看来，在画这曲线时使其形状稍异于在第一眼看来似乎较为自然的形状，是最为方便的。我们将沿水平轴衡量资本化价值，①沿垂直轴衡量的不是利率，而是一种可称之为贴现率的东

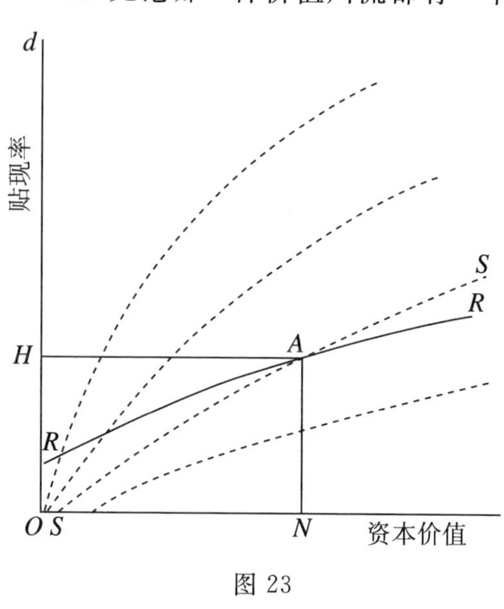

图 23

① 采用经济学上常见的习惯，把因变数放在水平轴上。

西——将一笔钱贴现一星期时，必须将这笔钱减少的比率。(如果每星期的利率是 i，则贴现比率 β 等于 $1/(1+i)$。)

和特定的预期进款川流相应，有一条资本价值曲线 RR，曲线向上倾斜，因为贴现率的上升(利率的下降)会提高资本化价值。和任何特殊的收入水平相应，有一条资本价值曲线(图上的点线)，它显示在各个贴现率上相应于那一特殊收入水平(根据我们所用的收入定义)的标准川流的现在价值。如果贴现比率为 OH，预期进款的现在价值是 HA，而收入水平用点线 SS 代表，SS 通过 A 点。

如果贴现率上升，A 将沿 RR 向右移；如果像我们所画的，SS 的倾斜度大于 RR——或者，同一回事情，SS 的弹性小于 RR，则从图上看，这显然意味着向一条代表较高收入的点线移动。因之，一切都因 $RRSS$ 曲线的弹性而定。

偿付川流$(x_0, x_1, x_2, \cdots, x_v)$的资本价值为 $x_0+\beta x_1+\beta^2 x_2+\cdots\beta^v x_v$。这一资本价值对于贴现率 β 的弹性是

$$\frac{\beta x_1+2\beta^2 x_2+3\beta^3 x_3+\cdots+v\beta^v x_v}{x_0+\beta x_1+\beta^2 x_2+\beta^3 x_3+\cdots+\beta^v x_v}$$

(因为一个总数的弹性是它各个部分弹性的**平均数**)。从这种弹性的形状看，我们也许可以恰当地把它看作为川流的平均时期；因为**各种偿付从现在起向后推延，其时期为时间的平均长度，推延的时间用偿付的贴现价值加权**。(读者对我把“平均时期”这一术语用于这一数量上或者会感到不悦，因为在读者头脑中这术语有完全不同的意义。不过，我希望在以后表明，我给与这术语的意义是传

统意义的合理的伸延。)①

从上可以得出结论说，如果进款川流的平均时期大于与之作比较的标准川流的平均时期，利率的下降对进款川流资本价值的提高将超过对标准川流资本价值的提高，因之会增加收入。但是如果进款川流平均时期小于标准川流的平均时期，则利率的上升会增加收入。

3. 这一平均时期的试验在数学上似乎是很有根据的；但是和我们通常所用的常识试验相比，它显得古怪地不同。如果一个人的进款得自对废旧资产的利用，这种资产在将来会随时丢弃，我们就可以说他的进款超过他的收入，它们之间的差额算作折旧的补贴。在这种场合下，如果他的消费少于他的收入，他必须再贷出他的进款的一部分；而利率愈低，他再贷出的数额就愈大，以便将来不能从废旧资产得到进款时，可从利息获得补偿。因之，如果进款预期在将来会下降，则利率愈低，收入也愈低；而在相反的情况下，一个人的进款预期在将来会扩大(如果他要在他的收入限度内生活，他就得借款或出售证券)，则利率愈低，收入就会愈高。

是否可能对平均时期的试验重新加以解释，使它和这种常识的试验相一致？关于这点可以作以下的解释。

让我们把注意限于以下的情况，即利率和价格预期都不会变化，因而收入观念的三个“近似”都吻合一致，和它们之中任一个相应的标准川流是按货币计算每星期都不变的标准川流。

---

① 见以后第 17 章。弹性通常都假定是一个纯数字，不带单位，此处却等于时间的长度，读者对此也许会感到惊异。这是由于复利而来的结果，两年的利率并非一年的利率的双倍；因而在考虑比例的变更时，不能将时间除去。

预期的进款川流和据以计算收入的标准川流必须有同一的资本化价值，因之如果进款的平均时期大于标准平均时期，则预期的川流在最近的将来必定会倾向于**较标准为低**，而在较远的将来，它又必定可以从高于标准取得补偿。从整个来看，它必定有上升的趋势；我们也许可以说，它有如音乐中的渐强音。平均时期结果就是衡量一种价值川流的渐强或渐弱[①]的准确的方法。

一个大小不变，长度无限的川流，自始至终以同一的利率贴现，在事实上它的平均时期是什么？可以很容易表明，它等于利率的反数，也就是等于“年值”(years' purchase)的数字。[②] 如果利率为每年百分之五，标准川流的平均时期为二十年。如果任何其他川流的平均时期超过二十年，这就意味着这川流是渐强的；如果它少于二十年，这川流就是渐弱的。平均时期的全部意义就是这样。[③]

这种衡量价值川流的趋势的方法能用于任何一种川流；从经济理论的观点看，它似乎比之其他方法更具有重要意义。当我们考虑到利息的变化对生产组织所起的影响时，我们还要再谈到它。

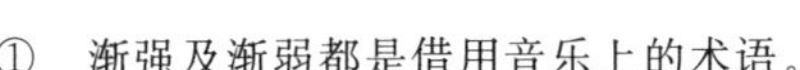

① 渐强及渐弱都是借用音乐上的术语。

② 因为 $\frac{\beta+2\beta^2+3\beta^3+\cdots}{1+\beta+\beta^2+\beta^2+\cdots}=\frac{\beta}{(1-\beta)^2}/\frac{1}{1-\beta}=\frac{\beta}{1-\beta}=\frac{1}{i}$。

③ 对一种价值川流的渐强调的最好的数字定义是川流的扩充率，在每一个时期以同一的比例继续扩充，其平均时期和原来的川流相同。这一扩充率通过一简单的公式和平均时期相关联。如果 P 为川流的平均时期，i 为利率，C 为渐强调，定义如上，则：$C=i-\frac{1}{P}$。

第四篇

动态体系的运行

第十五章　生产的计划

1. 在这第四部分也是最后一部分中，讨论的进程早经决定。在第三部分中我们已研究过动态体系的一般性能，现在我们要对它进行一种分析，和在第二部分中应用于静态经济的那种分析相同。因此，我们要讨论的一系列的问题，和在本书前一部分所讨论的问题恰相平行。我们要再来考虑私人的位置，研究他的行为的定律；只不过我们现在要考虑的事情更多一些。我们要考虑在哪些方面他的行为受到影响，不仅受现在的价格，也受利率以及价格和利息预期的影响；我们不仅要像以前一样观察他对商品的供给和需求，而且要观察他对证券（包括特种证券，即货币）的供给和需求。我们要对企业的情况进行同样的研究。我们在建立了商品、证券和货币之供给和需求的定律以后，就要把这些定律集中起来以得出整个价格体系的运行定律。首先，我们能发现的仅有的定律是在任何特定“星期”中价格体系运行的定律；而我们想要从动态理论得到的，这不过是一个开始。（然而，即使是这种暂时均衡的分析，如果能细致地作出来，它也会产生几个重要并令人惊异的结论。）要在这一点之外再行深入是困难的；但在下结论之前，我们将努力发现在关于价格体系长时间的发展定律方面还能说些什么。

第一件要做的事就是研究个别的人和个别的企业的行为；我们把在静态学中采用的讨论次序反转过来，即从企业开始，是有理由的。在实际上，企业之作出生产计划或许远较私人之作出开支计划为完善；因为我们有时候会需要提供一个正式的对计划决定的照例分析，在企业和私人两种情况中，我们最好对企业提出这种分析，因为企业的情况较为现实，而私人的情况则不是很现实。我们一旦从企业的分析中熟悉了计划决定的一般原则，当我们谈及私人时，我们就能适当地多考虑或少考虑这些一般的原则。在我们讨论下去时，这种程序的优点就更为明显。

2. 像动态经济学的其他分支一样，生产的动态理论曾经是争论纷纭的一点。的确，引起的纷争或许此其他问题还要多，而在这里出现的一些论题是古典的有争论余地的一些论题；它们是在过去曾使经济学家伤脑筋的资本理论的大问题。今天它们已经被其他问题——或许是更为重要的问题所遮蔽了。但是它们虽被遮蔽，却未曾解决；如我们力所能及，应负起解决它们的任务。

即使在今天，在经济学这一部门的伟大的名字仍然是庞巴维克的名字。所以如此说，并不是因为他的学说被普遍地接受(即使在他自己那个时代，也没有被普遍接受，在我们这个时代，支持者就更少)，而是因为它是必须面对的一个挑战。差不多每一个研究资本的人都会在这个或那个阶段成为庞巴维克学说的牺牲者。①把资本主义的生产下定义为使用时间的生产；把使用的资本数量

① 庞巴维克学说的经典叙述当然要推他的：《资本实证论》，1889 年版。已由斯马特译成英文，作者写本书时，传盖茨克尔的重译本即将问世。威克塞尔：《讲义》，第 1 卷，关于资本的一部分论述相同，但更精练。

下定义为使用的时间数量的指示器；把利息下降对生产结构的影响看为表现在使用时间的增加；所有这些观念都使这一题目非常透彻明晰，初眼看来，难以抵拒。这一理论很经得起能以对它提出来的一些较明显的反对意见；但是，再往下研究时，困难就增加了，给“在生产中所用的时间”下定义愈来愈难；所以大多数人最终被迫放弃这一学说，即使他们找不到代替它的东西。

奈特教授最近在一系列文章中有力的，一再地对这一“奥地利的”学说提出反对意见。这些文章又重新令人瞩目地挑起了旧的庞巴维克的争端①；但是主要的论点仍未解决。读者在细读这些论文后，怀有这样的感觉：“庞巴维克显然不对；但是他所说的总有一些道理；你不能凭空地创立像这样的一个精心构成的学说”，在我们还不能够真正宣称得到了一个令人满意的资本理论之时，我们要把奥地利学说的中心真理找出来。

我希望指出，困难在于当我们越过了人为地简单的情况时(资本学说自然地从这里开始，但即使到威克塞尔手上，这学说也没有十分成长)，中心命题就相当显著地改变了它们的性质。作为一个有限的情况，奥地利学说仍然有效，虽然这不是一个很重要的情况。一般的理论和庞巴维克的理论在某些重要方面有所不同。

3. 如我们一再看到的，在任何日期(譬如在我们的“第一个星期一”)任何特定的企业家所作的决定可以认为是生产计划的建立。如果把生产计划全部写出来，那就像这样：

---

① 在奈特教授的文章中，特别参阅《资本数量与利率》(《政治经济学报》，1936年)。关于这一争论的一般书目见卡耳多：《经济学说的周年纵览》(《经济学杂志》，1937年)。后又经奈特及卡耳多续编，见《经济学杂志》，1938年。

$$A_0, A_1, A_2, A_3, \cdots, A_n$$
$$B_0, B_1, B_2, B_3, \cdots, B_n$$
$$\cdots\cdots\cdots\cdots\cdots\cdots$$
$$X_0, X_1, X_2, X_3, \cdots, X_n$$
$$Y_0, Y_1, Y_2, Y_3, \cdots, Y_n$$
$$\cdots\cdots\cdots\cdots\cdots\cdots$$

A,B,…是不同种类的进货,X,Y,…是不同种类的出产,假定企业家为 n 个未来的星期这样一个时期制订计划。进货仅仅是为企业购进的某种东西,而出产则是售出的某种东西。如果全盘业务将告结束,所有设备全部售清,这些设备可以当作出售那天的"出产"——所有以后的出产都是 0。这种观念允许我们想到,企业家是在为以后有限时期(n 星期)作计划;因为我们把计划在那一时期临了时遗留下来的设备看作特定种类的出产(譬如 Z_n),一种仅在最后一星期生产的出产。

我们将会注意到,即使只有一种物质出产(譬如 X),生产计划也包括了很多不同的出产(在不同日期的 X),对此现在要加以区分开来。读者现在当会了解,为什么我们在关于企业的静态理论中非常注意多种产品生产企业的情况。

正如企业的静态问题是对于某一组生产原素和产品数量的选择,动态问题是从可供选择的生产计划中选择某一生产计划。如像在静态学中一样,企业家选择的限制是技术性的。存在着一些可供选择的生产计划,它们在技术上是可能的。如果所有进货,和除一个以外的所有出产的大小都是已定的,这种技术限制(或者生产函数)就会在余下来的日期里提供可能的最大生产;如果所有出产，和除一个以外的所有进货的大小都是既定的，它就会在余下来的日期里提供必须的最小进货。① 由于企业家在这种限制下工作，他只能通过以下方法从一种生产计划变更为另一种生产计划：(1)以一种出产的某种数量代替另一种出产的某种数量；(2)以一种进货代替另一种进货；(3)同时增加或减少一种进货和一种出产。生产计划的任何变更都必须能化成这种"基本的变化"中的一个或其中的某种联合。所有这些都恰好和静态学一样。

4. 但是现在哪一个生产计划是更可取的呢？在静态学中，我们满足于认为企业家总是最大限度地扩大进款超过成本的剩余；这没有引起特别的困难，但是如从动态来看问题，很明显企业家所能期望的不是单一的剩余而是从一个星期到一个星期的剩余川流。如果有两个川流，其中一个川流中的每一个剩余都比另一个川流中的相应的剩余为大，那么，那一个川流较大不会成为问题。但是，如果这一条件得不到满足(没有理由说这一条件会常常——甚至有时——得到满足)，我们需要某种标准使我们能判断一个川流是否较另一个川流为大。

建立这样一个用一般用语叙述的标准似乎曾给某些经济学家引起一些困难；为什么会如此，实在没有理由。这种标准能用几种形式叙述；但是，如果对它们适当地加以考虑，它们全都可以化成同一的东西。

叙述这一标准的最基本的方式是以剩余川流的资本化价值的

① 特定的进货和出产在这里也必须是相一致的。否则零星出产将不会是正数，或者甚至等于0，而零星进货必定是无穷大。这一点已在以前讨论过，见本书第94页注①。

用语来叙述——我们可称之为生产计划的资本化价值。如果我们假定企业家能以特定的市场利率自由地借或贷，而他之从事经营仅为从其中获取收入，那么可采取的生产计划必定是现在的资本化价值最大的生产计划。

我们对任何一星期的剩余所下的定义为：这星期中出产价值超过这一星期进货价值的数量。[①] 因此，如果价格和价格预期是已定的，则生产计划一经决定，剩余也就决定了。如果利率和利率预期是已定的，则它的现在价值也被决定了。

企业家在未来任何星期中的预期净进款可以下定义为：他的预期的剩余减掉由于过去参与的合约必须交付的费用（例如债务的利息）。因为这些费用和现在的决定无关，它们不能因计划的任何变更而修改。一旦利息是既定的，这些费用的资本价值的量就是已定的；因此他的预期净进款的资本价值与他的预期剩余的资本价值仅相差一个常数，当后者扩大至最大限度时，它也会扩大到最大限度。

现在就很容易表明，企业家的预期净进款的资本价值的任何增加都会使他进入于一个更好的位置。如果他是一个私有商业的主人，商业上的进款直接进入他的私人口袋，那么以上一点就非常明显；那一资本价值的任何增加使他能像以前一样计划开支（在他的私人账户上）而仍能有所积余。如果他是一个公司的管理人，事情或许不是那么明显；但以下一点仍然不错，即公司预期净进款的

① 在任何特定的星期中，进货的价值会超过出产的价值，以致剩余变成亏空，当然也是完全可能的。这不一定就意指破产；它仅指投资正在进行，亏空可被以后的剩余补偿。

现在价值的任何增加都使他能像以前一样计划股息川流而仍能有些东西留下——使他能在将来任何方便的日期里，付出较高的股息。

同一件事情还可以利用收入的观念通过另一方式来看——或许是显然更为现实的方式。我们已经看到，①一个人的收入可以看作为一种标准川流的水平，这种标准川流的现在价值和他的预期进款的现在价值是一样的。同一原则可以应用于企业。它的收入（或利润）是一种标准川流的水平，这种标准川流的现在价值和它的预期净进款的现在价值是一样的。因此我们得到这样的关系：

净进款＝剩余－过去合约上发生的费用

利润（或收入）＝净进款－折旧（或＋估价抬高）

一旦价格和利息预期是既定的，要使用的标准川流型态（即收入的定义）亦已决定，则所有这些事情都完全是确定的。现在我们知道，如这些事情是既定的，一种川流的现在价值的任何增加都会提高和它相应的标准川流的水平。② 因此预期净进款川流的现在价值的任何增加必定会提高利润。我们既可以说企业家最大限度地扩大他的利润，也可以说他最大限度地扩大他的预期净进款的现在价值，也可以说他最大限度地扩大他的预期剩余的现在价值。所有这些试验都是同一回事；但其中最后一个（我们称之为计划的现在价值的东西）在分析上是最方便的。

① 见前第 14 章附注 B，《利息与收入的计算》，第 1 节。

② 同上。

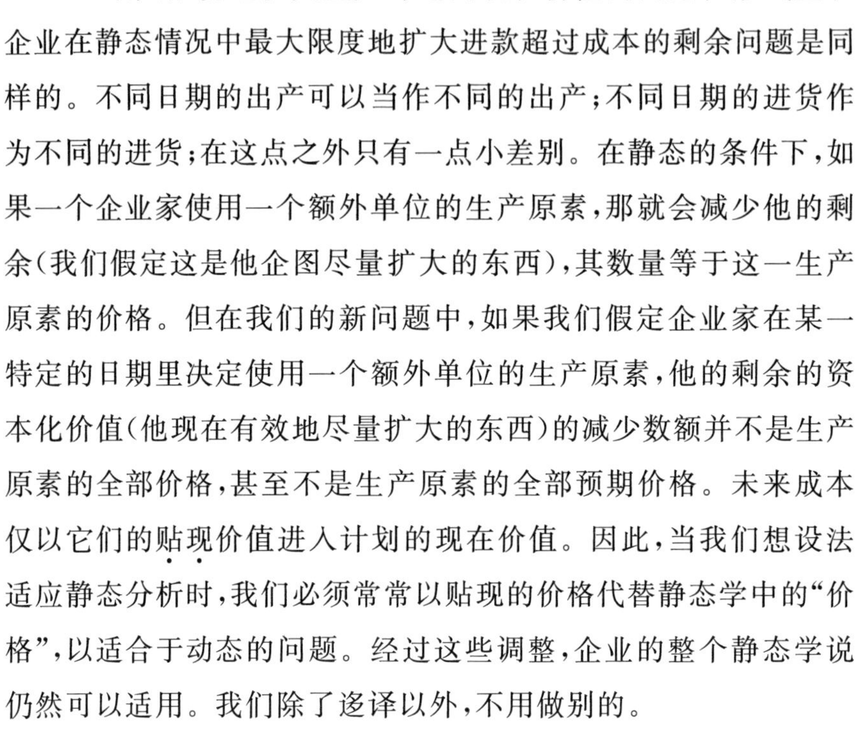

5. 最大限度地扩大生产计划的现在价值的问题在形式上和企业在静态情况中最大限度地扩大进款超过成本的剩余问题是同样的。不同日期的出产可以当作不同的出产；不同日期的进货作为不同的进货；在这点之外只有一点小差别。在静态的条件下，如果一个企业家使用一个额外单位的生产原素，那就会减少他的剩余（我们假定这是他企图尽量扩大的东西），其数量等于这一生产原素的价格。但在我们的新问题中，如果我们假定企业家在某一特定的日期里决定使用一个额外单位的生产原素，他的剩余的资本化价值（他现在有效地尽量扩大的东西）的减少数额并不是生产原素的全部价格，甚至不是生产原素的全部预期价格。未来成本仅以它们的贴现价值进入计划的现在价值。因此，当我们想设法适应静态分析时，我们必须常常以贴现的价格代替静态学中的“价格”，以适合于动态的问题。经过这些调整，企业的整个静态学说仍然可以适用。我们除了迻译以外，不用做别的。

和静态情况中同样的均衡条件仍然适用。相当于三个“基本的”变化形式，计有三种条件。(1)任何两个日期的出产之间的边际替代率必须等于它们贴现价格的比例。(2)任何两个日期进货之间的边际替代率必须等于它们贴现价格的比例。(3)进货对出产的边际变换率等于它们贴现价格的比例。

以前的作者所叙述的各种均衡条件都是这些一般条件的特殊情况。例如，(1)当前的工资率等于当前劳动的边际产品的贴现价值，这一时常谈到的法则就是我们第三个条件的特殊情况。凡当此处所谈的劳动从事于一种生产过程，这种过程需要一定（技术既定）的时间以获得结果，这一条件本身就足以决定劳动的需求价格。但是应当注意并不是普遍地真实的。

(2) 利率等于等待的相对边际生产力，这条威克塞尔的法则①是我们第一个条件的一种特殊情况。从第一个条件可以得出这样的推论：如果一项产品的价格预期在两个相继的星期中不会变更，这时期的出产之间的边际替代率必定等于这段期间货币贴现的比率。因而，预期的利率必定等于一个边际单位的产品从这些星期中的一个推延到次一个星期时预期会增加的比例。

(3) 凯恩斯先生的法则谓："短期供给价格为边际生产原素成本及边际使用者成本之和。"②这是我们第一和第三个条件的联合物。凯恩斯先生假定，只有通过增加当前的进货（生产原素成本）以及在某种固定的比例上以当前的出产替代未来的出产（使用者成本），才有可能增加当前的出产。

(4) 还有，当凯恩斯先生谈及他所谓"资本的边际效率"时③，他假定因进货的某种增加可能使产量有所增加，这种产量的增加应以某种特定的方法平分于未来的时期之间。因此，增加一个单位进货的成本必须等于因进货增加而产生之产量增加川流的现在价值。他所说的利率等于边际资本效率，意思就是这样。

像凯恩斯先生所指的这些固定的比例的情况无疑是极其普通的。时常有这样的出产群和进货群，在它们之间完全没有替代；还有些成对的进货与出产，它们完全没有关联，在日期 t_1 进货的少量增加并不会促使出产在日期 t_2 有所增加，而在日期 t_1 的进货设

① 《讲义》，第 i 篇，第 172—84 页。

② 《通论》，第 67 页。

③ 《通论》，第 135 页。

有少量减少，则即使完全放弃 t_2 的出产，也无法使其他出产不发生变化。由于这些成对之间没有边际替代或变换率，除了组合在一起以外，它们本身并不能引起均衡情况。

不过，有如我们在讨论静态学时所发现的，在我们研究的这一阶段过于注意这种固定比例的情况，并不会有多少好处。在较后的阶段，它们仅仅作为补充性的情况出现，就很容易适应我们的讨论。

6. 三种均衡条件都必须予以满足，因为如果选择的生产计划是最有利的一种计划，则所有边际替代和变换在技术上都是可能的。那就是说，它们是必须的条件；为使计划的现在价值成为一个真正的最大数量，稳定条件也必须予以满足。

在形式上，这种稳定条件和我们在企业的静态均衡中所发现的稳定条件是相同的。必须有(1)在各种出产之间的渐增边际替代率；(2)在各种进货之间的渐减边际替代率；(3)进货转变为出产的渐减边际变换率。此外，相当于剩余必须是正数这一静态条件，在动态条件中剩余川流的现在价值必须是正数的。

这些稳定条件是静态条件的一种扩充，它们必然会引起和静态条件相同的困难。我想它们并不会引起更多的困难；但当我们把生产计划在时间上铺开时，旧的困难并没有去掉。关于企业的大小问题还是存在。

我们还记得，在静态分析中，只有在完全竞争的情况下，才能得到为稳定均衡所必须的那种报酬渐减。在这种情况下，我们得假定存在有某种固定的资源，当可变的生产原素增加时，它们并不能随之增加，它的容受力的限度应当足以引起其他生产原素的报酬渐减。这一点显然不是很有说服力，在动态的条件上，情况是怎样的呢？

首先必须区分以下两种情况：第(1)种情况在所谈到的日期中，企业家已经有确立的企业，第(2)种情况他还是一个潜在的企业家，尚在考虑是否建立企业，如果建立，建立哪种企业。在第一种情况里，必须的固定资源似乎就在我们手边。企业家已经控制了货物的复合体——企业的设备。设备包括土地、建筑物、机器、工具、原料、在制造中的货物、技术上已完成但尚未出售的货物。现在似乎有理由假定这些设备会获得某种有机的统一，它们并不能一经通知就立即照样复制。它是企业从过去承受的遗产，这样，它在有关的意义上来说，似乎构成了一种"固定资源"。我们最好不要把它算在已列入生产计划内的进货之中，最好把各种可选择的生产计划看作可选择的(净)出产川流，这些出产川流可以从最初的设备中获得。这样，把最初的设备固定起来，就会出现报酬渐减的现象，它即使不会限制企业最后的规模，最少会限制它发展的速率。不论如何，这对于我们当前的目的已经很足够了。

这一切都无问题；但关于新企业的情况又怎样？它不能从过去接受遗产以抑制扩张；有没有任何事情(指除不完全竞争和市场的限制以外的因素)使人不致在无限大的规模上来计划一个新企业呢？常识回答我们必定有某种东西；即使在接近于完全竞争型态的工业中，我们也并不认为新企业能立即从巨大的规模开始，不如说事情正相反。必然仍会出现某种障碍，甚至是一些只有在新企业的场合中才会呈现的障碍。

这些障碍之一当然是我们在讨论静态问题时所提到过的——

当企业日益扩大时，管理及控制上逐渐增加的困难。在一个新企业中，万事都须从头开始，缺乏成规可循，这种困难特大。为什么企业总是从小规模开始，从这里可以得到一些解释。

另一个普遍会遇到但特别出现在新企业中的困难是风险的因素。当企业的计划规模扩大时，可能的损失决然会变大；人们通常会愈来愈不愿去冒这样的损失。我们曾经表明，①这种逐渐增加的风险因素或许会表现为预期价格的变动，这种变动对企业家不利（因他的实际借款利率也许在事实上会转变到于他不利）；很明显的，它完全能够使扩充陷于停止。

因之，整个地说，在动态情况中我们用了完全竞争的假定，我们的懊悔比之在研究静态学时为小。限制企业规模的因素在实际上大部分是动态因素；因此在静态理论中对这个问题感到非常麻烦是不足为奇的。②

7. 生产计划的另一特点——它或者应当算在稳定条件内——可以在结论中谈一谈。不仅计划的现在价值必须是正数的，而且在企业家计划的期间内，他必须预期他的计划的余数在所有未来的日期里都有正数的资本化价值。很明显的，在它的资本化价值变成负数的时候，他就不值得再继续进行该项计划，同时，可以假定他能预见到这点。

这一条件的重要性在较后的阶段就会完全表现出来。如果我

---

① 见前第 9 章，第 6 节。

② 这里不想进一步探讨由于不完全竞争引起的对生产的限制以及由于风险对生产的限制这二者之间的关系问题；但我认为关于这个题目有几件很重要的事情可说。（见卡耳多：《市场的不完全及超额的容受力》，《经济学杂志》，1935 年。）

们写出一个辅助的价值川流，它等于从计划日期起第一、第二、第三……星期终了时生产计划的预期资本化价值，然后再计算这一辅助川流的现在价值，这一川流的现在价值和计划本身的现在价值之间的比率就是我们曾称之为剩余川流的平均时期的东西①。因此刚才谈到的特点就意指剩余川流的平均时期必须是正数。当我们讨论到利息的变更对生产计划的影响时，平均时期的重要意义就会显现出来。

① 见前第 14 章附注 B，第 2 节。

第十六章　价格和生产计划

1. 我们在前一章中论述的均衡条件和稳定条件负有和静态理论中相似的条件所负的同样的任务。我们已经发现，当价格、价格预期、利息和利息预期都是既定的时候，对所采用的生产计划，决定它的性质的是哪些原则；次一步要做的是利用这些原则来表明当这些刺激物发生变化的时候，生产计划会有什么不同，应当着重说明，我们将要考虑的一些变化仍然纯粹是假想的变化；我们仍然以我们“第一个星期一”为讨论根据；我们正研究一个企业的实际生产计划（包括它的实际的当前行为作为计划的一部分）和刺激物不同时所采用的计划之间的差异。

生产计划的动态问题仅仅是相应的静态问题的迻译，关于这点，我们已经说过不少；这种完全的类似可以免去我们的麻烦，不必又从头去讨论技术的替代和技术的补充的纯形式的性能。我们可以把这些形式上的性能视为当然，只须研究它们在动态条件下是怎样一种情况。即使如此，还有许多事情要讨论；特别是由于引入了利息问题，带来了一种新的和困难的复杂性；所以我想我们还是谨慎地前进较好。这一章中我将专门讨论价格的改变和价格预期的改变对生产计划引起的后果；利息改变的后果将留待次一章讨论。

2. 为了把企业的静态理论转变为生产计划的动态理论，我们发现只须作两点修正。首先要把在不同的日期出售（或获得）的出产和进货当作不同的产品或生产原素来处理；其次实际价格不仅要被预期价格（当必要时）而且要被预期价格的贴现价值所代替。

不过，只要我们忽略利率改变的问题，这第二次修正不至过于麻烦我们。如果把利率作为既定，预期价格的任何改变都会引起它的贴现价值的同比例的改变。它们二者常常会一起变动；所以在目前对于整个贴现问题我们都可以不考虑。

先假定一种产品的价格稍许上升，然后观察它对企业的一般政策会产生什么后果。通过这种方法可以方便地解说标准命题（它给静态情况下的企业行为下定义）。如果我们假定某种特定产品在某一特定的未来日期预期价格会稍许上升，（例如从现在算起七个星期以后的一个星期中商品 X 的预期价格，）这些标准命题就可以直接迻译到动态条件上来。我们可以把这看作是产品 X_t 价格的上升。应用我们的静态法则，我们知道，首先，X_t 的计划产量必定会提高。或者通过增加进货，或者通过减少其他生产，或者两者兼而有之，才可能达到这点。进货也许是当前的，也许仅是一种计划；减少的出产可能属于同一种，但日期不同（$X_{t'}$），或者在物质上属于不同的一种（Y_t 或 $Y_{t'}$）。此外，常常可能有某种出产与 X_t 是相补充的，它们会随着后者而扩充；也可能（虽然可能性较小）有某种进货，对 X_t 是回归的，以致它们会减缩。

一切都很好；然而，当一种特定的商品在一个特定的未来日期的预期价格有所变动时，会发生些什么，这一问题不是我们很想研究的问题。确实也会发生一些情况，以上的分析能够丝毫无爽地

适应；例如在宣布加冕典礼这类的场合下，我们会看到这种分析在一个很大的规模上起作用；但这完全不是典型的情况。我们宁可在其他方面来使用我们的理论。

在静态学中，我们分析过价格变更的后果，这种价格变更是指实际价格，实际市场价格的变更；在这里我们也宁愿能够研究实际价格变更的后果，而不仅仅是研究预期变更的后果。现在有一种市场价格的变动，可以直接应用标准命题来对它进行研究；当前的出产是一个特定日期的特定出产，因之当前出产价格变更的后果可以用同样的法则研究出来。但是应当注意，在其他条件相同的情况下，我们能以这种方式研究出来的变更是当前价格的变更；根据上文，这就意味着它是一种带有既定价格预期的变更。绝不能让当前价格的变更波及价格预期，甚至不应波及关于同一价格在将来是什么的预期。那就是说，这种变更必须当作纯粹暂时的变更来对待。

因之，如果我们坚持直接迻译主要的静态法则，则除了考虑市场价格的暂时变更以外，不应考虑任何其他种类的市场价格的变更。对于当前环境对人们预期所产生的后果，我们不能作任何考虑。然而，如果要使我们的理论能获致有用的结果，我们必须考虑到这种后果。

3. 价格预期易受到的影响似乎可能分成三种。一种是完全非经济的：天气，政治新闻，人们的健康状况，他们的“心理”。另一种是经济的，但仍然不是与实际价格运动密切相关连；它在一个极端包括市场迷信，另一极端则包括对未来供需运动有关系的新闻（例如，收成报告）。第三种则包括价格的实际经验，过去的经验及现在的经验；关于最后一点我们可以说得最多。

为了我们研究的目的，从头两种影响中任一种所产生的价格预期的变更都必须作为独立的变更看待。当前的经济环境或许会循此途径在神秘而间接的方式下起反应；但是我们不能希望对此可作进一步的探讨。我们绝不应忘记，价格预期极易受到独立的原因的影响；否则我们就毋庸多说。

关于实际价格对价格预期的影响，还能够作进一步的分析；但即使在此处我们也不能提出任何简单的法则，即使独立的变化不予考虑，还有两件事需要考虑：目前价格的影响和过去价格的影响。它们的反应方式都不相同，哪一种影响较强，关系很大。

由于过去的价格已成过去，就当前的环境而言，它们仅是资料；如果它们的影响完全占优势，则价格预期也可以作为资料处理。这是我们开始考虑的情况；当前价格的变更没有波及价格预期，它被看作完全是暂时的。但是一旦过去价格不再占完全优势，我们必须考虑到当前的价格对预期有某种影响。即使如此，那种影响也许会有不同程度的强度，并在各种不同的方式上发生反应。

关于这种事情的一般经济分析，似乎不可能前进一步；这里我们所能做的就是将一些可能的情况列成一表。一张表如果是有系统的会更有用处；因此让我们介绍一种关于我们所研究的反应的衡量方法。如果我们忽略以下这种可能性，即 X 当前价格的变更也许会在不同程度上影响在不同的未来日期的 X 的预期价格，同时如果我们也忽略以下这种可能性，即它也许会影响其他商品或生产原素的预期未来价格（这两者都是很重大的省略），那么我们就可以根据预期的弹性来将情况分类。我把一个特定的人对商品

X 价格预期的弹性下定义为：X 的预期未来价格按比例的上升与它当前价格按比例上升之间的比率。因之如果预期是完全无弹性的（弹性为零），这就是既定预期的情况，这种情况我们曾经考虑过。如果预期的弹性是一，当前价格的变更会在相同的方向以同一的比例变更预期的价格；如果以前预期价格在旧的水平上是不变的，现在预期它们在新的水平上也是不变的；而且预期价格的变更是永久的。这两种情况显然是最主要的情况。但是能辨别清楚以下这些情况还是有用的，即预期的弹性小于一和大于零的中间情况，和弹性大于一与负数弹性的两种极端情况。如果当前价格的变更使人感到他们能够认识一种趋向，因而想根据经验推论，这种预期的弹性就会大于一；如果他们作相反的猜想，把变更解释为波动的极限，那么，它就会是一个负数。

虽然我们最好把这些可能性都记在心里，但是我们显然不可能（也不必要）每一遇到动态问题都去考虑这些可能性。能用以表述每一个情况的原则不久就会变得很明显。然而，第二种主要情况（预期的弹性等于一的情况）非常重要，在遇到有关联的时候，我们就应当阐明这种情况。现在让我们就有关就近的问题来开始阐明这种情况。

4. 如果企业家对商品 X 预期的弹性为一（价格的变更作为是永久的），X 的当前价格的上升会以同样的比例提高 X 的所有预期价格。我们在静态学中曾发现当一群商品的价格全以同样的比例变更时，可以把这一群商品当作单一商品对待，所有经济行为的法则都可以应用于它，就好像它是单一的商品一样。这里也是如此。如果预期的弹性是一，当前在市场上所开的 X 的价格的上

升必定会提高 X 的整个计划产量；没有机会在时间方面进行替代；所以，从一个观点来说，时间要素可以忽略。生产计划的运行规律恰好和一个企业在静态条件下的行为规律相似；X 的产量必定有增加，这或由这种或那种的在此时或彼时的增加，或由替代其他产品（物质意义上的其他产品，而非同一物质产品在不同时间的出产）所引起。①

从整个 X 的计划产量来看，它必定会增加；但当然没有理由说这种增加会均匀地分布在整个时期内。的确有特殊的理由从反面来假定。在目前的一星期所能生产的，或在最近的将来几星期所能计划的追加的产量，通常是很小的。企业家在计划日期所拥有的最初的设备一般包含现在和最近将来所能生产的，近乎完成形式的产品的绝大部分；因为对这些近乎完成的货物，只能保持一有限的数量，这种产量对价格的任何变更的反应，伸缩性必然是很小的。但是，对较远的将来的产量而言，其扩充并不会受到这种限制；或者可以说，对将来的产量，这种限制会愈来愈弱。

当然，和这相关的只有马歇尔的“短”期和“长”期的学说。我们试进一步加以探讨，也许是一件有兴趣的事。

5. 马歇尔的标准情况可以以下面的图解表示。沿水平轴衡量将来的时间，沿垂直轴衡量价格，首先假定价格的情况使企业家计划一个稳定的出产川流 AA'。如果他的产品的价格上升，而且可以认为是永久的上升，那么他就会（看来如此）计划一个出产川

① 对于认为某些实际问题可以充分地用静态方法论述的意见，这一命题当然是一个主要的辩护理由。这些问题的确切的范围在我们讨论下去时就会变得很明白。

流如 BB，在设备根据新情况调整时，BB 会上升，但最后或许会固定在一个新的“均衡位置”上。

为了看看产量的增加在时间上的分配是否一种必要的分配，让我们考虑一下价格的“永久”的上升的后果是怎样产生的。单一的预期弹性意味着商品的当前价格和所有它的预期的未来价格都以同一的比例上升；所以价格上升的总的后果是由当前价格上升（预期价格不变）的后果和每一个特定的预期价格的上升（当前价格和其他预期价格不变）的后果混合构成。让我们在同一个图上考虑一下每一个这些局部的变动中对生产计划会产生什么后果。

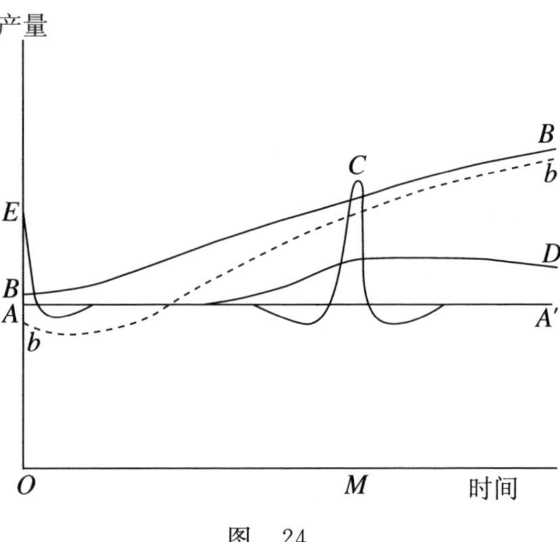

图　24

首先假定 M 日的商品价格会上升（其他价格不变）。这事的结果也许会以以下两种形式之一出现：

（1）可能依借时间方面的替代——最少部分地——来适应这种环境。这种替代也许发生在较价格转变日期为早的产量上（从现在起减少产量，以积累存货，在价格转变日期出售），或者牺牲较迟的产量（加速生产，用完在制品的库存，以便在转变日期有尽可能多的可利用的产品），或者以上两种情况都有。这些方法能利用到什么程度要看产品的技术性质和最初的设备的技术性质而定：

产品的耐久性，制作该种产品的未完成货物的耐久性，在最初的设备中这些未完成货物的可利用的数量，等等。不管怎样，如果用了这些方法，由于这一类的预期的上升而计划的出产川流，其形状乃如图中的 ACA'。

(2) 在另一方面，当这种在时间方面的直接替代的机会很小时，替代的趋势也许会被一种相反的趋势所压倒。如果产品是不耐久的，制成它的原料也是不耐久的，那么在时间方面的替代就不会多。然而在生产这种产品时，仍可能需用某些耐久的设备作为工具；在任何特定日期的生产会受到当时所存在的耐久设备数量的限制。如果价格的预期上升够大，添设较多的这种耐久设备也许值得，以便在价格转变日期增加产量；但设备的存在也便于在其他日期增加产量。这是在时间方面的补充性的情况。如果在不同日期的出产是互相补充的，计划出产川流（由于预期在 M 日有较高的价格所引起）的形状将为 AD。

同一的特点能适用于 M 日价格的上升所产生的后果，也能适用于（其他条件相等）当前价格上升（预料不会持久）所产生的后果。这种上升的后果往往很小，当我们进一步研究时，这一点就很明显。在补充性的情况下，这种后果差不多必然是零。在价格回复到正常以前，没有时间添设设备，因此就没有导致装置这种设备的原因。在替代的情况下，后果并不是这样微不足道的；然而，应当注意现在替代只能在一种方式下发生。从这种情况的性质来看，偏重当前出产而以较早日期的出产为代价的替代是不可能有的；那就是说，如果事先对于需求并未获得通知，则预为需求作好准备而积储库存是不可能的。留下来的一个可能性就是加速生产，以现在的出产代替将来的出产（当然，为使生产能够加速进行，添增一些进货也许是需要的）；结果，或者对出产川流的后果是零，或者新的川流的形状为 EA'。

6. 当价格的上升预料为永久性时，对于计划出产川流的总后果，可以将这些部分的后果加起来计算。在补充性的情况中，如当前价格的上升的后果（其他条件不变）实际上是零，而预期未来价格的上升导致一组出产川流增加，如 AD，则很容易看到总的后果的形状必定是 BB——我们为马歇尔的例子所画的曲线。每一个组成部分都带有这种形状；因此，合成物也必定是这种形状。在这一情况下，不会发生例外。[①]

另一方面，在替代的情况下，组成的后果在性质上远较简单；把它们加起来所得的结果远不是这么肯定。对任何既定日期的产量的总后果是由一些使致该产量增加的东西和一些使致产量减少的东西合成的。没有理由说，所得的结果一定会依照任何简单的形式出现，甚至没有理由说使得产量增加的影响会在任何日期都占优势。总的来说，产量的主要增加仍可能在较远的将来实现；因之，如同 BB 这种合成物仍然是最可能的。但是，不同于标准形式的变化更可能发生；因之，采用如同 bb 这样的生产计划（其中某些产量实际低于原来川流的相应产量）仍有可能。

① 的确，预期会在某一未来特定的“星期”发生的价格的上升（而且除此以外并无其他）尚不足以导致装设必须的设备；而一种预料会经历相当时间的上升也许足以导致装置设备。如果发生这种事情（无疑往往会发生），总后果也许会大于组成的后果之和。但它虽然较大，仍然属于同一种类——我们如记住我们的“星期”的长度是任意规定的，就能立即看出这点；通过增加它的长度，就可以减少这种差别的重要性，而不至损及我们的论点的精神。

然而，还有另一种我们在生产的静态理论中发现的特性，在此处也有关联。如果企业的固定资源不很重要，它所生产的产品和它所使用的生产原素有分成两个各别的类群的趋向，在每一类群之中补充性是主要的关系，虽然它被一种高度的彼此之间的可变换性（transformability，可以算为替代的一种）所平衡。[①] 像其他的静态命题一样，这一特性的重要意义超过了静态的假定。如果企业的“最初设备”在限制它的可能的生产计划方面并不起很大的作用，出产之间的补充性（甚至在时间上的补充性）较之高度的替代性是一种更为可能的关系。

所以如曲线 *bb* 所代表的那种不正常的后果只有在最初设备支配整个环境的情况中才会发生。

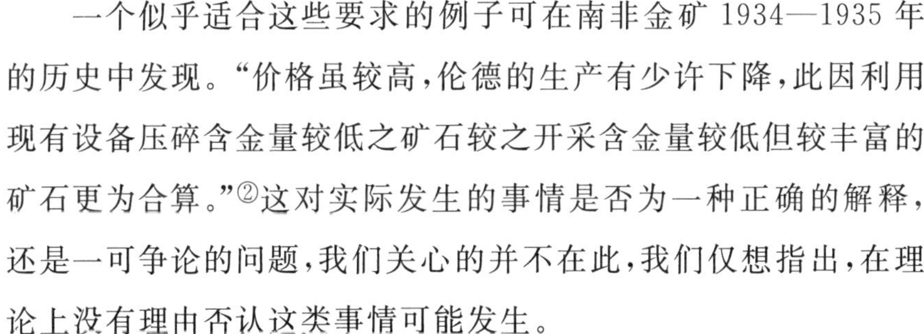

一个似乎适合这些要求的例子可在南非金矿 1934—1935 年的历史中发现。“价格虽较高，伦德的生产有少许下降，此因利用现有设备压碎含金量较低之矿石较之开采含金量较低但较丰富的矿石更为合算。”[②]这对实际发生的事情是否为一种正确的解释，还是一可争论的问题，我们关心的并不在此，我们仅想指出，在理论上没有理由否认这类事情可能发生。

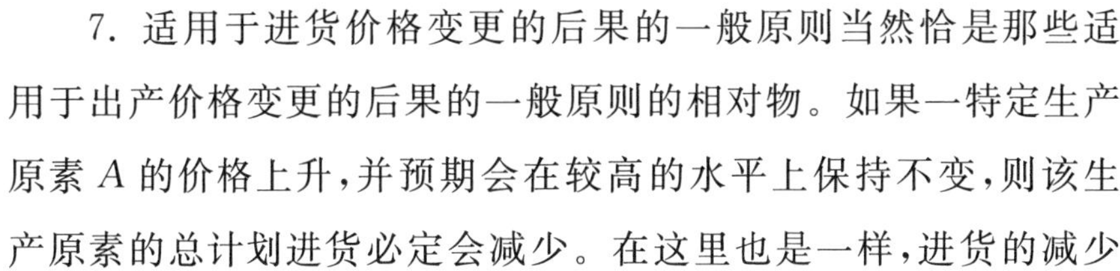

7. 适用于进货价格变更的后果的一般原则当然恰是那些适用于出产价格变更的后果的一般原则的相对物。如果一特定生产原素 *A* 的价格上升，并预期会在较高的水平上保持不变，则该生产原素的总计划进货必定会减少。在这里也是一样，进货的减少

---

① 见前第 7 章，第 6 节。

② 《世界经济概览》，1935—1936 年，第 246 页。

完全无须均匀地分配在不同的未来时期；同时再一次有理由（比起出产方面，理由不是那么强有力，但仍值得注意）假定对较远的将来的计划进货的后果大于对当前进货和较近的将来的进货的后果。

和以前一样，产生这一情况的主要理由仍然是最初设备的特殊性质。最初设备在很大程度上将包括在生产中途的货物；对于它们已经进行加工，目的在于最终把它们转变为某种产品；如果这一过程已经进行得较远，则改变最终目的的程度将受到限制。我们已经看到，这一特性对可从既定设备中获得的较近部分的出产川流的性质，以及它的时间安排，如何加上了一种限制；由于为完成这些特定的出产，一般还需要进一步的进货，它对较近部分的进货川流也加上了一种限制。即使进货价格意外上升，只要上升不多，继续完成已开始但尚未完工的加工仍属合算；即使在完全继续以前的计划和完全停止加工之间，有时可能发现某种中间情况，但在企业家能够确实无阻碍地应付这种新环境之前，需要一些时间。

如果现在所考虑的变更是一种生产原素价格的下降时，一般来说，同样的道理也适用；但是现在有一种新的可能性。也许会开始一个完全新的生产过程（或者建立新企业，或者由老厂开始新的生产过程——如果它和以前的生产没有密切的关联，我们可以把它算作新的过程）。但即使是这种完全新的过程，也易于受到技术上缺乏伸缩的影响——这种技术上缺乏伸缩不外是一种在时间上的补充性的表现，这种趋势我们以前已经注意过。新的进货川流的时间形状（time-shape）并不是一种纯技术的资料；但在它的组成方面的技术因素可能非常重要。当然，技术因素很可能导致任何可想象的形状的进货川流；最初所需的进货数量也许很大，随后再向下降落；或者在最初很小，随后再增加。但是，从一般经验来看，在某一阶段通常会有一个高峰的进货率，而这种高峰比率通常在过程一开始之后出现。（用普通的语言来说，就是大多数生产过程在能够进行之前需要有一个“准备”阶段。）这一点在性质上实在是属于工艺学的，而不是经济学的；但是它的经济后果非常重要；一种好的经济理论必须考虑到它。

马歇尔的短期和长期学说已使我们熟悉在出产方面落后的观念；可憾的是在进货方面的相应的落后未曾受到更多的注意。它们与某些和经济学家相关的主要社会问题密切地联系着——如失业问题，失业的难以控制问题；从这一角度来看，一个遗漏了进货落后的或然性的理论可能会严重地引人入于歧途。

第十七章　利息与生产计划

1. 我们现在接近了真正争论纷纭的问题。就价格变更对生产计划的影响而论，我们没有新的主要的原则可以陈述；最少从马歇尔时代以来，这一方面的重要问题大家都已熟悉。另一方面，在利息变更的理论上，却还没有一个像这样确定的和易于接受的学说；虽然有一个“古典的”理论（庞巴维克的理论），但它的有效性大受怀疑；还有一种相反的理论的轮廓（由奈特教授和他的信奉者提出来的），但这种相反的理论大部分尚未解决；因此，这一领域是敞开的，我们可以想法找出一种新的理论，使这些争论不休的问题各得其所。

我相信我已发现了这样一种理论，想在本章谈谈。这一理论的某些暗示也许已经呈现于读者心中，因为我们最近从事的研究，必然会引导到这样一个顶点。例如，关于价格变更对计划的后果已经详尽陈述，这不是为了它们本身的缘故（在这方面的真正重要结果已为人熟知），而是为了可以引向关于利息变更的分析。我们只要把同一方法应用于利息变更，即可得到解答。

为何利息变更的理论较之价格变更的理论更为困难，其理由在此。当我们谈及价格时，可能直接进入最有兴趣的情况——价格变更预期为永久性的一种情况。（我们已看到以下这点：价格永久的变更等于当前价格及价格预期的比例变更，所以我们可以采取静态的习惯，把在不同日期购进或出售的商品作为同一商品处理。）然而，在我们讨论利率时，我们不能使用这种方便的简化方法。预料为永久性的利率的变更意味着各种不同期限贷款每星期贴现比率的比例变更；而这并不会导致贴现价格的比例变更——这种贴现价格是和计划的决定有关联的。贴现价格确会发生有系统的变更，但不是一种按比例的变更。较远的出产与进货的贴现价格经常比之较近的出产与进货的贴现价格更受影响。由于有这样的特性，我们不能通过应用我们已知的任何静态原则直接开始讨论利息理论中的重要命题。唯一可能的研究方法是将利率的一般变更分裂为许多特殊比率的特殊变更（正如我们把价格及价格预期的一般变更分裂为许多预期的特殊变更一样）。在我们谈论价格时，我们从这一分裂当中得到某些启发，即使它并非完全必要；此处它是我们所开拓的唯一的研究途径。

2. 假定在市场上对每一个有关连的期限的贷款都固定了不同的利率；首先，让我们问当这些利率之一有变动时会发生什么结果。假定所有其他利率不变，所有价格和价格预期（当然）不变。

如果为期 t 星期的贷款利率发生变化，这就会影响将在自计划日期起第 $(t+1)$ 个星期出售的所有出产的贴现价格以及在同一星期获得的进货的贴现价格。所有其他贴现价格将不受影响。

因此为期 t 星期的贷款的利率的下降会提高 $X_t, Y_t, \cdots, A_t, B_t, \cdots$（为 t 星期以后开始的一星期所计划的出产与进货）的贴现价格。这一点最自然的后果便是增加计划出产 $X_t, Y_t, \cdots$ 而减少计划进货 $A_t, B_t, \cdots$ 作为一个相对部分，这就会引起为其他星期计划的进货的增加，或者出产的减少，或者兼有二者。

然而，因为 X_t 的出产的增加（由于它的贴现价格的上升）也许会以 Y_t 为代价，或者会刺激对同时期的进货 A_t，B_t，…的需求的增加（同样，对其他出产和进货的需求也增加），有利于某一特定的出产（或不利于某一特定的进货）的直接影响也许不会被相反方向的间接影响所抵消，这一点不能绝对肯定。因而，所述日期的任何特定的出产是否会增加以及任何特定的进货是否会减少，都不是绝对肯定的。对一种特定出产或特定进货的反应也许方向正相反，这些情况是可以想象的。但由于我们所考虑的这一群的所有出产与进货都是同时期的，利率的变更会以同样的比例变更它们的贴现价格；而对价格以同一比例变更的商品可作为单一商品看待的法则在这里也适用。当我们想把一组进货和出产总加在一起以便把它们作为单一商品对待时，我们必须记住进货和出产有某种不同的标志（应用于进货的法则是应用于出产的法则的反面），这一点对于照样应用把它们作为单一商品的法则，并无妨碍；不过这一规则仅应用于出产价值与进货价值的差额上。关于为期 t 星期的贷款的利率下降所产生的后果，有一绝对肯定的没有例外的法则：为第（$t+1$）个星期计划的剩余必定会增加。

这一原则普遍适用，它提供我们一种方便的简易方式，对于我们进一步的研究有用处。只要价格预期是既定的，利率的任何变更会以同一的比例改变同时期的出产与进货的贴现价格。因此，在关于利息变更的整个讨论中，只要我们愿意，我们可以把同时期的出产和进货总加在一起。我们可以把生产计划问题加以简化，把它仅看作是从一组可能的剩余川流中选择一个最有利的川流的问题；技术条件已经提供了可能的川流的名单，并可以通过既定价格和既定价格预期的假定把它们改为用价值计算。然后利息变更的后果可以看作是存在于各个剩余之间的替代之中，利用这一点来简捷地表明出产与进货之间的替代与变换，而剩余就是从这里面建立起来的。这样 t 星期的贴现比率（为将货币贴现 t 星期必须将货币减少的比例）必须看作是在第 $(t+1)$ 个星期所发生的剩余的“价格”。如果这一贴现比率上升，可以当作相应的剩余的“价格”上升来对待。因此我们可以用以下的说法来概括我们所讨论的那一情况，即为第 $(t+1)$ 个星期所计划的剩余必定会上升；而这只有在替代其他剩余的情况下才会发生（一种剩余的扩大只有在其他剩余减少的情况下才有可能）；[①]虽然有少数的其他剩余也可能和第 $(t+1)$ 个剩余是相补充的，在这种情况下，它们也会随着扩大。

3. 如果对利息的特殊变更的后果的理论用这种方式表述，那么就很容易把它一般化，以解释利率的一般变更的后果。如果各种期限贷款的每星期利率下降，则所有相应的将来剩余的贴现比率（即“价格”）就会提高；而这本身又会导致一种以将来的剩余替代当前的剩余的直接趋向；在一个数列当中每一个“价格”比之任何较早的“价格”受到更大的影响，比之较迟的“价格”受到较小的影响。每种剩余都受到双重牵引力；它本身“价格”的上升引起偏向于它的替代，其他“价格”的上升通常引起不利于它的替代。不过，它在一个数列的位置愈在后面，则使之扩大的牵引力就愈强，

① 亏空的扩大可以看作剩余的减少。

使之减少的牵引力就愈弱。因之在时间上最远的剩余，扩充最大，而时间最近的剩余，则减少最多。对于剩余川流所产生的整个后果可以表明如下：它是一个倾斜形状，一端低落，另一端提高；它似乎在中间的某点上旋转。

由于剩余可以通过相应的出产的扩大或相应的进货的减缩而得到扩张，这种倾斜对于构成计划的出产和进货川流所产生的后果有如下述：出产川流会向上向右方倾斜，如下：

$$\underset{\downarrow}{X_0}, X_1, X_2, X_3, \cdots, \overset{\uparrow}{X_n}$$

(恰如剩余川流本身的倾斜情况一样)但是进货川流则向相反的方向倾斜：

$$\overset{\uparrow}{A_0}, A_1, A_2, A_3, \cdots, \underset{\downarrow}{A_n}.$$

剩余倾斜如何分配于出产川流与进货川流之间视技术条件为转移。

我们现在当会记得，我们以前在出产川流中曾经遇到过这种倾斜现象。当某一特定出产的价格上升而这种上升预期属于永久性时，其后果也是使得出产川流向上倾斜(与图24相比较)。但那种倾斜的原因与此大不相同。一种预期属于永久性的出产价格的上升，其本身会给予各个时期的出产以同等的刺激；不过对于刺激的反应，较远的将来可能大于较近的将来，这是由于技术上的不易改变和最初设备的特殊性。在这里，利率的下降对较远的未来日期出产的增加会给予较大的刺激；引起这种倾斜的不是技术的不易改变，而是利息本身的性质。

不过，技术的不易改变和补充性在这里也会起它们的作用。虽然有一种刺激会使当前出产减少，但是这种刺激可能不会有效果，因为当前的出产大部分事先已经决定。甚至对增加当前进货的刺激也许不会有效，这是由于和我们上章中所说的相同的理由所致；计划进货的增加也许主要会全在中期的未来出现。新的生产计划在时间上的确切的分配视技术条件为转移，因为技术条件决定何时可能增加将来的出产，以及减少将来的进货。要订出关于任何特定日期的出产或进货（或者任何特定日期的剩余）的任何硬性及固定的法则是不可能的；我们只能说，在某种广义上，剩余川流必然是一种向上的倾斜。

我们是否能给这种广泛的意义以一个准确的定义呢？

4. 我们所想发现的是一种关于计划性质的数字指数，当利率变化时，它们也会在既定的方向变动；虽然或许只要有某种变更方向近乎确实的指数，我们即应感到满足（在大部分这类情况中，我们不能希望将稀有的例外排除在外，这和向后倾斜的需求曲线情况相同）。

由于寻求这样一种指数，才使得庞巴维克及其信奉者提出“生产的平均时期”或“投资的平均时期”的概念。在他们所谈及的简单情况中，似乎很自然会认为一个特定单位的当前进货会引起一定的将来日期的将来出产的有限川流。在某一段时间之后，直接从最初进货而来的“中间产品”（我们或者也可以说是设备）会完全耗尽，或者最后转变为制成品。把由最初进货转变为制成品所需等待的时间长度平均一下，我们就得到奥地利派的“生产的平均时期”。

但它是属于哪一种平均数？加权是什么？有人也许会以为这

点大概已经受到注意，可惊异的是，它受到的注意很少。就我们所能判断，好像是把出产的数量，最多是把出产的价值作为权数。

如果“平均时期”是从这两种意义上来理解，它必定会受到很大的反对。奈特教授已经说过，要认明一种归属于任何特定当前进货的出产有限川流是怎样的不可能。一般总是认为，在当前进货的后面，有无限的将来进货川流相随，引起了无限的将来出产川流。要在这一川流中区分出可以“归因于”当前进货的特定的出产是不可能的。如果抽去当前的进货，将来的出产会有某种减少（假定将来的进货不增加）；但这种减少可以发生于此时，也可以发生于彼时，或者以不同的方式平摊于不同的未来日期中。

即使放弃这种把一种出产川流孤立起来，认定它属于任何特定的进货的企图，而集中注意于企业的整个生产计划，也不可能避免这种困难。生产计划没有理由会有任何种类的尽头，对这一目的而言，这种尽头是有重要意义的；进货总是被计划着接连进货，出产接连着出产，一直到企业家所愿看到的那样远。

因此，奥地利派的“时期”是没有用的；不过，庞巴维克也不是在作完全无益之谈。他的理论对他所考虑的情况还是很有效的；找出一个一般化的观念，既能抵挡奈特教授的反对，又能把庞巴维克的论点作为一种特殊情况包括在内，应当是可能的。

我们不必走得很远去寻找这样一种观念；它已经在我们手中。在我们的讨论当中，我们已经遇到一种平均时期，它经得起这些反对。我们将进一步表明它就是奥地利派想寻求的东西。

如果我们以预期的剩余及亏空川流（在相继的时期中出产价值与进货价值之差）为例，根据我们的计算川流的平均时期的法则——以贴现价值加权——来计算它的平均时期，我们就可以得到某种东西，它立即显得比奥地利派的“时期”有希望。根据这一定义，即使无限长度的川流也有一个有限的平均时期；因此我们无须找麻烦试图发现可以归属于当前进货的未来出产。我们可以集中注意于剩余川流的平均时期——即是，整个计划的平均时期。

此外，在本章整个研究中，和企业家的决定有关联的显然总是贴现价值而非未贴现价值。在企业家作决定时，他绝不会拿不同日期的出产和进货的未贴现价值作比较；因此不能指望任何包含这些数量的衡量会在一种肯定的方式下起作用或者会导致任何结果。

但是，我们自己的衡量标准必须应付一种显然致命的反对，事实也确是这样。当利率变更时，即使生产计划完全不变，我们的平均时期也要变更。利率的下降会提高较远的将来的剩余的贴现价值；因此即使进货和出产不变，它也几乎必然会提高平均时期，因为我们想利用平均时期作为计划变更的衡量，这种时期的变化和我们的目的是完全无关的。

川流的平均时期（如我们在前面发现的），[①]只有根据特定的利率计算时，才是川流的时间形状（time-shape）的令人满意的指数。在用不同的利率计算时，同一川流就会有一整系列的不同平均时期。如果平均时期变更而利率未变，它必然表示川流的一种变更；但是当它发生变更，同时利率也有变更时，这完全不表示川流有任何变更。

① 见前第14章附注B，第2节。

因此，即使当我们考虑利率变更对生产计划的后果时，我们也不能让用来计算平均时期的利率有所变动。① 我们所必须做的是从某一利率开始，根据这一利率订出某种生产计划，再根据这一利率及生产计划计算出一个平均时期。然后我们必须假定利率下降，结果引起生产计划的变动。最后，我们必须计算新计划的平均时期，在计算时用和以前一样的利率——就是说，旧的利率。这样，我们的命题就是，用这种方式计算的新平均时期必然较旧平均时期为长。利率的下降延长了平均时期。

5. 我不知道有什么非常简单的方法可以证明这一命题，我们能找到的最简易的方法是这样。如果我们拿按旧的利率（$S_0, S_1, S_2, \cdots, S_n$）计划的剩余川流和按新的利率（$S_0', S_1', S_2', \cdots, S_n'$）计划的剩余川流相比较，我们就能印证出一个包含了相应的剩余的差距的边际川流（marginal stream）

$$S_0' - S_0, S_1' - S_1, S_2' - S_2, \cdots, S_n' - S_n$$

对于符号已经给予适当的注意。这样，新的川流就可以看作是将边际川流加于旧的川流上构成。只要它们是从同一的利率计算出来的，就很容易用平均时期的公式②来表明它，新川流的平均时期是旧的川流的平均时期和边际川流平均时期的平均数。更精确地说，设 P 为旧川流的平均时期，C 为它在计划日期的资本价值；设

① 可以通过一个相似的道理使这一奇怪的程序较为清楚。如果我们要衡量价格的上升对工业出产的影响，我们在实际上（由于工业的出产不是同一类的）要以各种产品的价格对它们加权。但是如果我们这样做，那么，虽然价格会在第二种情况中发生变更，我们仍必须继续使用同一的价格加权；否则我们的计算就仅仅记录了进款的变化（即使出产无变动，进款也会上升），而完全不是出产的变化。

② 见前第 14 章附注 B，第 2 节。

p,c 为边际川流的平均时期与资本价值;则新川流的平均时期＝$\frac{CP+cp}{C+c}$。这一计算平均时期的方法能够普遍适用。

现在可以考虑一下在利率少许下降时所计划的特殊边际川流的性质。在旧的利率上从事这种计划会不合算;但当利率少许下降时,则正好合算。[①] 因此,利率较高时,它的资本价值必然是负数,利率较低时则为正数。但是,我们可以使利率的下降,如我们所愿意的那样小,因此可以使这两个价值为我们所愿意的那样地接近。这样,就可以使边际川流的资本价值 C 接近到差不多等于零。

在另一方面,数量 cp 肯定是正数,肯定是有限的。在前面的一章中,我们看到,一个川流的平均时期的产品,其资本价值等于一个辅助川流的资本价值,这种辅助川流是在每一个相继的星期中,把该星期遗留下来的剩余川流的项目加以资本化而构成的。[②] 我们也看到在这一辅助川流中的每一项目都必然是正数(否则,从事包含在这一川流中的生产计划就绝不合算);因而辅助川流的资本价值必然是正数。

因此,我们在应用以上的公式计算新川流的平均时期时,可以忽略 c,但必定不能忽略 cp。这样,新的平均时期就成为

$$\frac{CP+cp}{C}=P+\frac{cp}{C},$$

---

① 我们的边际川流和其他作者著作中的“边际投资单位”(marginal unit of investment)有些共同性。应当注意,边际的调整在理论上并没有必要要包含**当前的剩余**的任何增减在内;对计划的调整也许完全与将来相关连。

② 见前第 227 页。

而这必然大于 P。

我认为这是对我们的命题的一个可以满意的证明；另一个数学的证明，我自己对之更为相信，则列入附录中。①

6. 我们现在可以看到，庞巴维克的错误在什么地方。他很正确的认为资本主义的生产的过程本质上就是时间的过程，在这过程中，作为一个特点，制造出产品的日期较诸利用进货的日期为晚，而出产品是由这些进货引起的。从这一观念出发，同时希望尽可能清楚地引申出这种生产的基本性质，他很自然地就集中注意于似乎是它的最简单的一种情况：即全部进货在一个特定的日期利用，而出产品则在另一个特定日期实现。对于这一点并无人反对。为了说明资本主义生产的性质，标准的奥地利派的例子（储酒与植树）是显然地能说明问题的。但是，当他进一步想得出关于这一简单例子的原理时，他得到一种结果，这种结果在那一例子中有效，但并不能如所期望的那样加以一般化。如果一个企业家拥有某一数量已经着手生产的酒，或者某一数量已经种植的树，那么不错，利率的下降也许会使他把生产过程完成的日期推迟，晚于他在另外的情况下所计划的日期。这事和奥地利派的理论并不相干。然而，对这一例子的考虑很自然地会提供某些结论，它们好像应有普遍的真实性。事实上它们并没有普遍的真实性，在这一简单的例子里，只有一项是在预期的剩余川流之中——产品在完成的一日的价值；因此在计算"平均时期"时，使用的是什么权数并无关系；

① 在本书第一版中，我对于以上论点与相应的数学证明之间的小差异感到有点困惑。嗣后我已发现这一差异的原因，它是我的关于"极端的补充性"的错误的另一后果，在数学附录第 25 节中已经删去。

在任何计算体系中，这种“初步”川流的平均时期都必须等于生产的实际时期，在生产过程完成以前所费时间的实际长度。在达到这一点以后（我们所讨论的论点到这一点为止还没有错误），几乎不可避免地要出现一个错误。一下就跳到这样的结论很吸引人：在所考虑到的第一个情况里，利率变更的后果是使进货到出产之间的时间实际长度发生变动，所以某种同类的东西必定具有普遍的真实性。以此类推，奥地利学派就建立起他们的“平均时期”——时间的真实长度，它是生产体系技术上的特点，从农业年度，机器的五年生命期，船舶的二十年生命期等等汇集而来。但是从类比得出来的论点是不可靠的；他们的议论不是从一种有代表性的情况得出，而是从一种例外的情况得出；除了在例外的情况中以外，真实的平均时期（真实的平均时期必定是有的，否则原来的奥地利派的论点就不会有效，它现在是有效的）仅仅是计划的倾斜（tilting）的指数；它根本不是时间的真正长度。

不论如何，真实平均时期的绝对长度并无重要性；它仅部分地依生产计划的性质而定；它可以在一种完全武断的方式下放长或缩短，根据我们按不同的利率计算同一计划的平均时期而定。平均时期的变更是重要的，但这不是指时期长度本身。平均时期衡量的不外是计划的渐强调；而这与所使用的生产技术方法没有关系。

计划的平均时期（如果对它适当地加以界说）与生产的技术方法之间完全缺乏联系是直接从我们建立的基本命题所用的方法而来的；但通过一种特殊的说明来表明这点也许仍是有

用的。[①] 假定一个特定的企业所从事的生产为同时进行许多各别的过程，其中每一个从头到尾需时 n 星期。假定（最初）企业处于静态的均衡状态，有 mn 个这种过程在一起进行；每星期有 m 个新过程开始，以代替在星期开始时完成的 m 个过程；因此总的进货和总的出产川流在长时间内都是不变的。因为风险的理由，企业满足于不超过 mn 个过程；当出产扩充时，风险系数增加；企业家拒绝从事额外的过程，因为它们的资本化价值（已考虑到风险因素）将是负数。今假定利率下降，新过程的资本化价值即会提高，从事一些这种额外的过程即会有利可得，而在以前它们是无利的。现在就绝无理由怀疑新的过程会有和旧的过程等同的技术性质；然而，尽管如此，正因为它们是新过程，仅因利率下降方始从事，它们的开端必会提高计划的平均时期。在利率下降以前，计划的剩余川流预期会一直保留不变；当利率下降时，当前的剩余减少，一些以后的剩余则会增加；川流是一个渐强调。

7. 在本章中我们读到的全是纯形式的性能；回顾我已经写的，我不免有点觉得歉然，因为我怕有人要见责，我所做的不过是以复杂的方式叙述简单的事情而已。不过，对于我们所已做的（虽然它本身无甚意味），资本理论的当前状况可以说明为什么我们要这样做，我们不要想驱逐庞巴维克的幽灵（就需要把它驱逐的理由而言），除非我们已经解释过他错在什么地方。如果我们要对他的

---

① 我从卡勒奇（Kalecki）的“风险渐增的原则”（《经济学杂志》，1937 年）一文借来这一说明。比起我自己，卡勒奇先生似乎把所讨论的这种情况更看作是一般生产过程的性质的典型情况；不过，对于这点我们无须争执，因为我的理论可以不成问题的包括他的情况。

理论的完全正确部分公平估价，同时要认识这位可怜的先生堕入了多么危险的陷阱，我认为如不用一番工夫，要这样做是不可能的。

还有一点，在把奥地利派的理论抛弃之后，唯一重要事情就是以下这个一般的结论，即利率的变更会影响生产计划的"倾斜"或渐强调（差不多为任何目的都用不着平均时期的废话，而能把它叙述得很清楚）。利率对于生产计划的任何可能后果都可以这样地概括；同时，作为一个正式的理论，所要说的也就是这些了。

但是，还有一点我们要在结论中提到，这一点较之我们曾努力表述过的那些论点更具有实际重要性。就和我们相关的利率运动而论，如果利率的下降在这种运动的通常幅度以内（例如在每年百分之二和百分之七之间），这种运动对最近将来日期的出产品和进货的贴现价格的影响是非常细微的。它们往往细微到可以使商人完全忽略它们；只有在非常特殊的情况里它们才可能对商业政策具有可见的影响。但这同一的原则在另一极端却适用，当计划一个在遥远的将来的出产品和进货时，它的贴现价格对利率的变更就极其敏感。结果，计划包含的这些遥远的出产品或进货愈多，它对利息就愈敏感；如果企业家的计划仅仅及于最近的将来（他们是"做一天吃一天只能顾及目前"），利率对它们就没有多少影响；如果他们是从长计议，利息就变得非常重要。

一个企业家愿意在多长的时间以前考虑计划，视技术条件而定（在某几种企业中更有必要较其他企业提前计划），但在相当大的程度上，它也视风险为转移。如我们所常看到的，未来出产品的有效"预期价格"——为了计划起见所必须估计的价格——不是最

有可能的价格，而是最有可能的价格减去风险的估计数。未来的出产品愈是在遥远的前面，风险估计数就可能愈大，正因为未来价格的不定性增加了；因此，在某一点以后，风险估计数会变得极大，以致消除了任何可能的收益，而有效的“预期价格”会变为零。会把计划带到终点并阻止它向无限的将来伸展的就是这点；但是在一定长度的时间以后，计划并不是突然停止的；甚至那些不太远的出产品，它们的“预期价格”不致因风险而完全废除，它们对计划的影响也会因风险而提摊公积的关系严重地削弱（预料设备将会废弃，为生产这些出产品，这些设备可以再装置）。如果利息会引起计划的大调整，它主要地依赖的，正是这些出产品的牵引力；我们现在可以看到，它的牵引力可能远较我们预期的为弱。

对于最近的将来而言，利息的力量太弱，不能具有什么影响；对遥远的将来而言，风险的因素很强，也使利息不能发生什么影响；在这两个对立的危险之间，给利息留下的位置是什么呢？它能在什么情况下起作用视风险因素的强度而定；如我们所看到的，这主要是一个心理问题。在一种严重猜疑的情况下，人们会“做一天，过一天，只能顾及目前”；如果他们这样做，利息的变更（我们说的是和缓的变更）对他们的行为没有多大影响。而另一方面，在有信心的情况下，风险估计数要小得多；在利息不起作用的两极之间或许会留下一个空间，在这一空间之内，它能有重大的影响，即我们在本章中所分析的那种影响。

在商业波动时，这一切对整个商业政策问题的关系是很明显的；但我们要在后一阶段才能较好地讨论它。

第十八章　支出与贷款

1. 我们现在进而讨论关于私人的动态问题。如果我们愿意采取我们平常所用的研究方法，则在讨论此一问题时，我们所须择取的路线非常明显。企业的静态问题为在既定的技术条件下，利用既定的生产机会最大限度地扩大进款超过成本的剩余；相应的动态问题是利用这样一种机会，最大限度地扩大预期会在现在或将来发生的剩余川流的资本价值。私人的静态问题乃在选择以既定数额的货币能够购买的最喜爱的商品群。以同样的方式来推论，则私人的动态问题似乎应当看为，以既定的预期进款川流，从个人可以指望购买的各种商品川流群中，选择最喜好的商品川流群。企业必须选择最有利的生产计划；个人必须选择最喜好的支出计划；从静态到动态的转变在两种情况下完全相同。

我们似乎非作这样一种探求不可；但仍然不禁对它感到疑虑重重。当我们考虑一个企业的情况时，如这一企业仅打算从既定的环境中谋取最大的利润，则很有理由假定，它为达到这一目的，不得不制订一较为肯定的“计划”。在这一环境当中当然有各种不定因素——未来技术条件的不定，未来市场条件的不定——但这不足以使“计划”这一观念失去其全部意义与全部有用之处。可以充分地考虑到它们，而完全不至损及计划的概念。但当我们转到私人的情况时，他的“计划”（如果他有计划）必须完全以满足他现时及将来的欲望为目标，则他通常对未来的欲望并无所知这一事实（同时他知道他对此无所知）颇令人莫知所从。当一个人的计划是指向一个既定的目的（如利润）时，有可能在事先作出计划，但如果计划的目标是未知数，在事先作计划是不可能的。因为这一理由，整个分析方法有瓦解之势。

不过，把这种缺点看得太严重也是错误的。虽然人们都很知道他们对未来欲望的细节是无知的，但他们的作为并不像他们对未来的欲望完全一无所知。最少，他们会考虑到他们在将来会有**某种**欲望的很大的或然性，而通常他们所想到的还远不止此。在他们购买耐用消费品时，通常的情况是，这不仅因为他们现在对这种货物有欲望，而且也因为他们预料到这种欲望在将来会发生。这意味着他们的行动是以对将来欲望的预期为依据的——的确，是以一种相当肯定的预期为依据的。此外，一个人通常总是知道，他现在支出得愈多，则将来可供支出得就愈少；如果他并不想有一定数额的款项备将来支出，对那笔款项的任何打算都会被觉得是一种牺牲，那么以上这种考虑不至于影响到他的行为。当一个人把这些事情都想到时，这些事情就意味着，虽然并没有一个对未来整个支出的肯定计划，然而每当任何一种当前的支出和能在将来得到的满足之间有一种肯定的关系时，就使得未来政策的有关部分多少较为明显。人们不为整个将来支出作出计划，但他们或多或少有意识地，或多或少肯定地为那些与当前支出有关的未来支出部分作出计划。在一方面，这包括将来支出的某些特殊项目，这些项目与当前支出的特殊项目有密切关系；在另一方面，包括关于

整个未来资源大小的那种一般观念，它和当前支出的总数量的决定是有关系的。①

2. 如果这种看法是正确的(如它所显现的一样)，我们就可以减轻大部分的困难。如果我们假定个人有一个支出的完全计划，它伸展到很长的未来时期，而且每个细节都很完全，那我们无异于在很荒谬地伪造他的实际行为；但是如果我们并不利用这一假定来决定他计划在将来进行的购买的细节，而仅仅只用来决定当前支出的细节，那么这就谈不到有任何荒谬之处。在决定当前的支出时，就好像存在着这么一种完全的计划一样；如果我们假定有一个完全的计划存在，我们就可以以最小的麻烦来决定当前的支出。

现假定我们所涉及的是这样一种个人，他在计划日期拥有一定存量的耐用消费品；在当前的一星期，他收入一笔货币数额 R(作为他的劳动收入，或者作为他拥有的证券的利息或红利)；同时预期他在以后的星期中会在同样的方式下收入一系列的金额 R_1，R_2，R_3，…。在消费品的价格和他对它们未来价格的预期是既定的情况下，他计划在当前及以后的星期中购买商品 X，Y，Z，…；这些购买会引起他一系列的支出(按货币计算)E_0，E_1，E_2，E_3，…。这些进款和支出之间的差额或者通过改变他持有的货币来弥补，或者通过改变他持有的证券来弥补；在目前我将假定它们都以后一种形式出现(关于货币需求的整个问题留待下一章考虑)。因此以下的川流也许可以看作为贷款的川流(stream of lendings)：

① 通过利用收入观念，实际上在形成关于整个未来资源大小的一般观念时，得到大大的便利。因增加当前支出而引起的对将来资源的牺牲是被看为将来收入的一种牺牲；但这只是一种速写的形式，并非一种可用来进行讨论的方便范式。

$$R_0-E_0, R_1-E_1, R_2-E_2, \cdots$$

现假定这一个人在一有限的时间——譬如 n 星期内实行他的支出计划。因此所有进款川流支出川流，以及贷款川流都可以认为在 n 星期后告终。如果在这 n 星期中，他计划将余额贷出，那么在这一时间终了时，作为他贷款的结果，他可指望获得证券资本总额 C_n，它在较远的将来可以用来作为他的资源的增加物。① 他在他的计划实行期间所支出得愈多，他的资本额就愈小；因此，是在 n 星期中把进款用掉还是在期末享有这么一笔资本额，这中间大可选择。这种选择和在这一天支出还是那一天支出之间的选择完全相同；因此，为了分析的目的，把这一资本数额归入于最后一星期的支出内较为方便。如果我们把准备这样一笔资本数额一事当作在计划最后一星期中支出的对象之一，有一种会计上的方法可以使我们把整个问题化成为一个在 n 星期间分配支出的问题。

根据这种方式调整后，贷款川流变为：

$$R_0-E_0, R_1-E_1, R_2-E_2, \cdots, R_n-E_n-C_n。$$

在这一川流中，借款与贷款抵消了，因为如果以上数额确在最后一星期用掉了，那么结果就不会有什么东西留下。因此，这一川流在任何时间的资本价值都必定是零。所以，调整后的开支川流的现在价值

$$E_0, E_1, E_2, E_3, \cdots, E_n+C_n$$

必定等于进款川流的现在价值

① C_n 是在计划期间因贷款而预期可得的证券的价值。只有在最初所持有的证券在这时期终了时仍保留和时期开始时同样的价值，它才会等于所持有的全部证券价值的增加数。

$$R_0, R_1, R_2, R_3, \cdots, R_n。$$

这是一个线索,它使我们能够用我们已在静态论中解决的一个问题来表述支出的计划(正如我们对待生产的计划一样)。

3. 正如在讨论生产时一样,我们只须区分在不同的日期所做的交易,并以贴现价格代替实际价格;在我们作了这些变更以后,整个的静态价值理论就可以直接应用。无论是均衡条件或稳定条件在这里都不会给我们任何麻烦。计划在特定的未来日期中购买的两项商品之间的边际替代率必定等于它们贴现价格的比率。边际替代率必定是渐减的,其意义和在静态学中一样。所必须说的就是这些。

如在静态的价值理论中一样,价格变更(此处也包括利率的变更)的影响必须分成两个部分。一是替代效应,由于不同的计划中的购买的相对贴现价格的变更而发生的;另一是相当于静态学中的"收入效应"的一种影响,由于所述变更对个人处境好坏影响的幅度而得出的。处境是好是坏现在必须从整个支出计划来试验。如果个人在新的情况下,不能指望在所有日期里,能购买和以前同样数量的各种货物,而必须在某些地方节约开支,那么他的处境就变得更坏;如果在他计划中的购买和以前相同,而且仍有所剩余,那么他的处境就变得更好。因此,这里所谈的效应视他以前计划的支出川流和他预期的进款川流的资本价值的相对运动而定。从这一方面来看,把它称之为"资本效应",或类似的东西,而不称之为"收入效应",似乎更合逻辑。不过,这种符合一致非常麻烦,我认为是不必要的。我认为,如果我们像以前习惯的那样继续谈及"收入效应",我们不致遇到任何困难。但是,我们必须记住从现在起给予它的确切的意义。

4. 如果某一商品 X 的价格上升，而这种上升预期是永久性的，那么（如我们所已看到的）X 的当前价格和所有预期的将来的价格都以同一的比例上升。如果利率不变，全部贴现价格也以同一比例上升。因此，在这种情况下，没有必要区分在不同的日期所购买的 X；需求定律如在静态学中一样通用。会发生一种不利于 X 而有利于其他货物的替代效应；也会有一种收入效应，除在 X 是品质较劣的货物这种例外情况中以外，这种效应也必定于 X 不利。如我们在讨论生产时看到的，静态形态的假定有其理由，因此，它的法则在这些价格永久性变更的情况中也能完全适用。但是，我们在讨论生产时也看到，关于需求的减少是怎样地在时间上分布开来，没有一个肯定的法则。X 的当前需求也许会有减少，但是也许不会。

如果 X 的价格上升，而这种上升预料不是永久性的，则收入效应常常是很细微的，或者是可以忽视的。然而，替代效应也许远较上面一个情况中为大。因为现在替代的出现，也许不仅有利于其他商品，而且有利于 X 本身的将来的购买，这样一种暂时的上升的主要后果很可能表现在支出的延期。

如果 X 的价格上升，而这种上升被解释为意味着价格在将来还会进一步上升（预期的弹性大于一），那么预期价格的上升会超过当前价格上升比例。随 X 当前价格的上升而来的不利于购买 X 的替代也许会被一种有利于当前购买的替代所盖过，后者是因预期价格有更大的上升而引起的。如果预期弹性够大，收入效应也会被盖过；而最后结果也许是当前需求会有增加。这是人所熟知的投机需求的情况。

5. 对于利率的变更，现在可以以实质上相同的方式来处理。它们的影响也可以分成收入效应与替代效应(因为一方面，它们使个人处境变好或变坏；另一方面，它们改变了相对的贴现价格)。例如，利率的一般上升，相对于现在的购买而言，降低了未来购买的贴现价格；而相对于较近的将来而言，则又降低了较远的将来的贴现价格；这会引起沿着这条线的普遍的替代，恰和我们在生产理论中遇到的相同。贴现价格的这种系统的变动所产生的净影响无疑是支出的普遍延期，因此它通常是趋向于降低现在的支出；产生各种交叉后果的机会很多，而各种补充性更把问题弄得混淆不清。

收入效应的方向视下述情况为转移，即相对于进款川流的资本化价值而言，原计划的支出川流(包括在星期末留下的资本额 C)的资本化价值是怎样地受到影响。如果利率提高，这两种资本化价值都会减少；但是它们二者中哪一种减少得更多？这一问题在形式上和我们以前在论及收入的计算时所讨论的问题相同。[①] 那时我们发现，当利率变化时，两种川流的资本化价值(以前属于同一资本化价值)的相对运动视它们的相对平均时期为转移。如果个人的进款川流的平均时期小于他的支出川流的平均时期，那么当利率普遍上升时，他的处境会变得更好。

如果个人的支出平均时期大于他的进款平均时期，这就意味着他计划在目前和最近的将来支出少于进款，在较远的将来“支

① 参阅以上第 14 章附注 B，第 2 节。

出”多于他的收入。(必须记得，在较远的将来的“支出”包括在计划时期终了时资本额 C 的累积。)因此可以把他描写为“计划做一个贷款人”。利率的上升会使这种人处境变得更好；收入效应就是这样的趋向增加他们的支出，(或许)包括他们现在的支出。因之，对于这种人收入效应和替代效应会处于相反的方向，二者都可能占优势。在利率增加后，他们的现在支出会增加还是会减少，我们还不能说。

当然这和初等教科书中所陈述的是同一的命题，这种教科书中说“利率”的上升会使某些人“储蓄”得更多(有些人为较多的报酬率所吸引，以将来的支出代替现在的支出)；有些人“储蓄”得较少(有些人只想从储蓄中获得固定的收入，他们把收入增加的部分用来增加他们现在的支出)。由于我们研究的结果，我们能给这些趋势稍许更严格地下定义。我们可以看到，它们之所以不能决定，发生的原因和在工资变更对劳工供给的影响或一种商品价格的变更对其他商品的影响等情况中所遇到的原因一样。但是，所出现的最重要的事情是，这种不决定性如何和个人“计划作为一个贷款者”这一假定相依赖。如果在相反的情况下，会发生些什么？

如果一个个人的支出平均时期小于他的进款平均时期，则他的处境会因利率上升而变坏。因此收入效应和替代效应二者会在同一方向起作用，二者都趋向于减少当前的支出。当利率上升时，这样一种人的支出几乎无疑问地会减少。

“计划做借款人”的人是什么人呢？除了我们不必加以考虑的浪费者以外，他们仅包括那些从事真正投资的企业家。从借款所获得的进款不应算作是为了现在的目的，因此企业家的进款仅包括他从生产获得的剩余减去由过去的合约而发生的费用。[①] 这些进款在当前的时期内常常是负数。但是企业家的当前支出(私人账户上的)不会是负数;他将指望在以后时期中的其他方面来弥补支出超过进款的部分。因此,他的支出平均时期会小于他的进款平均时期。

在研究静态理论时,我们已经熟知收入效应即使在市场的某一方面是重要的,但常常在另一方面有某种东西(或多或少地)抵消它们。当我们涉及造成市场需求与供给之间的差异问题时(这些差异对价格变更具有重要性),常见到在每一方存在有一种收入效应,这些收入效应通常处于对立的方向。这里也是如此。

计划做贷款者的人,承受了一种收入效应,在利率增加时,会增加他们现在的支出,而计划做借款者的人,却承受了一种收入效应,在利率增加时,会减少现在的支出。如果这些收入效应抵消,则留下的仅有两个替代效应,二者倾向于减少当前的支出。

这些收入效应是否可能抵消?有一种明显的理由说明它们会倾向于抵消,但是也有两种例外。这一理由乃是,为使证券市场达到均衡,当前的借款必须等于当前的贷款。但这还不足以显示,在利率上升时,借款者和贷款者的处境会在恰好相等的程度上变坏和变好。因为对他们的一般的景况的影响视他们的平均时期之间的关系而定;就是说,视计划借款和贷款之间的关系以及当前借款与贷款之间的关系而定。而计划借款与贷款,主

① 参阅以上第 15 章,第 4 节。

要存在于人们头脑之中(即在头脑之中也不是肯定的),它们在市场上是不会相配合的。这一方或那一方可能会有超额;虽然如果存在这种超额,就意味着计划间的不一致,以及从而发生的潜在的不均衡。①

这一点比诸另外一种例外无疑较不重要。另一种例外乃由以下这种可能性而起,即借款者与贷款者在根据他们财富的变更调整他们的现在支出时可能会采取显然不同的方式。实质上这是一个关于他们以什么速度就新环境调整支出的问题。如果借款者能较贷款者更快地适应新环境(我看实际情况可能就是这样),在借款者一方的收入效应可能较贷款者一方的收入效应为强。这就会使得净收入效应在和总替代效应相同的方向起作用,因而加强了以下这一结论,即从整个市场而言,利率的上升会减少当前支出,而利率的下降则会增加当前支出。

6. 这一结论和读者在近代著作中所已习见的提法看来会有所不同,但我们(当然)并不是在介绍什么新的原理;我们不过以一种大家所不熟知的方式说明一个大家所熟知的反应。这种做法令人厌倦,但在这种情况下,这又是必要的。我们企图把在静态学中所用的推理应用于一般的动态问题,我们随时都在为这种企图准备根据。为了这种目的,有必要以一种特殊的方式聚集有关的理由;我们不能指望我们采取的总是那种我们所习用的方式。

"利率的变更怎样地影响于现在的支出?"对于这一问题,传统的回答是:(i)研究一下从既定收入中所支出的数量是怎样地受到

① 参阅以上第10章,第2节。

影响的;(ii)(如果没有忘记补充的问题),研究一下收入水平是怎样地受到影响。对收入水平产生的影响不是一种简单的影响,它实际上是由两个不同的阶段组合而成。首先是(iia)对企业家收入的影响,即使他们维持生产计划完全不变,这种影响也会发生;(iib)对他们的收入和对其他人收入的影响,这种影响是因他们可能对他们的生产计划所作的任何变更而产生的。在第(i)个问题下,传统的回答是,虽然有某些在另一个方向起作用的力量,支出可能会降低;在第(ii)个问题下,不大区分(a)及(b),回答是收入肯定会降低,而这又肯定会降低支出。

我们自己已经懂得不相信收入这一观念;同时,在任何情况下,(i)与(ii)之间,收入常数与收入变数之间的区分和我们这一种分析没有关联;我们需要区分的是生产计划不变的情况下发生的支出的变化和在生产计划变更的情况下发生的支出的变化。因此我们把(i)和(iia)放在一起——这就是我们在上一节所做的。当我们这样做时,我们就不再依赖收入的观念。我们获得的结果是,在既定的生产计划和既定的价格下,利率的变更会在相反的方向影响当前支出的数量。

当然,要说明这一影响可能有多大完全是另一回事情;这正和谈到生产时一样,有很多理由可以不相信利息变更的有效性。不过,影响的方向似乎是较清楚的。

第十九章　货币的需求

1. 读者无疑会注意到，我们关于个人支出计划的讨论在很重要的一个方面存在着缺点。我们曾假定在任何星期中个人收入与支出之间价值的差额由改变他持有的证券(即是说，依借款或贷款)来弥补，而且只有以此种方式来弥补。这种假定在彼时是方便的，但如应用于以后，却要使我们为难。除用于非常特殊的目的以外，它不能算是正当的。

在收入超过支出时，可通过获得证券或者获得货币来平衡。在支出超过收入时，可通过出售证券(包括自己发出新证券)或者用掉货币来平衡。在平衡时采取什么形式是很重要的一件事；我们要在我们理论的形式结构内找出某种区分这两种方法的办法。

如果可以允许把货币作为特种的耐用消费资料，那么就可以不费力地把货币套进我们以前的分析中去。个人的均衡的一个条件是：在不同的特定日期中所获得的任何商品之间的边际替代率必须等于它们贴现价格的比率；在应用于货币时，这一法则也可用。在现在的货币和任何其他商品之间的边际替代率应等于该项商品的当前价格(和我们在静态学中为标准商品发现的法则相同)。在现在获得货币与日后获得货币之间的边际替代率等于迟延时期的贴现率。这意味着对一个时期所收的利息可以衡量把获得一个边际单位的货币推迟到时期终了时所包含的牺牲，正如它可以衡量（价格变更的风险除外）把任何其他耐用商品的购买推迟到时期终了时所包含的牺牲一样。换句话说，利率可以衡量想在现在而不是将来持有货币的不能忍耐的程度。

如我们所看到的，利率的上升（假定价格不变）会减少对现在的一般商品的需求；同样的法则也可以应用于任何特殊的现在商品，只要没有理由假定它对将来的商品是相补充的（对后者的计划购买在将来会增加）。同样的法则在这里也可以应用于对现在货币的需求。利率的上升会减少对货币的需求。而商品价格的普遍上升（不管它是否会永远继续下去）就等于以这些商品来衡量的货币价值的下降，这又必定会增加货币需求。

如果可以把货币当作一种特殊的耐用消费资料，那么这些就是对货币的行为可以应用的法则。它们都是很合理的法则；但如果对货币的性质作更细致的研究，就会有必要对这些法则作很大的修改，这也许是令人惊异的事。

2. 如我们在以前的讨论中看到的，①货币（或者，至少是现在的货币）不是一种耐用消费资料，而是一种证券。人们需求它，并不是把它本身作为一种目的，而是如同需求证券一样，为的是可以利用它作为一种供将来支出之用的手段。思考货币的需求这一问题的正确方式，不是把它同化于其他支出（如我们刚刚所做的一样），而是应当把它同化于对证券的需求。人们可以通过获得证券或者获得货币将它们现在的进款专供满足将来需要之用。当我们

① 见前第13章。

从这一角度来看这问题时，就会立刻引导我们问，人们为什么会宁愿持有货币而不愿持有证券，证券孳生利息，而货币却并不。我们已经看到这一问题应当如何回答。即使是最安全最易流通的证券，它们不是货币，对于持有者来说，它们包含某种风险，在获得和处理它们时都需要一些成本，这些都是货币所没有的。只有当预计（确信的预计）资金至少在将来某一最低限度的时间内不需用，而预期的报酬大过于这些成本与风险时，才值得在一种带有利息的形式下持有资金。否则实际上宁可以货币的形式持有资金。

关于这一点的最重要的结果之一我们已经考察过了：货币的需求对利率（或者说是利率体系）有密切的依赖关系。不需要假定从每一个单一的贸易人的观点来看货币和证券都是特别密切的替代物；但是我们必然可以发现对于相当数目的人或组织而言，货币及各种不同种类的证券构成一种非常密切的替代物的连锁。从整个经济观点看来，这一点足以使得货币和证券像非常密切的替代物一样地流转。如我们已经看到的，即使货币可以看作是一种耐用消费资料，利率的上升可能会减少对货币的需求；对货币性质的更好的了解在这一情况下会在一定程度上修正我们以前的理论，它使我们比之在其他情况下会更着重这种反应。①

① 把货币作为一种证券论述也使我们对前章的论点要作某些修正。在那里我们假定所有资金从现在的支出转移到将来的支出都会产生利息；我们现在知道不一定是这样。某些资金会以货币的形式保持，不会产生利息；而（当我们涉及这点时，完全加以一般化）某些资金则以带有低利率的形式被保持，有的则以带有高利率的形式被保持。但这一切在实质上似乎没有多大差别；我们已经看到只有较远的计划支出的贴现价值受利率变更的影响最大；某些（较近的）支出完全不会被用来贴现，因此几乎没有什么差别。所涉及的校正问题不值得详细考察。

如果利率是既定的，个人把资金分配于货币还是证券是由什么决定的？这是尚待讨论的主要问题。如果我们考虑一些特殊的情况，我们就很容易接近这一问题。

3. 首先，作为参考的标准，让我们虚构一种情况，在这种情况中个人对货币的需求是零——在这种情况中他将满足于把所有资金都以证券的形式保持。假定他在计划日期拥有的证券上的利息，加上他应得的任何其他种类的收入，会产生一种经常源源不断的收入，在未来每一周中都有同样的数量。又假定他在未来的每一周中，计划支出和他收入相同的数量，不多也不少。那么，如果他完全有信心实现他的计划，他对货币的需求将等于零。他收进的所有的货币都将会立即付出；他完全毋须从这一星期到另一星期保存一笔货币余额以充交易的资金。

因为两个不同的理由，这种情况实际上从不会发生。其一是这种收入与支出之间的恰好平衡实际上绝不会发生。收入收到的日期不会恰恰就是需要支出的日期；收入的收到是比较不规则的，而支出则是非常不规则的。较接近实际的情况可以用我们的模型来表述，我们可假定收入不是在每星期收到，而是假设在每第四个星期收到；那么即使四个星期加在一起的收入和支出是平衡的，也只有在这月份的收入将收到的前一星期货币余额才会降到零。在其他时间要保持相当数额的货币余额，因为预料在一两个星期的时间中会有需要，把它投资于证券或许不值得。

因此只有收入和支出的周期性才能决定保持一定数量的货币——就整个社会来说，这或许是数量较为固定的货币，仅在季账到期日和圣诞节等等的期间中，它才会发生某种较规则的波动。

除这种有规则的波动以外，只有在人们关于付款日期的习惯有变更，或以货币衡量的支出量一般有变更时，它才易于受到影响。（应当注意，从这一根源而来的对货币的需求不会受到利息变更的很大的影响。）

然而，即使在收入和支出大致预期会平衡的情况下，保持货币还有另一个理由。个人的支出计划绝不是固定的，常有这种可能性，即他可能在任何时间想作一项未曾预见及的支出。将证券变现以适应这一未曾预见及的支出，其成本将会很大，以致仅仅包含在其中的风险即足以抵消为数不大的利息的进益。因此，可能的（不只是或有的）支出的某一部分大体是由持有货币来抵用的；这一部分的大小，是视个人对风险的态度以及投资于证券所提供的收益的大小为转移的，因此货币需求的这一部分易于受到利率的影响，但它也易于受到风险因素的影响，除此而外，它与支出的总量或许也有一种较为不变的关系。

在这一点上，有一种很重要的可能的支出，即由过去所负的债务而起的支出。每一个企业在任何时间总有一定数量的未偿债务，也许会要在不能完全肯定预料的日期中偿还。当然，最清楚的是银行的情况，银行是依靠获得这种债务生存，因此有相当大的这种债务。然而，银行保持现金储备以应付债务仅仅是保持货币以应付不定的未来支出的一种特殊情况，在某种程度上所有企业以及不少私人都采取这种办法。

4. 这些就是保持货币的主要理由，即使在收入和支出间的一般平衡可看作常规的静态情况下也是如此。在不是静态的情况下，还得再加上两个理由。在某种意义上，它们是已提到过的理由的伸延；但似乎最好把它们单独分类。

如果一个人肯定地计划在最近的将来对他的支出作很大的增加，为了作好准备，他很可能增加他的货币余额。他一般地不知道付出资金的准确日期，进行这项支付也许还有一段时间，为了对此作准备，很容易在一次单一的交易中把所需要的资金转换为货币形式。因此我们也许可以以下一点作为较普遍的法则，即最近将来计划支出的上升通常会增加现在对货币的需求。①

如果他当前的支出小于当前收入以便在最近将来支出能够大于收入，则同一法则显然也有效。（事实上，这和我们在前一节中所讨论的第一种情况相同。）但如果他在现在的支出少于他的收入，以便增加证券的存储（因而在较远的或者是猜测的将来可以支出得比收入多），它或许也有效（这是我们在非静态的情况中要考虑的新的另一点）。由于投资于证券的成本，这种情况也许会发生，如果这种成本能分摊于较大的数额上，它们就不是那么难于负担。在这种情况下持有现金的最终目的不是在最近的将来花费它，而是在最近的将来把它投资于证券；所以没有把它立即投资，是因为把几个“星期”的“储蓄”在一次单一的交易中转换为证券，比之逐周投资较为便宜。

这些是持有货币的主要理由。它们各自不同，不易于套入一个方便的公式中，但是为了进一步的研究，我们需要这样一个公式，因为我们不能在每一次要用到它的时候，再把本章的全部分析复述一次。除了这最后一点（在储蓄过程中积累货币）外，如果我

① 参阅凯恩斯：《“先在的”利息理论》（《经济季刊》，1937 年）。

们作以下的表述应该不致太离谱，即货币的需求视利率，以及在最近将来计划支出的数量（以货币计算）为转移，同时也注意到实行这种支出（不是多于此的支出）的一种信心。这就包括了（除最后一点外）持有货币的全部理由。如果我们要把最后一点考虑进去，我们就得增加以下一点，即货币的需求有时会增加，不是因为最近将来计划支出的增加而增加，而是因为最近将来个人计划购买证券的数量增加而增加。这是令人为难的例外，但是我找不到任何方便的方式来重新表白这一法则，使得这种例外可以避免。

5. 从我们所举的例子中，很显然在上一公式中支出一项应包括进货的支出，这种进货是为继续或扩展生产过程所必需的，同时也包括对消费品的支出。事实上我们在一种难以避免的方式下，从单独考虑私人对资源的处理一下子便滑到考虑和个人问题及企业问题都有关系的事情上去。如果我们最后考虑一下这是怎样发生的，会有一些用处。

关于企业，我们已在第十五章到第十七章中分析过它的运行，我们把它当作纯技术性的单位；它吸取一定的进货，售出一定的出产品；并假定它的净收入（任何特定一星期中，在减除任何固定费用后，出产品价值与进货价值间的差额）将转入到企业家的私人账户中去。如果这些净收入是正数，企业家可以在他的私人能力范围内把它们分配于他的个人开支，或用以积累现金余额，或用以获得证券；如果它们是负数，他就不得不借款（或出售证券）或让他的现金余额减少，以便有可利用供私人开支之资金。

这就意味着企业运转的整个财政方面都假定要转到企业家的私人账户内；虽然这种假定有某些理论上的方便，但它显然是最不现实的探讨。即使是在私人企业内，企业家是一个真实的个人，而不是一个法人，在实际上他通常也有两本账。（在私人企业中这种分开确是虚伪的和没有道理的，因而为了理论的目的把它忽略或许也不无道理。）但当这一典型企业变为联合股份公司后，这种分开就不再是虚假的了。一条真正的分界线是存在的，企业运转的财政方面本身独立存在，与股东的私人账户截然分开——这种分开是由有限责任的法律原则所维持的。

虽然这种分界不再是虚假的，但它仍是武断的。应付这种环境的自然方式就是把企业的财政账户当作一种特殊的私人账户（我们没有必须的理由要把"私人"仅仅看作各别的人）；这一账户的"收入"为企业的净收入，"支出"则包括股息的付出。对于这一账户本章的分析完全可以应用（虽然我们应当明白，我们现在称做负收入的东西从货币的需求角度看来必须算作一种支出——和企业的现金余额的大小相关的是企业计划支出的总量，而不仅是它的股利的计划分配）。通过把企业的财政账户当作独立的"私人"账户，就可以把这一切很好地推论出来。但是仍然存在着一点困难。

没有留下一个清楚的原则来决定在什么规模上付出股利——就是说，在当前时期中应付出多少作股利，多少仍然用诸商业中。也没有任何理论方法，可用以除掉这种武断性；它是一种真正的武断性，是联合股份公司的一个真正特点。它包含的意义很大，但我们不能在这里研究它们；对我们现正从事的一般动态理论来说，唯一的含义是在某些时候我们必须愿意把股利政策当作一个自变数来讨论。

第二十章　整个体系的暂时均衡

I. 它的不完全稳定

1. 本书所用的分析方法的最令人兴奋的特点之一使我们几乎用不着任何过渡就可以从详细研究单一的企业或单一的个人行为的小问题进入到整个经济制度的繁荣与灾难，甚至是生与死的大问题。一群个人或一群企业的行为和一个单一的单位一样服从相同的定律，我们利用这一我们已在静态理论中熟悉的简单原则就可以通过这一过渡。如果能表明价格的特定变更（其他价格不变）对一个有代表性的个人而言，会增加他对某种商品的要求，那么处于同样环境的所有个人对该项商品的需求也必定会增加。（我们已经知道运用我们的"收入效应"指出有关市场上作为买方的人与作为卖方的人环境的不同。）我们曾经为那些细微的角色——有代表性的个人和有代表性的企业细致表述市场行为的定律，这些定律就这样在它们本身范围以内揭示出了大群经济单位行为的定律，从这些定律中我们可以很快地演绎出它们互相关系的定律——价格行为的定律，整个体系的运行定律。

整个经济体系在特定的"星期"中的均衡（暂时均衡）的一般条

件已在我们研究的早一阶段陈述。[①] 它们只不过是一些对各种货物和劳务，对证券以及对货币的供需方程式。由于有可能在研究有代表性经济单位的行为之前先写下这些方程式，我们似乎最好尽早利用机会这样做（并表明这些方程式之一如何可认为是多余的），以便我们在需要时有方程式可供参考。但是只有现在我们才真正能使这些方程式起作用。均衡方程式决定将在既定条件下建立的价格（从现在的上下文说，就是指既定的嗜好、资源和预期）；我们现在要讨论在某些这种论据的事实有变更时会发生些什么。

在这样做的时候，我们得贯彻和以前讨论静态价格体系时所用的恰好相平行的一种程序。但是在我们现在所处地位和静态理论中相应的地位之间有一个重要的区别，需要立即注意。在静态理论中，我们努力的最终目标是发现静态价格体系的运行定律；但在动态理论中，相平行的定律——暂时均衡体系的运行定律——却不能占有这样一个最后的位置。必须着重说，我们所要考虑的论据事实的变更都纯粹是假设的变更。我们想把在一个特定的星期中实际建立的价格体系和在论据事实（嗜好、资源或预期）不同时会在同一星期建立起来的体系相比较，这是一个重要的问题，但不是最后的动态问题。甚至当我们已通晓暂时均衡制度的“运行”时，我们还无法叙述价格变化的过程，也无法观察论据事实变化的内在结果。这些就是我们所要知道的最后的事物，虽然我们也许得面对令人失望的结论，关于这些事物一般地并没有许多可说。还有，在我们研究经济在一个特定星期的运行之前，我们对这些进

① 见前第12章。

一步的问题不能有所发挥。

暂时均衡的理论不包括最后的动态问题，但它并不因而缺乏直接的实际应用性。对许多目的而言，我们所要知道的正好是暂时均衡理论告诉我们的——论据事实的特定变更会对事态引起什么直接的改变。此外，如我们记得我们的“星期”的长度是随意规定的（它可以根据我们对结论所希望的准确程度伸长或缩短），那么很明显，“直接的”这一个词可以如我们所愿意的作较严格或较不严格的解释。把它伸长到如马歇尔派所称的“短时期”也还是合理的——在这一时间内现有设备（从广义或狭义上说）可以当作是既定的。有些问题在时间上必须超过一个“星期”，这主要是我们对资本的积累或不积累的结果特别有兴趣的那些问题。这些要留待以后考虑，它们属于动态理论的另一部分，不在暂时均衡理论之内。

依据我们通常的程序，我们将继续假定，由于价格变更的结果，企业家（以及其他人）觉醒过来变更计划所需要的时间长度是可以忽略的。因为事实上许多人对这种反应是比较迟缓的，这一假定必然会伸展时间的长度，在实际中我们的“星期”是和它相一致的；由于人们对最初的变更的了解而引起的冲击（这种了解或许较迟缓）是当作发生在这一“星期”之中。当然，在多数人“觉醒”之前，实际上对资本积累所起的重要影响也许已经是显而易见的。我们必须知道我们这个方法中的缺点。我们将把事实上同时发生的两种影响当作是相继发生的。但是，它虽然是一个缺点，并不是没有足以相抵的优点。我们如能把以下两种东西区分开来是有用处的，第一是仅仅由于人们对于最初影响的了解而产生的最初变更的结果(它们发生的迟早要看人们警醒的程度而定);第二是依存于资本累积的那些影响,它们发生于何时比较严格地取决于为完成生产设备的改变所必须的生产过程的技术既定期限。我们的方法乃假定第一种影响会以最大的速度通过;即使在通常的情况下它实际上和另一影响通过的一样缓慢,但常常可能大大地加快它的速度,考虑到这一点是必要的。它自然地进行得较慢这一事实不会真正引起很大的困难。

2. 在暂时均衡分析这一标题下所要考虑的特殊问题在很大限度内也是一些当前大家在讨论中发生兴趣的问题。它们包括一些争论很激烈的问题,诸如储蓄与投资对利率的影响问题以及货币工资的总变动的后果问题。我希望由于我们现在所作的探讨,这些问题能够得到澄清。因为我希望不仅说明这些问题的正确答案是什么,而且说明作出正确答案非常困难的理由何在。如果要用一个短语来表明这种理由,那就是我在本章标题中所用的短语:暂时均衡体系易于成为一种不完全的稳定。

为了掌握这一点的内在意义,必须回头看看我们原先关于交换稳定的讨论。[①] 为使多边交换体系完全稳定(暂时均衡体系不过是一种扩大的多边交换体系),必须满足以下条件:任何商品价格的上升必定会使该项商品的供给超过需求,(a)如果所有其他价格是既定的;(b)如果某些其他价格得到调整以使它们各自的市场的需求和供给之间保持均等;(c)如果所有价格都经过这样的调整。如果这些条件的最后一个没有得到满足,这一体系就完全不

① 见前第5章。

是稳定的，稍有波动，即会瓦解。如果某些稳定条件没有得到满足，则虽然其他条件（包括不可少的最后的条件）得到满足，这一体系仍是不完全的稳定。这体系最终是稳定的，所以它没有瓦解；但我们得准备会发生奇异的反常事情。

当我们把这些试验标准应用于我们在静态学中要考虑的体系（多边交换体系以及与生产交换的体系）时，我们不曾发现有什么重要的理由要假定它们会引起任何特殊的麻烦。因而我们就怀着一定的信心，把这些静态体系看作是完全稳定的；从它们的完全的稳定中，我们才演绎出可指望它们服从的经济定律。当我们把这些试验标准应用于动态体系——或者不如说是暂时的均衡体系中时，情况又怎样？

回答这一问题的最简单的方法就是先看看是否可能构成一种属于暂时均衡体系的特殊情况，它具有如同稳定的静态体系一样的形式上的性能。如果可能这么做，那么在这一特殊情况里，暂时均衡体系将是完全稳定的。把特殊情况和一般情况比较一下，我们就能看到在一般情况里是否有任何东西会打破这种稳定——如果是这样，打破稳定的因素是什么？

3. 任何静态的交换与生产体系和任何动态体系之间最明显的区别乃为在一种情况中没有借款与贷款而在另一种情况中则有借款与贷款。在静态中，个人收入与支出的差额仅能以他的货币余额的变更为限度；而在动态中，这种差额可以由他的（净）持有的证券的变更来弥补。我们已经花了不少笔墨说明把借款和贷款介绍进来是如何的重要；然而，就和此处有关的意义而言，它并不是必然有重要意义。证券是有买有卖的东西，因此它们是一种商品；

因此它们的介入，只有在这种特殊商品未能遵守静态行为法则时才会变更这一体系的形式上的性能。

如我们以前所看到的，只要个人的偏好水平与市场上固定的价格无关，这些静态法则就有效。① 甚至在动态体系中，只要预期的弹性是零，即是说，只要价格预期和利息预期都是既定的，这条件将继续有效。如果这些预期都是既定的，对证券的需求可视为在形式上等于对在将来供给的既定数量的物质商品的需求；这些商品的价格（它们的价格中仅有的能够变化的部分）是利率。② 所述商品只能在将来享受，这一事实和当前一星期价格的决定无关。同样，当一个企业借款时，它的行为恰如出售将来交货的商品一样，出售的价格也由利率决定。因而证券的行为恰和普通的商品一样；把这一特种商品替换静态理论中的商品之一并不会改变这一体系的基本性质。

这一点可以更精确地表述如下。假定我们讨论的是有短期贷款的现货经济，③在这种经济中所有贷款都只做最低的期限——一个星期。则在市场确立的唯一利率为一星期的利率；虽然人们的生产和支出计划当然视预期会在未来许多星期中通行的利率为转移。如果这些预期的利率是既定的，同时在未来星期中所有商品的预期价格也是既定的，则所有未来商品的贴现价格也是既定的，这种贴现并不是算到当前的一星期为止，而是算到次一星期为止，次一星期开始时，所有当前的贷款都到期。如要把这些价格贴

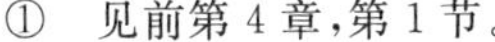

① 见前第 4 章，第 1 节。

② 更精确地说，是贴现率，它和利率有一种肯定的和不变的算术关系。

③ 见前第 11 章，第 5 节。

现到当前的一星期，我们只须将每一价格乘以当前一星期的贴现率（它不是既定的，因为它视当前的利率而定）；不过，这必须使它们的贴现率不致受到影响。但是当许多商品的贴现价格的比率是既定的时候，我们知道可以把它们作为一种同性质的商品看待。我们现在所做的就是把这种商品称为“证券”。我们可以在同样的理由上把它当作和任何普通商品一样，安置到静态体系中去。它不过是一种价格等于一个星期的贴现率的商品。

很明显的，在有短期贷款的现货经济的特殊情况之外，同样的原理也适用。如果长期贷款也存在，则不同期限贷款的利率须加以调整，以和一星期贷款利率的变化相一致；同时要考虑到有新的一组收入效应存在，这些新的效应是由过去的合同产生的，但是没有理由假定这些会是严重地不稳定的。

因此，我们也许可以概括一下我们论点中的第一步。只要预期的弹性等于零，暂时均衡体系的运行恰如静态体系一样，并且也和它一样的稳定。这是一个非常合理的结论，从其他观点核对一下，就立刻可以看得出来。只要把当前价格的所有改变都当作是暂时的改变，则当前价格的任何改变都会在许多市场上引起很大的替代效应。价格的上升会使人们推迟支出，企业家会推迟进货，加速出产；价格的下降则在相反的方向起作用。在时间上的替代能起强有力的稳定作用；价格的少许下降会引起供给很大地超过需求；造成稳定的力量的确可能非常强大，对价格体系要造成任何巨大的影响，都只有在论据事实发生剧烈波动的条件下才有可能。

4. 一旦我们看到，在这一完全稳定的情况里，稳定主要是由时间上的替代维持的，我们很自然地会问，如果抽去时间上的替代这种机会，这一体系是否仍然是稳定的。只要当前价格的变更以较小的比例改变预期价格——即是说，预期的弹性小于一，在时间上的替代的机会仍会保存。当预期的弹性全等于一时，就不再有任何在时间上替代的机会。因此，这是危险的情况。

从我们现在的观点来看，预期弹性等于一的情况非常难以捉摸是不足为奇的。然而这一点确是令人非常伤脑筋。我们似乎可以十分有把握地把以下这种假定当作一种标准假定，即预期的弹性等于一，当前价格的任何变更都可以预期是一种永久的变更。这一点似乎非常有理，大多数经济学家都把它视为当然，常常暗含地采用这种假定，明显地采用它的较少。① 正因为这一缘故，它引起了很大的麻烦。在讨论动态问题时，一个人会作的最自然的假定是最危险的假定之一，因为它介乎稳定与不稳定两可之间。经济学家在动态学方面所作的第一次的探讨就是在这一片动摇的土地上进行的，这一事实说明了在当前的世纪中"货币理论"为什么会那样复杂混乱。

事实上，在本世纪刚开始前，威克塞尔就第一个指出其中有问题。② 他把货币利率和以实物计算的"自然率"相比较（不管对于贷出"真实的自然资本"的神秘过程的看法如何），这透露出他想到了预期弹性等于一的情况。大略地说，他的中心论点如下：在均衡状态中，相等于特殊利率的，有一种特殊的关系——当前的一般价格与预期的一般价格之间的关系。如果利率降低，当前价格就会

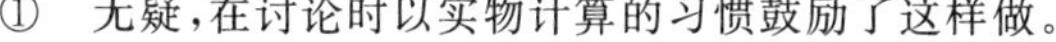

① 无疑，在讨论时以实物计算的习惯鼓励了这样做。

② 《利息与价格》。

上升；如果预期价格保持不变，这一过程会恢复均衡，在新的均衡中，当前价格对预期价格具有较高的比率。如果预期价格以同一速度上升，均衡的趋势就会化为乌有；当前的价格就再也赶不上。这一体系包含在有名的"累进过程"中。

不过，让我们再细致地看看这个问题。威克塞尔分析的中心特点是，他假定一种纯信用体系，而不是一种货币体系。[①] 他假定所有交易都是以信用支付，即是说，通过附息票据支付，在他的体系中，不带有利息的货币没有地位，对它既无需求也无供给。因此和我们的暂时均衡体系相比较，威克塞尔的方程式较少一个。如果有 $n-1$ 种商品（真实货物及劳务，不包括证券或货币），那么我们每一个都有 n 种价格要决定（$n-1$ 种商品的货币价格以及一个利率）。在我们的暂时均衡体系中，我们有 $n+1$ 个方程式来决定它们（$n-1$ 种商品的供需方程式，证券，以及货币的供需方程式）。在这些方程式中，有一个随着其余的而来，所以结果应当有 n 个方程式及 n 个未知数。

另一方面，威克塞尔去掉了货币方程式。在他的体系中，没有真正的货币流通，因此对它没有供给和需求。他还余有 n 个方程式，如以前一样，其中有一个是随着其余的方程式而来（因为账户仍必须平衡）；因此，净剩下 $n-1$ 个方程式。但是 $n-1$ 个方程式不足以决定 n 个未知数。

在预期弹性为一的前提条件下，威克塞尔的 $n-1$ 个方程式所决定的是 $n-1$ 种商品（如果它们以商品之一作为暂时的标准来衡

① 《利息与价格》，第 62—75 页。

量，则数目上为 $n-2$ 种）以及一个利率的相对价格。货币价格的一般水平（货币价值）没有确定。如果我们显示出只要利率不变，全部价格（必须着重全部[①]）普遍上升百分之五，包括全部预期价格上升百分之五，会使得每一个人的位置不变，则以上一点就可以看出来。一个人购买的东西的价格上升了百分之五，但他的收入也上升了百分之五。一个企业家使用的生产原素的价格上升了百分之五，但他的预期销售价格也上升了百分之五。没有什么刺激会促使在现在和将来之间进行替代。因此所有商品的供给和需求都不变；它们以前相等，将来仍会相等。这一体系可以在货币价格的任何水平上达到均衡。

威克塞尔的价格体系包含一个完全肯定的中心（商品的相对价格和利率），这个中心飘浮在完全不肯定的货币价值的太空中。由于货币的价格水平完全是随意规定的，论据事实的任何轻微的和暂时的波动都会在很大程度上引起它的变动。利率作为中心的一部分，为"真实的"原因所决定；但包括的时间很短，所以它们对于均衡的建立没有什么重要意义（即是说，用我们的术语说，时期不到一星期），在这种肯定的自然利率和短暂的货币利率之间也许有细微的差别。这种细微的分歧足以造成价格水平的大变动。

不幸的事是，威克塞尔和他的亲近的信奉者长期以来一直误认为货币利率与自然利率之间差异的可能性是他的理论的柱石。如果严格地来解释这种理论，所谓可能的差异仅不过虚假的差异；

① 不可以有在事先确定而要在新的情况下执行的合约；不可以有协定价格，如协定确定的货币工资。下章还要再述。

这种差异一变成实际，理论就要垮台。因为这一理由，作为一种对银行政策的指导来说，这种理论用处不大，在这一领域内原以为它有直接的应用性。此外，威克塞尔的解释的真正意义由于关于差异的先入成见而变得模糊不清；如果我们用另一方法来看这整个问题，它的真正的意义就会显得更清楚一些，这种方法很偶然地使我们可以不用威克塞尔的纯信用体系的假定。

5. 因此让我们回到我们以前的假定上来。让我们假定确有一种真正的货币流通，它不带有利息。我们已经看到在这种情况下价格和利率的整个体系都是确定的，方程式的数字等于未知数的数字。

现假定所有预期弹性都等于一；让我们从一组稳定条件中为一种特定条件试验这一体系，这一体系应当满足这些稳定条件。假定利率（或者，最好是整个利率体系）是既定的，而一种商品（X）的价格上升百分之五。如果这一体系要达到完全稳定，这种上升应当会引起 X 的超额供给，不论我们考虑到在其他市场上会发生多少的冲击。那么，会使其他商品市场的供需恢复平衡的价格变动是什么？如果我们仅考虑其他某些市场，我们所得到的结果和我们所熟悉的那些结果没有很大的差别，体系的稳定可以没有困难地经得起这些试验。但当我们考虑到全部其他市场的冲击时（但不包括证券市场，因为利率是当作既定的，也不包括货币市场，因它对其他市场并不是独立的），我们就面临一个不同的情况。只有其他商品也全部上升百分之五，其他商品市场的均衡才能恢复。因为如果所有商品间的价格比率不变，所有当前价格与所有预期价格之间的价格比率不变（因为预期弹性为一），同时（根据假定）

利率不变，那么任何地方都没有替代的机会。所有货物及劳务的需求和供给都将不变。它们在以前相等，将来仍然相等。价格的普遍按比例上升恢复了其他商品市场的均衡；但是它未能使得第一种商品 X 的市场的供给超过需求。仅就商品市场而论，这一体系的行为和威克塞尔的体系一样。它是在“中性的均衡”(neutral equilibrium)中，即是说，它能在任何货币价格水平上处于均衡状态。①

如果预期弹性普遍大于一，以致人们在说明价格的变更时，不仅把它作为新价格将会继续维持的标志，而是把它作为新价格将继续在同一方向变更的标志，那么所有价格上涨百分之几(利率为常数)就会使需求普遍地大于供给，因而价格将会继续上涨，预期弹性大于一而利率为常数的体系肯定是不稳定的。

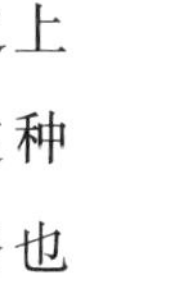

因之从技术上说，预期弹性等于一的情况标志着稳定与不稳定的分界线。但它本身的稳定是很有问题的。细微的波动便足以使它变成不稳定。假定以货币计算的 X 的需求增加，而利率和以前一样保持不变，则 X 的价格将会上升，其他价格随之上升；但是它们不能导致 X 的超额供应，为满足增加的需求，这种超额供应是必需的。② 这样，X 的价格会再上升，而一般价格也会普遍上升；没有什么东西能够阻挡这种无限制的上升。甚至

① 读者会注意到这种论点依靠以下假定，即相对价格体系是独特地决定的。我自己对这一假定并没有很多的疑虑。如果这一假定没有理由，则任何事都可能发生。

② 对于这种从稳定情况中演绎出变更的定律的方法，参阅前第 5 章，第 6 节。也许有人反对说，增加的需求本身会被较高的价格所遏制，但这不是很有力的反对理由。新的购买者本身的收入会上升；因此他们仍会如同在较低的价格上一样急于购买同一的增加数量的 X。

当预期弹性等于一时，这种体系也易于因最细微的波动而告瓦解。

6. 我们这样地建立的命题也许是经济动态学中最重要的命题。它之所以重要，当然不是因为它所描绘的那种瓦解会在合乎常规的情况下发生；造成瓦解发生的那些假定，从每一方面来说，都是不现实的假定。但它们也不是不现实到和实际环境不发生一点关联；它们表面上是对现实似乎颇为合理的简化，的确，在经济学家想构成一种能够用以进行讨论的方便模型时，通常总是利用这种简化。我们的命题表明，这种模型是一种非常不方便的模型；你一旦以这种方式构成你的假定，你便接近了一个旋涡，非常危险。在动态理论中究以使用哪种分析方法最好，和这一点很有关系；从作为时间的过程来考虑经济体系，一个人对经济体系的整个概念是什么，和这一点也有很大的关系。

只要经济学家满足于从静态来考虑经济体系，那么把它当作一种能够自行校正的结构仍是合理的。静态经济是天生稳定的；小的原因产生小的后果；因此这一体系不易于有很大的波动，除非是肯定地来自外界的一些波动。但这种稳定的出现，仅是因为对部分问题不加考虑而获得的。一旦我们考虑到预期因素（或者说，一旦我们考虑到预期的弹性问题），体系的稳定就大大地削弱。一些特殊的理由也许确会给予它足够的稳定，使它能够维持下去（我们将在下章观察一下这些特殊理由），但它并不是内在地和必然地稳定。因此，现实经济体系易于受到大波动，同时这些波动确是非常危险，就完全不足为奇了。

从我们所选择的研究方法可以证明，我们的命题是威克塞尔关于“累积过程”的有名命题的伸展。但是，人们很自然地把它和凯恩斯先生的名字联在一起，就如同把它和威克塞尔的名字联在一起一样。在《就业通论》中这一命题是相近的，但凯恩斯先生所提的证明比我们的更有限制性。他仅假定最近将来的价格预期弹性为一；对于较远的将来的价格，他假定它们会和货币工资一起移动。（用他的术语说，是用工资单位计算的资本边际效率。）因此，只要货币工资保持不变，就认为体系的不稳定性也中止了（因为那时较远的价格的预期弹性为零，而这成为一种稳定因素）。只有当货币工资移动时，不稳定（或者不完全稳定）才会出现。我认为我的证明更带有一般性。不错，关于我的证明的正式表述和下一假定很有关系，即商品 X 的预期价格仅受同一商品当前价格的影响，不受其他当前价格的影响。① 如果对这一点作严格解释，就会使得我的证明和凯恩斯先生的证明一样有限制性。但是，无须对此作严格解释。预期价格不论怎样总是视当前的价格而定（只要全部的当前的价格按比例的上升以同样的比例提高了全部的预期价格），而我的证明会有效。

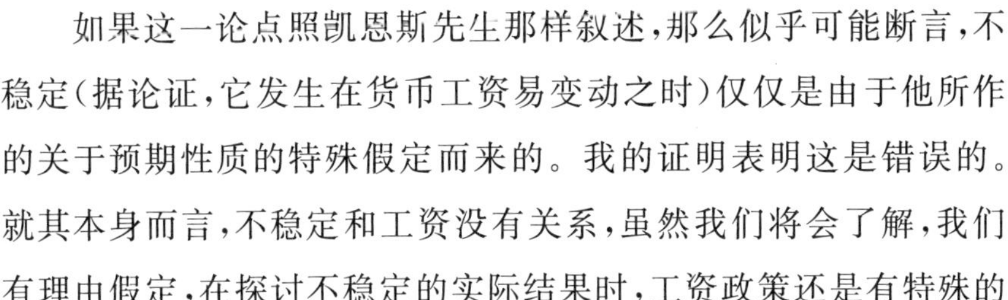

如果这一论点照凯恩斯先生那样叙述，那么似乎可能断言，不稳定（据论证，它发生在货币工资易变动之时）仅仅是由于他所作的关于预期性质的特殊假定而来的。我的证明表明这是错误的。就其本身而言，不稳定和工资没有关系，虽然我们将会了解，我们有理由假定，在探讨不稳定的实际结果时，工资政策还是有特殊的

① 参阅关于“预期的弹性”的定义，见前第16章，第3节。

重要性。这种不稳定不是工资的一种性能，它是货币与证券的性能，对于这些棘手的东西，人们并不因它们本身的缘故而需求它们，而是把它们作为在将来购买商品的手段。①

① 在本书初版出版以后一些时候，本章论点经兰格教授在其《价格的伸缩性与就业》(考尔斯委员会，1944 年)及莫萨克博士在其《国际贸易的一般均衡理论》(考尔斯委员会，1944 年)中详加考察。由于他们研究的结果，我觉得我的论点应加以某些修正，不过不是大加修正，致大大影响原来的论点。在这里，不大容易将必要的修正组织到原文中去，像在这一修订版中所作的几点修正那样的处理；因而本章内容一仍其旧。对于我想作的一些修正，在书末增注中加以说明(见增注 B)。

另一派帮助解释这些问题的研究为塞缪尔森教授的《过程分析》。在我写原书时，我心中想到的过程分析形式主要是罗伯逊教授提出的形式，在此处曾提到他的著作(在一则现经删去的注释中提及)。以后的研究表明，该一过程分析与我所讨论的题目有比当时所想的更为密切的关系。不过我仍然不相信它们有非常密切的关系，但我应比 1938 年对它作更多的讨论。因此，对这一题目我已作进一步的说明(增注 C)。

第二十一章　整个体系的暂时均衡

II. 可能的稳定因素

1. 我们构造了一种经济模型，我们发现它位于不稳定的边缘。它不是一种现实的模型；它是一种大大简化了的模型；然而它看来和实际环境还有点关联。它所显示的不稳定可以认作和我们在现实经济体系中所发现的不稳定相近——这种不稳定使现实经济体系易于受到波动；然而，它们虽然显示了这种不稳定，它们似乎没有不稳定到非常夸大的程度。为使我们的模型更接近现实，我们得作一些修正，在这些修正中间，我们应当可以发现一些可能的因素——这种因素虽不能完全阻止经济的波动，但可以限制它的波动。

让我们对一些构成我们的模型的特殊假定加以放宽；再看看会产生什么结果。这使我们要作一系列的各别的研究，这最好是在各别的标题下进行。

2. 利率。第一个可能的稳定因素是利率。人们应该已经注意到我们所讨论的体系并不是完全不稳定（最少我们没有显示它是完全不稳定）；如果除了其中之一以外，把所有的第二级价格反应考虑进去，它是不完全地稳定，但如果把包括利率的反应在内的所有反应都考虑进去，则不是必然不稳定。当一般价格在这样一种不能控制的情况下上下摆动时，对利率会产生什么结果？

一般人常常很方便地把利率当作不是决定于贷款市场，而是决定于货币市场。如果利率维持不变，货币的需求必定继续等于供给。我们已经知道，左右货币的需求的主要因素为(1)利率，(2)人们在最近将来的计划支出率(用货币计算)。当价格普遍变更时，第一个因素不变，但第二个必定会受影响。如果价格上升某一百分比(根据假定，会维持在较高的水平)，而人们计划购买的货物及劳务的数量不变，则对货币的需求必然会上升。因此，如果货币的供给增加到可以和增加的需求相配合，则利率必然继续不受影响——我们的暂时的假定只能是有效的假定。否则，利率会上升，而这又会遏制价格的上涨。

这一切都没问题，但当我们转向价格下降这一相反的情况时，就出现了一个新的困难。为了恢复均衡，利率必须下降。如果利率在开始时是合理地高，这一反应可能会没有困难地出现。但是如果利率在开始时很低，它不可能进一步降低，因为，如我们所看到的，证券是货币的较差的替代物，它们绝不能有比货币更高的价格。在这种情况下，体系不仅是不完全稳定，而且是绝对不稳定。对货币供给的充分的控制常常可以阻止价格无止境地上升，但它不一定能阻止价格无止境地下降。贸易的暴跌较之贸易的暴升更为危险(不止是更不愉快而已)。

这种危险的可能性是由凯恩斯先生发现的。从某些观点看来，这是他的《通论》中最重要的东西，因为它最后打破了以下这种轻易的信念(为威克塞尔所保留，而为近代许多经济学家所继承)，即认为作为最后的手段，货币控制(即利率控制)能够达到一切目的。但是虽然这是凯恩斯先生的学说所导致的结论，他自己对于利率却表现了比他根据他自己的原则所应该有的更大的信心；因此，我认为对这问题还可以作进一步的探讨。

3．到现在为止，我们只谈到通过利率所表现的反应，无须特别指明何种利率——如果我们所涉及的只是一种简单化的模型，其中只有一种利率，或者说，我们所假定的，是各种利率在某种既定方式下联系在一起的体系，那么，这是我们所能做的唯一的合理的事情。如我们在上面第十一章发现的，不同的利率间的互相关系部分地和风险因素有关，部分地和对未来利率的预期的趋势有关。这种利率的预期可以看作是对未来短期利率的预期，或是对未来长期利率的预期——同一的理论可以用这二者中的任一个来表明。如果我们把利率预期作为短期利率的预期，那么可以说，当前的长期利率是由当前短期利率以及预期会在贷款期限内保持的未来短期利率混合而成的；如果我们把它们作为长期利率的预期，则当前的短期利率仍决定在以下这样一个水平上，在这个水平上刚好使人宁愿作短期的借或贷，而不是在作长期的借或贷后，又在一个短时期的终了时做另一笔方向相反的同类的交易以抵消这一贷款。

让我们首先假定利率预期意味着短期利率的预期，在这一假定上来表明我们的论点。这样价格的普遍下降对利率体系的影响要看这些利息预期是否有弹性而定。（在我们的关于价格预期弹性的所有讨论中，我们迄今还没有理由注意到利息预期的弹性；但是我们迟早要接触到这点。）如果利息预期完全缺乏弹性，则短期利率的改变对长期利率很少有影响；因而长期利率可以看作是既定的（或者近乎如此）。我们所一直讨论的利率的改变，这种利率差不多只是短期利率。在这种情况下，全部调整的负担都放在短期利率上，如果货币的供给不调整，则价格水平的任何重大的改变都会导致这种（短期）利率的重大改变。很容易理解，如果利率改变要恢复均衡，必须在一定程度上作一个向下的调整，这种调整会包含一个负利率。因而，这种体系也会很容易地成为绝对不稳定。

然而，如果利息预期是有弹性的，则在短期利率降低后，长期利率的巨大的降低会随之而来。由于长期利率的降低估计会产生另一种趋势，使得当前商品的需求增加，进而遏制价格的下降，因此当利息预期有弹性时，为恢复均衡，短期利率只须作比之无弹性时较小的移动。为了保持均衡，短期利率不一定要减低到不可能的程度。

同样的论点实质上也可以应用到长期利率的预期上。如果这些预期是无弹性的，当前长期利率的降低，不可能超过一个非常细微的限度。举例来说，如果当前的长期利率为百分之四，预期它在一年的时间内是百分之四，那么，现在就将货币投资，而不是保存货币等到年底才投资于证券，这样就可以赚取百分之四的收益。但是如果预期利率仍旧为百分之四，而当前利率降到百分之三又八分之七，则一年期贷款所能净赚的数额（已将预期资本损失算入）仅为百分之四分之三。如果当前的利率再少许下降，一年期贷款的净收入将会变为负数。如果去掉投资于长期证券的风险因素，[①]则当长期利率仅有微小的下降时，只要人们认为这种下降仅是暂时的，而利率不久就会回复到原来的水平，这种细微的下降就

① 参阅前第11章。

显然足以使人们推延对证券的购买。[①]

因此，这一问题不论从长期利率的预期来看或是从短期利率的预期来看，它的结果似乎都是一样。甚至货币的需求的很大的下降本身也不足以引起利率的普遍下降；它肯定能使短期利率在可能的限度内降低，但如果利息预期较有弹性，则它对长期利率只会产生可以感觉的影响。长期利率不是一种可以暂时降低（或者表面上看来是暂时的）的东西；如果人们不相信下降是较为永久的利率就不会下降到可以感觉的程度。

4. 价格预期的高度弹性是一个反稳定因素，而利息预期的高度弹性就显得是一种稳定因素。如果价格预期具有弹性的前景和利息预期具有弹性的前景同样地存在（特别是如果两样东西可能会碰到一起的话），则利率变更会有效地稳定整个体系的前景也很可能存在。不幸高度弹性的利息预期似乎不可能和高度弹性的价格预期一样地普通。价格水平可以上下移动到任何程度，在各种价格水平上都会出现平静的时间。不论价格水平上升或下降多少，仅仅它曾有升降这一事实不一定能使我们假定它会回复到原有水平，或任何接近这水平的地方。[②] 但是和平静的时间以及有

① 由于（见前第 11 章，第 5 节）对长期证券投资一个既定时期所能获得的净收益为 $R+(R/R')-1$（R 为当前长期利率，R' 为预期会在期终保持的利率），利率的最大限度的可能的下降可以很容易计算出来。由于 $R+(R/R')-1$ 必须 >0，R 必须 $>R'/(1+R')$；近似地说 $R>R'(1-R')$。如果在年终利率预期为百分之四，则当前利率的下降不能超过百分之四的百分之四；余可类推。这是在任何可想象的情况下可能有的最大限度地下降；由于它忽略了风险，它还夸大了实际可能的下降程度，参阅凯恩斯《通论》，第 202 页。

② 见本章第 8、9 节。

组织市场的维持相容的利息变化的种类是很小的；因为，如我们已知道的，利率水平最终是衡量某些风险因素的强度的，而这种强度不可能会长期停留在某种宽广的限度之外。因此，当利率（任何利率）上升或下降得很多时，便会有一种现实的推测，认为它会回复到“正常的”水平。这种考虑似乎会使得利息预期不致太有弹性。[①]

利率作为稳定因素的有效性不仅因短期利率的变更转入长期利率的程度而定（我们不能很乐观的一点），而且也因利息变化影响价格的程度而定。关于这一点，情况也不是很有利。如我们在以前的一章中所理解的，在理论上长期利率应当比短期利率更有效，因为远期的出产品的贴现价格较之近期的出产的贴现价格更受利息的影响。[②] 但只有人们为未来作计划时，长期利率本身才会有效，否则就没有远期的出产品可受其影响。当价格下降时，似乎会引起一种心理上的衰退状况，对远期计划很不利。[③] 因为这一理由，利息的变更可能对阻止价格的上升运动会产生效果，而对阻止价格的下降运动则效果很小。

所有有关的考虑方向都相同。如果价格向上移动，而货币的供给不是（至少在某一点以后）按比例增加，则短期利率肯定会上

① 现存的长期利率使预期会在最近的将来及较远的将来发生的短期利率的变化打一折扣。因此短期利率的剧跌迟早会降低长期利率，只要短期利率会继续维持在新水平上，而这又产生出一种预期，即高的短期利率在将来存在的可能性，不及过去之大；但只有在明显地有某些理由可以解释这种情况时，它才会很快地反应到长期利率上——如1932 年在英国发生的很稀有的一个例子，当时由于困难地坚持金本位，有维持高的短期利率的必要，但这种高的短期利率的时期后来终告结束。

② 见前第 17 章，第 7 节。

③ 见下节。

升。对于它的可能的上升没有什么限制，而这一点本身又足以阻止价格的任何上升。但是短期利率要上升多少视对长期利率的影响而定（这种影响又随利息预期的弹性而定）。如果长期利率也上升，它可能是一种有效的刹车；所以它会减少短期利率必须上升的幅度。不过，即使长期利率不上升，短期利率本身也会很有效——虽然，在这种情况下，短期利率当然必须有较大的上升。

另一方面，如果价格向下移，短期利率可能下降的幅度是很有限的，除非长期利率也下降，这样一种有限的下降也许不足以遏制价格的下降。但在这种情况下，即使长期利率下降，形势也不一定能得到好转；因为在这种情况下，长期利率的下降对价格的影响处于最低限度。把这些因素总起来看，我们也许可以说，利息政策——即货币政策——作为遏制暴升的手段，可以得到很高的分数，但作为遏制暴跌的手段，则只能得到很低的分数。它能够规定一点，价格的上升不会超过这点；但是它不能保证价格一定会上升到这一点。

我们曾不得不花费一些时间研究利率问题；它本来好像是一个有希望的稳定因素，但结果它不过是这样一种不可靠的东西。让我们转向某些其他的修正点，为使我们的模型更现实，这些修正是必须的。我们从希望最小的一点开始。

5. 过去的合同。直到现在我们还没有考虑及以下这一事实，即在任何实际经济中，任何既定短时期的交易，其发生都有来自过去的合同为背景。合同的作成通常都按货币计算；因此如果所有价格以同一比例变更，而利率不变，则事实上并不像我们迄今所假定的那样，每个人的处境会有所不同。凡应接受来自过去合同的货币付款的人，在价格上升时吃亏；债务人则占便宜。这种财富分配的改变对不同货物的需求会产生某些影响，而按货币计算对一般货物的总需求也有某些影响。

这种影响显然是一种我们以往所称的收入效应；关于它的方向仍然不能从假定就得出结论。在实际上，人们也许会猜想债务人这一种人对其收入增加部分所支出的会较债权人这一种人所支出的为大。如果是这样，则当价格上升时，对消费货物的总需求会有增加，而过去订立的合同的存在会变成一种反稳定因素，而非稳定因素。但它常常会反其道而行。

然而，还有另外更重要的一点应加考虑。当价格普遍下降时（或者至少有较重要的下降时），会出现一种新的影响，它必然会使得固定合同成为反稳定的因素。由于债务的实际价值增加，债务人履行债务愈来愈困难。第一个结果就是破产的恐惧在债务人中日趋扩展；他们面临着这种风险；他们不愿开始新的生产过程，并企图把他们的资产变为可能的最活动的方式。① 其次，当破产或不履行实际发生时，一般地还有一段安排和解的时期；在这一时期中，资产的主权是不肯定的，创始性也陷于瘫痪。把这些事情总在一起，就可以说价格的下跌会使进货降低，因而降低对货物的需求，因而进一步降低价格。债务负担为通货收缩的一个有力的原因。②

---

① 这一点可以看作一种“萧条心理”，它会降低利率的效力。

② 伴随债务收缩而来的货币需求的增加不一定会提高利率，如果利率已经下降到最低限度，因而存在着不少“闲置货币”，则在货币供给上不致引起紧张就可以满足这种需求。因此在商业萧条的后一阶段，大批的破产和低利率二者是相容不悖的。另一方面，在经济危机时期常会出现高利率也大部分可以从这一方面来解释。

6. 价格的刚性。以下要讨论的一点提供了一个在某种意义上说较有希望的情况。迄今为止，我们一直假定，价格是完全可改变的，因而在一个单一的星期的贸易中，在供给和需求的自由活动之下，全部价格一起移动是可能的。这一假定当然也很不现实，现在得把它抛弃。在大多数社会中，有很多的价格由于这个或那个理由，对于经济力量是较缺乏敏感性的，至少在短时期中是如此，这种刚性或是由于立法的控制，或是由于垄断的行动（属于感觉迟钝的一种，它并不因有小利即显紧张，而喜好安静的生活）①。它们也可能是从由来已久的“公平价格”的观念而来。受到这种刚性限制的最重要的一类价格为工资率；它们受到上述三方面原因的影响。它们特别可能受到道德观念的影响，因为工资合同是一种人与人之间的合同，只有双方都认为“公平”才能顺利执行。但是，不论刚性是以何种原因发生，它都意味着某些价格不随其他价格上下移动——它们结果也许会产生一种稳定的影响。

这种刚性甚至除了作为稳定因素的功能以外，无疑地是一种具有很大的经济重要性的现象；因为它们的存在解释了为什么我们所考虑的这种波动不仅会产生价格上的大变更，而且会产生生产及就业上的大变更。凯恩斯先生甚至说，工资率的刚性是他的

① 这种特殊种类的垄断行为仅是价格的刚性的一种，它和其他种类的价格刚性一样，有相同的机会作为一种稳定因素。否则，没有特殊理由可以假定垄断行动是稳定因素。如果可以假定在垄断情况下的一般均衡体系是确定的，则威克塞尔——凯恩斯的命题即使在垄断之下也显然有效；价格的一般的按比例的变更会重新产生和以前一样的实际环境，因而使均衡不受波动。但是我必须承认，我非常怀疑一般垄断体系在有关的意义上说来是否是确定的，如果它不是确定的，任何事情都不能发生；但是我没有任何理由假定这“任何事情”必定是稳定因素。

体系的基石。他的这种提法虽在实际应用上有很多优点，但在我看来，如把刚性的工资率仅仅作为刚性的价格的一种，则在基本的社会学的应用上可以得到更好的结果。我们很难把劳工失业的直接的实际重要性说得更为明显，但我们如能把这一点和其他东西的不用（或者甚至是误用）并列地来看，则对它和资本主义性质的关系就能更好地了解。①

通过一种方法，某种特定商品的刚性的价格可以允许在我们的分析范围内存在，这种方法已在本书的较早的阶段讨论过。②我们假定所有其他价格是既定的，在这一假定下，我们为所讨论的商品画一需求曲线（DD）及供给曲线（SS）。如果该项商品的价格可以自由移动，则它决定于这两根曲线的交叉点。如果它确定在（譬如说）较高的水平，则虽卖方愿意供应数量 LT，仅能售出数量 ON（$=LP$ 或 MQ）。这样情况和以下一种情况是一样的：如果 OL 是仅为买者确定的价格，OM 是仅为卖者确定的价格，这

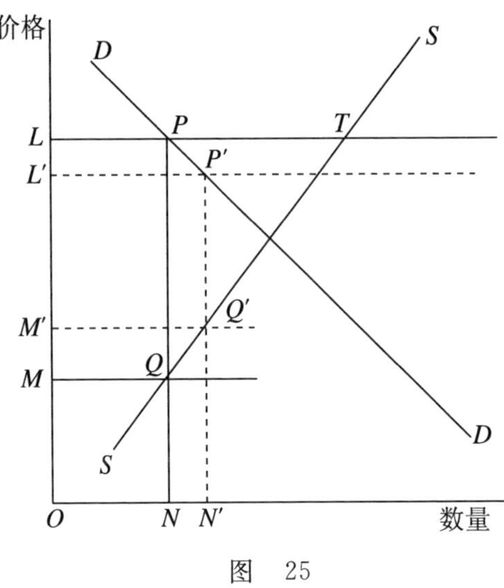

图　25

① 乔安·罗宾逊在她的“伪装的失业”理论（《就业理论论文集》）中，对凯恩斯先生的学说有所扩充。但是她没有表明这种扩充的可能界限是什么。

② 见第8章附注。

两种价格间的差额即成为实际销售过货物的卖方的红利，在其他一些地方我们已经发现这种方法的便利；对于现在的这个问题它也可以用。

假定除刚性的价格和“影子的”卖方价格外，所有价格都以同一的比例上升。如果预期弹性等于一，则需求和供给曲线保留它们原来的形状，但向上移动。结果产生的位置可以最好地显示出来，只要我们改变在垂直轴上衡量价格的比例尺，以使新的需求和供给曲线占据和原来曲线相同的位置，同时我们仍能利用原来的图。由于价格的比例尺改变，现在代表刚性的买方价格的为 OL' 而非 OL，OL' 小于 OL。购买的数量将为 ON'，使得供需相等的卖方价格为 OM'，它一般较 OM 为大。[①] 卖方所得到的红利从 $LPQM$ 变为 $L'P'Q'M'$；这两块面积何者较大是不肯定的，因此价格的普遍上升所带来的净影响为(1)增加商品的销售；(2)使买者价格不变，相对于其他价格而言，它是降低了；(3)相对于其他价格而言，提高了卖者价格；(4)改变了红利的数量，但在实际情况上它是上升还是下降则不一定。

红利数量的改变产生一种收入效应，它照例是不确定的。买者及卖者价格的改变对其他商品的供需具有某些影响。这种影响是否朝着稳定的方向要看对其他价格的一般影响是使它们提高还是使它们降低。由于我们从价格的普遍上升的情况开始，如果买者价格及卖者价格相对于一般价格水平的变更会降低价格水平，则刚性的价格的存在会有利于稳定。

① 如果需求曲线向后倾斜，它即较 OM 为小。

7. 对于其他价格的影响可以通过考虑替代及补充关系这一通常的方式推论出来。由于我们假定预期弹性等于一，我们无须考虑在时间方面的替代问题，我们只须注意及各种商品之间的替代及补充，好像在讨论静态问题时一样。

买者价格的相对降低会降低以下这些商品的价格，即买者能以具有刚性价格的商品替换的商品，或者可以由前一种商品转变而成的商品。它也会降低作为这些商品的替代品的商品价格，等等；但它会提高补充商品的价格。由于如我们所一再看到的，从整个体系来看，替代常常可能是主要的关系，买者价格的相对降低可能会起一种稳定的影响。当然这正是我们所期望的。

另一方面，“影子”卖者价格的相对上升会提高某些商品的价格，通过卖者的行为，这些商品是原来商品的替代物，它会降低那些作为补充物的商品的价格。由于替代占主要地位，这就非常可能成为一种反稳定的力量。刚性的价格的直接影响是造成稳定，但在市场的另一面有一种“影子”价格和它相对，这种价格不是刚性的，它的影响是反稳定。①

因此可以说，只有在刚性的价格的直接影响超过影子价格的间接影响时，刚性价格的存在才会造成稳定；而只有在影子价格的移动（相对于一般价格水平而言）是较小时，这一点才肯定会发生。它也许常常会发生；但只有在一种情况中它才一定会发生。在这

① 在一种相反的但较次要的情况中，刚性的价格固定在一个水平上，它使供给大于需求，在这种情况中刚性的价格仍是稳定因素，而影子价格则是反稳定因素。但此处卖者价格为刚性价格，买者价格为影子价格。其他货物价格的普遍上升会减少价格固定的商品的销售，造成卖者价格的相对下降，和买者价格的相对上升。

种情况中，刚性的价格是生产原素的价格，而被刚性的价格排除于销售以外的单位完全没有利用。

当刚性的价格是一种产品的价格时，其他价格上升，这一价格不随之上升，这一事实阻遏了在需求方面作为这一产品的替代物的那些商品价格的上升；但是，它刺激了在供给方面作为这一产品的替代物的那些商品价格的上升（也刺激了能转变为该种商品的生产原素价格的上升）。当刚性的价格是一种生产原素的价格时，由于它不能和这一工业接近，它的不上升也许仍会刺激那些以它为原料的产品的价格的上升。但是，如果被排除的单位完全不被利用，则影子价格为零，而且一直维持为零；不利用的存在几乎必然有利于稳定。

未就业劳动的存在，特别当失业扩展到许多种劳动方面时，作为一种稳定因素来说特别重要。在一方面，影子价格没有反应；在另一方面，这种一般化的劳动与大多数种类的货物有很强的替代（或变换）关系。它也许间接地和几乎所有的货物都有这种关系，因为它能被用来生产几乎任何货物的替代物。失业是我们已发现的最好的稳定因素。

8. 这是一个令人深感痛苦的结论，但只要我们假定预期弹性为一，这种结论似乎是几可避免的。当然这是凯恩斯先生的结论，他非常着重这一点，甚至把他的《通论》称为《就业通论》。价格体系的向上的不稳定可以受到利率运动的抑制，但向下的不稳定却不一定能在这种方式下得到抑制。在体系内唯一可靠的遏制物是工资率的刚性；虽然在向下的不稳定受到遏制时，总产量必然随之减少到技术上可能的最高限度之下，同时不就业劳动也会随之存在。如果刚性的工资率失去其刚性，那么，大概地说，其后果是价格下降，不再有任何作为遏制的刚性；因之普遍的工资减少仅会引起价格的进一步下跌，不能扩充就业。①

只要我们坚持预期弹性等于一的假定，就不可避免地会得到这种结论。但是我们虽然始终遵循这一假定，我们毕竟无须受它的约束；现在我们可以把它作为一个问题。如果人们相信现存价格会永久继续下去，同时如果当价格变更时，他们仅仅是改变一下位置，并相信新的价格会永远继续下去，这就意味着过去的价格对形成预期的影响是在最低点上。这不是常情，而是一种特殊情况，从我们对它的性质的研究，我们并不曾得出这样的观点，即认为它是一种经常发生的特殊情况。

如果所有预期弹性都是一，只有依靠刚性的工资率的存在才能维持体系的稳定；但是如果所有预期弹性都是一，为什么工资率就应该是刚性的呢？我们不能说，工资率之所以固定在某一以货币为标准的特定水平上，是因为工资赚取者由于它本身的缘故而需要这么些货币；货币工资为什么是刚性的理由必然是因为那些确定工资的人对货币的稳定价值具有一定程度的信心——即是说，因为他们有比较缺乏弹性的价格预期。只要他们保持一种观点，认为某一价格水平是“正常的”，那么他们把货币工资率确定在一个在他们看来相对于“正常的”价格水平是“公平的”水平上是完全合理的。但这一点并没有给予我们理由来假定在正常的意识消

① 在实际上，还可以考虑另一种冲击，即通过公共财政引起的冲击。这种冲击会起稳定的作用，绝非不可避免，虽然，最少在某些国家中，它最终会起稳定的作用，这种可能性是存在的。在这些国家中，要求减轻失业的压力比之平衡预算的压力为强。

失时货币工资仍会维持刚性。

为了解释工资的刚性，我们必须假定与工资合同有关的各方都有某种正常的价格的意识，这种正常价格（也许）几乎和“公正的”价格没有分别。工资的刚性在这样一段时间（也许是很长的时间）内会继续存在，这一时间内有关的方面相信，有关的价格（不论是劳动的产品的价格或是劳工所购买的东西的价格）是暂时的变更。一旦他们认为这种变更是永久的变更，就会有改变工资的趋势；在极端不稳定的环境中，他们失去了正常价格的意识，谈判就要求助于活动的尺度，货币工资的刚性就完全消失了。

9. 正常的价格。当我们考虑到这最后一点时，为了得到一种经济体系的合理现实的模型而应当作出的假定就开始明确了。我们必须给予这种体系充分的稳定因素以使它能够运行；但是我们绝不要假定这种因素非常强有力，使这一体系不易受到波动。某些价格（特别是工资率）有倾向于刚性的趋势；但是为了能够给这些价格的刚性提供一种解释，可以说某些价格预期也有倾向于刚性的趋势。没有理由假定所有价格预期都是缺乏弹性的。如果我们假定不同的人的预期弹性有很大的变化，还比较更好一些。有些人的预期通常似乎较为稳定；他们对和他们相关的价格会维持在一个稳定的水平这一点从不轻易失去信心；因而当这些价格发生变化时，他们对这种环境很自然的解释就是当前的价格变得不正常的低，或不正常的高。但另外有些人，他们的预期要敏感得多，他们很易于相信，他们所遇到的价格的任何变更都是一种永久的变更，他们甚至相信价格会继续在同一方向继续变更。（不同的人的价格预期的敏感性的不同显示出了和这些人特别相关的那

些价格的行为的不同;敏感的商人作出敏感的价格,不敏感的商人作出不敏感的价格。最敏感的价格可以在通称为“投机市场”的市场发现。)①

当然,根据这种敏感性将居民划分,其情况随不同的环境而异。凡习惯于稳定价格或价格渐变的人,他们的预期就可能是不敏感的;习惯于剧烈变动的人,他们就会是敏感的。我们必须准备应付各种可能的情况,从在过去一直习惯于稳定情况的安定的社会(正因为这一理由,它在现在不易受到波动),到一直经受价格剧烈波动的社会(因此,可以把这种社会看作在经济上是神经质的)。

然而,因敏感性而有不同的各种情况之间的区别不仅视进行贸易的个人的心理状态为转移,而且视我们的分析所占的时间长度为转移。我们决不要忘记我们的“星期”只是一种任意规定的长度;这一点对预期的形成有很大的重要性。预期弹性取决于给予过去的经验和现在的经验所得的相对权数;如果“现在”包括较长的时期,“现在的经验”就必然占较大的分量,而(甚至在同样的心理状态下)预期就会更有弹性。只有非常神经质的社会才会在很短的实际时间内表现出很大的敏感性;人们通常不指望自己能完全准确地预见在任何特定日期的实际价格,因而当实际价格和他们认为最可能的价格有显然易见的差别时,可能完全不会影响他们的预期。但是如果在较长的时期实际出现的平均价格和所预期

① 更严格地说,我们应当考虑,当前价格的变更影响人们对未来价格的预期,其程度是不一致的。即使一个人预期价格会在一段时间以后回复到正常,如果他的行为深受他对最近将来的价格的预期的影响,他的行为仍会很敏感;对于那种当前的行为仅受较远的将来的预期所影响的人,同样的情况只会使他们的行为不敏感。

的不一致时，它就可能影响到甚至是最迟钝的人的进一步的预期。因此有理由假定敏感性会随“星期”的长度而增加。

这是否意味着任何体系（除最神经质的以外）在短时期中是稳定的，而在长时期中就一定会变得不稳定呢？我晓得我们无须害怕会堕入这样一个结论中去。因为我们的“星期”所包含的时期愈长，我们知道它就会变成一个愈难以满意的和现实的近似。有些问题处于暂时均衡分析之外，在我们能为长时期得出任何法则之前，我们必须考虑到某些这种问题。

第二十二章　整个体系的暂时均衡

III.　它的运行定律

1. 在我们结束讨论暂时均衡体系以前，我们得设法把它的行为法则概括一下。这是我们分析和静态学相平行的问题的最后步骤；但比之静态学，这里要显得复杂得多。因为我们不仅必须考虑到静态学中同样的问题，而且还要考虑利息问题，以及预期弹性大小不同的情况，这些复杂情况不只是一个加数，而且是一个乘数；所以当我们企图有计划地对结果详加叙述时，显然地就出现了一座包含着各种可能的问题和可能的答案的迷宫。在这种情况下，我决定放弃列举出一套完整的系统的法则的企图，宁可退而求其次，我将提出一个基本命题，所有特殊情况的法则都可以此为基础；然后再举出一些例子，说明如何应用这一命题。

我们需要知道的主要事情乃为通称为贮藏、储蓄以及投资的这些广泛的改变对价格、生产和利息所产生的影响。如果把这些改变描述为商品及货币之间，货币及证券之间或商品及证券之间需求的变动，我们就可以用对我们现在的讨论更适合的用语来表示它们。我们的静态理论已经给了我们研究需求变动后果的技术，因此我们所要做的就是把静态法则改用这三位体（商品、证券、货币)的用语来加以叙述。

不幸,事情并非如此简单。只有在一种特殊情况中,静态体系(我们已知道它的法则)和暂时均衡体系(它的法则我们想要发现)之间有恰好相似之处。这种情况就是全部预期都完全地缺乏弹性的情况。在所有其他情况中,没有理由假定各项法则会密切地符合一致。然而,从很多观点看来,有弹性预期(最少是有相当弹性的预期)的各种情况更属重要。

克服这一困难的最好办法是将有弹性预期的改变的影响分成几步。首先,考虑在预期无弹性的情况下会发生什么。这将包含价格上和利息上的某种(第一级的)变动。其次,假定价格预期,或利息预期,或二者,在和当前价格或利息第一级变动的同一方向变动。预期的这种变动会造成需求的进一步的变动,其性质和第一级变动相同。这种第二级变动的影响就可以用论述第一级变动的影响同样的方法推论出来。

这种分析方法的一个优点就是它给予我们一种逻辑的关系,这种关系和实际世界的原因和后果间的关系有颇相一致之处。我们已经看到,可用以调整的时间愈长,预期就通常变得愈有弹性。[①] 因此,我们以下所述改变的第一级影响最少和冲击影响具有某种关系;第二级影响也许和在时间上被推迟的那些影响很相同。

2. 这样,要做的第一件事就是为带有缺乏弹性预期的体系推论出若干法则。为了推论出一些正式的法则,我们可以把这一体系化成为一个三角形,包含三种“货物”——商品、证券、货币。三

---

① 见上章第9节。

种“货物”有两种“价格”——商品的价格水平和证券的价格，后者是利率的一种表现。当需求有变动时，这些“价格”将会怎样受到影响？

这样一种三角形的行为已在以上第五章中详加论述。在一个可以化成为只有三种商品 X,Y,Z 相交换的体系中，按 Z 计算的 X 的需求的增加必定会提高按 Z 计算的 X 的价格。对于 Y 的价格的影响可以分成为收入效应及替代效应。如果 X 及 Y 是替代物，替代效应会提高按 Z 计算的 Y 的价格，如果它们是补充物，就会降低 Y 的价格，如果 Y 和 Z 是替代物，它会降低按 X 计算的 Y 的价格，如果它们是补充物，它会提高 Y 的价格。在讨论收入效应的时候，最好先看看由替代效应带来的价格改变，然后再考虑由这种最初的价格改变所引起的财富的分配的改变对不同“货物”的相对需求是否会有任何重大的影响(和讨论预期时所用的方法相同)。如果在相对的需求上有重大的改变，则在考虑结论时必须计及此点。

当我们把这种推理应用于三位体(商品、证券、货币)上时，很明显的，关于收入效应，很难作一般性的叙述，虽然在作特殊应用时，还应当注意到这一点。关于替代效应，则可说的很多，在这一点上我们还将进一步研究。

首先，在三位体的任何一对之间是否有可能存在补充性？这是一个我们还没有适当解决的问题。不过，我们已经看到有理由假定货币和证券有可能成为密切的替代物；[①]如果这一点能成立，

① 见前第13章。

则货币与商品的关系和证券与商品的关系不可能会很不相同。这就意味着组成三位体的三对都必然是替代物。因为三对之中充其量只有一对是补充的(根据通常的法则),所以或者货币与商品是补充的,证券与商品则否,或者反之。如果把这种可能性也排除掉,则唯一的可能就是三对都是替代物。

我们知道在那种情况下体系是如何运行的,因此我们只要以新用语叙述旧法则。

i. 用货币计算的证券需求的增加会提高以货币计算的商品价格水平。由于证券是商品的替代物,它们的价格也会上升;即是说,利率会下降。

ii. 用货币计算的证券的需求的增加会提高证券的价格,即是说,会降低利率。由于证券和商品是替代物,它也会提高商品的价格。

iii. 用商品计算的证券需求的增加,相对于商品价格水平而言,证券价格会提高,由于没有呈现补充性,用商品计算的货币价值会上升,用证券计算的货币价值会下降。以货币计算,商品的价格水平必定会上升,而利率会下降。

3. 这些似乎是一种具有无弹性预期的经济的运行法则。这些法则中的第二、第三点一看就似乎是很可接受的,第一点则颇觉不可思议。但是如果对这一点详加论证,并充分注意那些确切的假定(只有在这些假定下,才认为它是有效的),则它似乎也是可以接受的。

现假定某一特殊商品的需求有增加;预期是缺乏弹性的,因而需求的增加必须理解为是暂时的,所有因而引起的价格上的改变也必须理解为是暂时的。对需求的增加将尽可能从减少存货或加速生产来满足;这种情况可以抑制对其他价格的冲击,因而很容易理解,需求的很大的暂时的增加对第一种商品的价格只会起很小的影响,对其他价格的影响则更属微不足道。然而,所有这种预支必定还有它的另外一面;卖者不在将来而在现在出售必定会逐渐增加货币余额或者减少借款(对借款的加快偿还也看作为减少借款的一种形式);买者延期购买必定会逐渐扩大货币余额或增加他们的贷款。如果反应完全发生在货币的需求上(假如购买延期及销售提早的时间很短,情况就可能如此),则利率将完全不受影响。但如果对利率有任何冲击的话,其方向也必定是向下的。

当然必须理解到,所有需求上暂时改变所产生的冲击都可能是很小的;从货币和证券是密切的替代物这一点看来,对利率的冲击可能特别小。在利率较低而不是较高的情况下,这种可替代性更属明显(使利率不至下降为零的即为这种可替代性,这一事实使这点很明显);因此,如果利率在开始时非常低,则不论情况发生何种一般的变化都不能改动它;如果它在开始时较高,则很容易受到影响。

4. 现在让我们进而考虑预期的弹性问题,先从价格预期的弹性开始。为此我们必须知道价格预期的改变可能会引起什么后果;即是说,对于需求,它可能会造成何种变动(属于我们已经讨论过的一种)。对于这一点,可以用两三种不同的方法去研究,一方面,由于将来的货物和现在的货物常是替代物,有一种假定认为价格预期的上升会增加对当前货物的需求。如果一家企业预期它所生产的货物在将来会有较高的价格,它可能会在现在增加对生产原素的进货,而或许会减少它的产品的产量。这一进货的增加(或出产的减少），必定有一个对证券或货币的需求的相应变动和它相平衡。因此可以认为这一企业是把它的需求从货币或证券上转移到商品上；而我们知道这一种移动的结果是什么。如果增加的“投资”的资金是从借款而来，则净改变即为以证券计算的对商品的需求会有增加；这将会提高商品的价格水平，以及提高利率。如果资金部分地从减少对货币的需求而来，则利率的上升会受到遏制甚至停止；而商品价格则会受到刺激上升。

关于这两种资金来源方法的相对或然性还可以说些什么？“投资”之所以会以减少贮藏为资金来源，最可能的理由是企业家一直在期待在此时或彼时会出现这样一种机会，并为这种机会保持着货币余额。因之，如果它是一个完全新的机会，它或许要以借款作为资金来源；如果它本身并非不曾预期过，仅其日期不曾预料过，它也许可以减少贮藏为资金来源。（在贸易恢复的初期，这种情况也许会大规模地发生；在贸易恢复初期利率不会受到特别的压力，这是一个理由。）

另一方面，如果一家企业预期它计划使用的生产原素会有较高的价格，它不一定就会增加它对生产原素的当前进货，这是由于在生产原素之间常会出现时间上的补充性。但如果预期较高的价格会在最近的将来出现，则它对生产原素（以货币计算）的计划开支率会增加；以致对货币的需求会有增加。这可以看作需求从证券转向货币的一种变动。

为什么对货币的需求会增加，还有一些其他理由。产品预期价格的上升意味着企业家收入的上升，而这会导致他对消费品支出（包括他在目前的实际支出以及在最近将来的计划支出）的增加。必须把这看作是需求从证券移向商品，或许同时也移向货币。

对私人的价格预期也可以作同一种类的分析，虽然并无作详细推论的必要。在时间上进行替代的趋势是存在的，这意味着目前对商品需求的增加；同时，只要价格预期的上升包含着收入增加的预期，对货币的需求就也会增加。

当我们总起来看这些不同的趋势时，很明显，价格预期的上升的结果会以几种不同的方式出现。最可能的后果是会产生一种偏向于商品的需求的变动，这种变动主要以减少对证券的需求为代价；这将引起商品价格水平的上升，以及利率上升的某种趋势。但是，这不是唯一的可能性。有某些强有力的理由会造成需求从证券移向货币，这会加深对利率所产生的影响并使价格的上升受到遏制。对于这一点常常必须估计到。这样，在某些情况中，偏向于对商品需求的变动会被对货币需求的减少所平衡，因而利率不致上升，这也是可以理解的；甚至某些价格预期（如生产原素预期价格）的上升不致引起一般商品需求（包括所说的生产原素）的上升，这也是可能的。不过，如果我们把这些最后的情况看作例外，也许仍不无理由；我们谈及的价格预期的上升如果是带有普遍性的，它们常会被在相反方向起作用的力量所盖没。

5. 那么，我们也许可以多少带点试验性地说，价格预期上升通常的影响是提高价格及提高利率；价格预期下降通常的影响是降低价格及降低利率。在一个价格预期有弹性的体系中，当前价格的改变使价格预期在同一方向改变；因而我们以前对无弹性预期的情况所定的法则可以扩展到包括有弹性价格预期的情况。这种扩展要受到上列条件的限制，然而，它的主要方向是相当清楚的。

当价格预期有弹性时，我们在无弹性预期的情况中所论述的对价格的各种影响都可能会加深；但是利率常可能和价格水平在同一方向移动。因此，(i)如果我们的起点是需求从货币移向商品，第一级影响是稍许提高价格以及降低利率(如果有任何这种影响的话)；第二级影响则是进一步提高价格，而且会提高利率。(ii)如果我们的起点是需求从货币移向证券，过程是相同的；第一级影响是降低利率以及提高价格；第二级影响是更进一步提高价格，以及提高利率。[①]（但这里必须注意一点，即价格确被第一级影响提高时，第二级影响才会发生，如果利率已经低到不能再低，或利率的下降未能刺激对货物的需求，则也许完全不会有第二级影响。）(iii)如果我们的起点是需求从证券移向商品，则第一级影响是提高价格以及提高利率；在这里第二级影响只会加深第一级影响。

如果我们发现在一个价格预期有弹性的体系中，某些这种冲击显得非常不可靠，那也是不足为奇的；因为我们知道，当价格预期弹性通过某一点以后，这一体系虽似稳定，但摇摆不定。如果用货币计算的对证券需求的增加(甚至在最后)会提高利率，那么，这一条件，也只有这一条件会显示出这一情况的不稳定性。

我们在上一章已看到，这一体系的不稳定性只会很缓慢地显露出来，时间愈长，预期就变得愈有弹性。这就是为什么把我们刚才分析的第一级影响当作冲击影响，而把第二级影响当作是代表起因过程中的较后的阶段。然而，绝不能假定预期的渐增的弹性

① 参阅马歇尔：《货币，信用及商业》，第257页：“新的通货……最初会增加贷款人贷款的意愿，并会降低贴现率。但它以后会提高价格；因而它趋向于增加贴现。”

可能会均匀地进展；更可能的是，预期变得更有弹性的速率在不同的市场会很不相同。如果我们的第一级影响可以大体上代表过程的第一阶段，则在次一阶段中，某些预期的弹性会大大地增加，而另一些则不会有多大的变动。这样，在次一阶段中，我们就必须在第一级影响之上加上某些人对某些货物价格预期发生变更时所引起的影响；而这会特别地影响那些货物的价格以及和它们非常类似的其他货物的价格。这对于详细论述价格改变的过程是非常重要的一点，最初的波动对一般价格体系的影响并不止于对有关货物的影响，此种影响我们曾在静态分析中指出。如果对商品 X 的需求增加，作为 X 的最接近的替代物的货物在起因过程的既定阶段中不一定会受到最大的影响；很可能某些和 X 关系较不密切的货物，价格会有较大的改变，但这些货物都是被一些有着更大弹性预期的人所购进。①

某些价格预期的比较缺乏敏感性的另一结果是工资率的刚性。在刚性的工资下，视某一数量失业的存在为当然；在某一范围之内，对劳动需求的改变反应在就业的改变上，而不是在工资率的改变上。只要失业者所具有的能力是各种各样的，就很有理由假定一般的劳动是一般的其他货物的有力的“替代物”；从这一点可以说劳动的就业（因而也可以说是生产的总量）将直接和我们所讨论的价格水平发生关系，并服从同样的定律。不过，当失业下降，同时当失业人口的才能种类减少时，工资率必定会变得更欠刚性；

① 这就是为什么依靠增加对资本货物的需求比之依靠增加对消费货物的需求能更容易地刺激繁荣的原因吧。

特定的价格上升所引起的失业下降将较小——或者（从另外一面来说）要使失业下降到既定数量，必须有价格的较大的波动，除非需求的增加直接影响及于尚未雇用的特种劳工。

6. 迄今我们还没有谈到过利息预期。关于利息预期的弹性可说的不多，但即使不多，却很重要。在利息预期没有弹性的情况下，必须把长期利率（它主要视利息预期为转移）看作为近乎是既定的；它几乎和当时的需求和供给的改变不发生关系。因此我们所讨论的利率差不多仅仅是一种短期利率；长期利率不会受到我们所谈及的那种改变的很大影响，除非预料证券市场情况的改变是相当长久的。①

当然现在有理由假定利息预期具有某种弹性，至少在任何经济过程的第二阶段可以作这样的假定；虽然（如我们在上一章所看到的），②很有弹性的利息预期比之很有弹性的价格预期是较少可能的。因此，尽管长期利率的一般趋势是比较不易受到影响的，但对长期利率产生的某种影响还是应当估计到。

为了推究这种影响，我们可以从观察以下一点开始，即如果利息预期将发生普遍的改变，这种改变不是由我们以上分析的任何需求上的改变所引起的，则情况将如何？现在暂假定短期利率是既定的。如果利息预期上升，而短期利率没有任何改变，它将减少

① 只有在一种情况下它可能受到影响。长期利率不是预期的短期利率的平均数，而是远期的短期利率的平均数，它等于预期利率加风险报酬（参阅以上第11章第4节）。如果当前需求的上升使这种风险报酬增加，那么它也许会迫使长期利率上升，即使利息预期没有弹性，情况也是如此。细读霍特里先生近作《银行利率一世纪》，使我觉得我或许低估了这一点的重要性。

② 见前第21章，第4节。

将来的销售以及购买(比短时期为长的将来的销售和购买)的贴现价值;这通常会产生一种替代效应,减少对当前商品的需求。这一点正和价格预期下降的影响一样。可能会有某些例外,但可能的结果是商品的货币价格会趋于下降,以及短期利率会趋于下降。

因此,利息预期的独立的改变会导致短期利率和长期利率在不同的方向运动。人们对利率的未来趋势的悲观会导致证券的下降,而这将遏制对货物的需求,使得价格下降;并将减轻对短期市场的压力。

如果利息预期的改变是由证券市场当前环境的变更所引起(即是说,如果利息预期是有弹性的),同样的原理仍可适用。但是现在短期利率的改变会引起长期利率在同一方向改变,而这又转过来对短期市场起作用,遏制短期利率的变动。如果利息预期是无弹性的,我们所讨论的利率的调整就会落在短期利率身上;因而,对证券需求的很大的下降(或供给的增加)就会对短期利率产生很大的影响;而在另一方面(由于利率不会变成负数),对证券需求的很大的增加也许不会对(或通过)利率起任何反应。如果利息预期是有弹性的,压力就从短期市场转到长期市场;短期利率高涨的危险降低了,同时(由于长期利率改变对价格的进一步的影响)通过利率不起反应的危险也降低了,这是因为利率不会降到一个最低限度以下。

然而,如我所说过的,利息预期只会有较小的弹性。长期利率更可能主要地由这样几个因素所左右:较长期的远景,未来信用限制的危险(而不是当前的信用政策),预期银行体系在紧急时期会怎样行动,这种紧急时期发生的可能性。

第二十三章 资本的累积

1. 在我们可以认为已经完成我们的任务——为动态经济学的纯理论写下主要的轮廓——以前，还有一个问题必须考虑。用我们的模型的用语来说，我们迄今只谈到过在一个特定的“星期”中会发生什么——就是说，我们只谈到在人们很机警，以及各个市场之间畅通无碍的情况下，可能会立即发生的那些经济改变的冲击反应。当然，在实际上即使这种冲击也需要有一定的时间才能显现出来；对于这点，我们曾经极力地考虑到。但是我们仍得研究那些必须要有一定的时间才会显示出来的冲击是怎样运行的，这些冲击的迟延不是因为沟通迟缓或知识不全，而是因为生产过程的技术上的期限。拿我们的模型的用语来说，就是得研究当在“第一个星期一”制订的计划开始显示出来的时候，在以后的“星期”中会发生什么。在这一问题上，可能有很多可说；不过，我想重要的问题能够简单地加以说明。

在第二个星期一确定的实际价格，如同在第一个星期一确定的价格一样，部分地是由组成经济的个人在那一天所发生的愿望和预期决定的；对于这一点，以前几章中所述都可以适用，没有提出什么新问题。但任何一日确定的价格也受到存在于那一天的资本设备（就其最广泛的意义说）的影响；存在于第二个星期一的资

本设备是由以前各个星期，包括刚过去的一个星期的活动决定的。如果（在理论上可能在实际上几乎不可能）那一星期的活动中，所生产的货物恰好和这一星期中消费的或用完的货物相同（不多也不少），则存在于第二个星期一的资本设备可能在数量上及组成上都恰和存在于第一个星期一的资本设备一样。在这种静态情况下没有什么新问题要在这里考虑。但在其他情况下，则存在一个新问题——资本的累积（或负累积）对价格的影响问题。

假定某些企业家在第一个星期一所采取的生产计划已经包括了第一个星期中的资本累积；即是说，第一个星期某些进货已被使用；不仅是为了在将来能保持第一个星期的出产和进货率，而且是为了在以后的星期中可能生产较第一个星期更多的出产（或者使用较少的进货）。① 假定在第二个星期中这种努力有某些获得结果。那么，仅仅作为完成原有计划的结果，第二个星期一存有的设备会使得某些货物的供给大于第一星期（"供给曲线"向右移），或者，对某些货物（或劳务）的需求小于第一星期。即使第二个星期一的嗜好和预期和第一个星期一完全一样，设备的这种改变还必须考虑到。（由于供给的增加和需求的下降实质上在同一种方式下起作用）它似乎必定会导致价格的下降，以及使第二个星期一的价格普遍会低于（其他条件不变）第一个星期一的价格。

不过，供给增加必然会导致价格普遍下降的法则只有在供给以货币计算有所增加的情况下才属有效。必然向右移动的是按货币计算的供给表。在这里是不是这种情况呢？为了观察第二个星

① 为了本章的目的，我们不需要一个比这更精细的关于资本累积的定义。

期一的价格是否会高于或低于第一个星期一的价格，我们得假定在第一个星期一确立的价格也会在第二个星期一确立，然后看看在这些价格上，供给会超过需求多少（或者反之）。这里的情况是，凡那些因计划完成出产增加（或进货减少）的商品，它们的市场供给会超过需求。但是（假定嗜好与预期不变）这是不是供给和需求上仅有的改变呢？肯定不是。由于资本累积的结果，有发展生产计划的企业家的处境会比第一个星期一变得更好一些——他们将来的净收入川流会上升。这可能会增加他们对货物的需求，因而多少会抵消价格的下降。

2. 如果我们再考虑一些很容易辨别的特殊情况，则对以上各点就能更好地理解。

首先，取以下这样一种情况为例，在这种情况下，第一个星期资本的累积采取建设某种永久性的改良物的形式，期望从第二个星期开始，继续到无尽的将来，出产会有经常不断的净增加。（在事实上这是一种不可能的情况，但它是一种可用以作为开始的简单情况。）第二个星期即使从事同样的建设（如果建设停止，当然会引起情况的剧烈变化），第二个星期的情况也会在两方面与第一个星期不同：（1）某种货物的产量会增加，（2）进行了新建设的企业家处境会变得较好。假定在这些资本家的预期中，将来的价格及利率都不变，则他们的收入增加数恰好等于增加的出产的价值。[①] 如果他们把这些增加的收入都花掉，则对某些货物的需求会有增加，其数值恰好等于其他某些货物供给的增加。其结果就是，某些价格

① 见前第 14 章。

会上升,某些会下降;但是某种一般价格水平可以说没有受到影响。

不过,在实际上,人们计划他们的支出时,总有一种量入为出的趋势;这也许(虽然不一定)会使得人们把增加的收入的一部分储蓄起来。如果他们这样做,如果他们的支出少于收入的整个增加部分,则其结果是,价格的压力会向下。因之当资本累积采取我们所假定的形式,而资本货物已齐备时,可以预料会产生一种使得价格下降的压力。

资本的累积为什么会产生使价格下降的压力,消费小于收入增加的全部的这种趋势是一个理由。但这不是唯一的理由。[①]

假定累积采取和我们刚才所讨论的不同的另一种方式——一种更为现实的方式。假定累积包含新资本货物的建设,这些货物需要好几个星期才能制造出来,只有在这一段时期终了之后,才能运用它们作为生产工具。在这种情况下,如果资本货物的生产在第一个星期一开始,它们不会在第二个星期一就准备好,因而在第二个星期一产品的供应不会增加。但是在第二个星期,企业家的收入仍会有所增加,至少等于已经开始的建设的价值的利息。他们的资产的价值由于新的建设而有所增加,(假使他们的价格预期不变)他们就能希望至少可消费增加的价值所产生的利息的一部分而不致影响他们的原有的经济处境。[②] 因而,他们增加支出也

---

① 凯恩斯先生对收入所下的独特的定义(《通论》第6章)似乎意在得出这样的论点,即将收入增加的一部分储蓄起来的趋势是资本累积会使价格降低的唯一原因。我看不出这样做有什么好处。在使用某些观念时,最好根据它们的最自然的意义,同时并应承认,资本累积对价格的影响不止一端。

② 本章末尾附录中列述一简单例子,详细表明资本累积过程对收入的影响。

并非不可能的。在这里，没有增加的产量可以和增加的支出相配合，以致对价格的单一的影响会趋于提高价格。

不过，我们还可以继续探究这一情况。假定新资本货物的生产不是在第一个星期一开始，而是在这一天接近完成，以致在第二个星期就可以把它们作为生产工具。在这种情况下，出产有很大的增加，企业家的收入也有所增加；但是相对于出产的增加而言，收入的增加是很小的，因为企业家的增加的进款大部分已预先贴现。即使他们把增加的收入全部花费掉，对价格的压力仍然是向下的；即使立即开始建设同样性质的一套新资本货物，对价格的压力仍是向下的。

这一点也只是一种特殊情况；但它可以表明出产的增加和收入的增加不一定是密切地相一致的。在资本累积的过程中，如果建设时期很长，产量开始扩充的日期远较进货扩充的日期为迟，收入在产量增加之前就会有显而易见的增加。这一点如何反映在消费上当然视人们制订他们的消费计划的习惯为转移（在实际上，也视这些公司的红利政策为转移）。当人们还没有看见他们的储蓄化为增加出产的实体之前，他们也许不愿意扩大支出。但是，虽然在实际上会计政策有某种实现这一目标的趋势（从社会立场上说，最好是这样），从私人的观点来说，没有充分的理由要这样做。可以预期的最自然的事情就是当资本货物在建造时，投资活跃的一个时期会出现支出的增加，因此当产量增加成为事实并影响价格下降时，留下来抵消这种影响的就很少。

如果增加产量所得之款不用以增加开支，它们必然是用来或者购买证券（包括对借款的偿付），或者增加货币余额。有某种理由可以假定在每一个这种形式之中多少会出现一种储蓄（按其实际意义

解释)过程。[①] 不论它采取哪一种形式,前章所述法则都可以应用。需求从货物移向证券(货物供应的增加,其作用和需求减少一样)必然会导致价格的下降和利率的下降;需求从货物移向货币必然会导致价格的下降,同时它也许会(最少在最初)引起利率的上升。

当然必须记住这只是在起作用的影响之一;它也许会很容易地被在相反方向起作用的力量所抵消。和往常一样我们总是在其他条件不变的原则下作出论述。由于生产过程的完成而引起的产量的增加,它本身会影响价格下降;但如果任何通常会提高价格的力量也在同时起作用,它也许就会被抵消。

另一方面,我们绝不能假设这样分析出来的价格下降是无害的;也不能假设只有扩充了产量的产品价格才会下降,其他价格不会受到影响。其他价格下跌的可能性也是很大的。由于整个体系中替代关系一般都占优势(这是一个我们现在已很熟悉的现象),需求从某种特殊商品移向货币一般会降低其他价格;随意取一任何其他特殊价格来看,其下降的可能性也大于上升的可能性。需求移向证券,只可能降低相对于证券价格的其他价格,因之,如果利率有充分的下降,其他价格也许不会有下降的趋势。但是,如果利率下降不显著,或者所发生的这种下降不足以显著刺激对商品的需求,则其他商品的货币价格以及增加了产量的商品的价格仍可能会下降。把这些总在一起看,可以说这是最可能发生之事。

如果货币工资是有伸缩性的,它们特别可能会下降;但由于货币工资是硬性的对劳动市场的最初的影响可能是失业的增加。

---

① 见前第19章,第4节。

3. 在如同前几章中所讨论的，价格预期富有弹性的情况中，价格的这种下降，设不加抵消，其后果可能非常严重，甚至在人们对调整他们的预期较为迟缓的较不极端的情况中，由于货币工资的硬性，它也许会对就业引起严重的影响。然而这一切并不意味着资本累积是不值得希求的，虽然它的某些后果也许很危险。

因为当我们考察由资本累积引起的商品及劳务的相对价格的改变时（决定实际收入的是这些相对的价格，而从经济福利的观点看来，实际收入是重要的），它们就很可能呈现出决然不同的情景。假定预期有充分程度的硬性，以保持体系的稳定性，我们试通过累积过程对实际工资的影响来研究一下这问题。我们从静态的情况开始并利用这些静态情况作为比较的标准，比较方便。在累积过程的最初阶段中，新资本货物正在生产但还没有完成，生产这些货物所需的资源的需求增加；这些资源可能在很大的范围内包括劳动在内。因此，对劳动的需求就大于静态情况持续的条件下对劳动的需求。但这种需求的增加对实际工资的影响，在某种程度上，视被替代之物的性质为转移，对劳动的需求是以这些替代物为代价才获得扩大的。如果这种需求依靠减缩消费资料支出（储蓄）供给资金，则劳动几乎肯定受益；因为这种改变会变成对劳动需求的增加（相对于对消费资料的需求）——而这一定会提高实际工资，即按消费资料计算的劳动价格。不过，还应当注意，储蓄者减少购买的消费资料和工资赚取者所需求的消费资料这二者之间在什么程度上可以作为良好的替代物。① 它们愈是良好的替代物，以工

① 无论是在生产方面或消费方面的替代都一样。

资赚取者所需按消费资料计算的实际工资上升就愈大。

如果对劳动的需求所需资金是通过其他方式获得——例如最初的改变是按证券计算的对劳动的需求增加了，——我们的假定仍是消费资料价格的上升会小于劳动价格的上升，以致实际工资仍会上升。（如果货币工资是硬性的，这一结果可以修正；在这种情况下，由于消费资料价格的上升，实际工资必会降低；但劳动仍会因就业的增加而受益。）

在累积过程的中间阶段，企业家（以及一般的利润获得者）的支出也许会跑在增添商品出产的前面，劳动的位置得到改进的这种趋势也许会倒转过来。因为现在对用证券计算的消费资料的需求增加，而这可能提高相对于其他价格的消费资料的价格。总的趋势仍然是价格上升，因而就业也许会继续扩充（如果货币工资是硬性的）；但是，如与第一阶段比较，真实工资的趋势肯定是朝下的。

在最后一阶段，消费资料的出产跑在企业家支出的前面（价格开始下降而就业可能减少的阶段），对实际工资的影响初看来必然是有利的。这种改变等于按证券计算的消费资料的供给有所增加；相对于其他价格，因而也相对于工资而言，这会降低这些消费资料的价格。因此即使货币工资是有伸缩性的，似乎可以看出实际工资会上升；如果货币工资是硬性的，实际工资的上升还要大，但当然这是以失业的增加为代价。

然而，这一结论有一个重要的附带条件。在第十七章中我们看到，当企业家从事于累积过程时，当他们的生产计划逐渐增加时，在计划的较早的阶段所出现的进货的增加，不仅有较后阶段的出产的增加与其相对等，而且也有较后阶段的进货的下降与其相对等。对这一点可以这样解释，即较后阶段的进货不仅可能比较早阶段的增加了的进货为小，而且比之静态持续的情况下，分配给较后阶段的进货也要小些。至少，如果通常的替代关系始终保持，情况就是这样；如果较早的进货和较迟的进货是互相补充的（这种情况并非不可能），则新设备可能会继续引起对劳动需求的增加，以运用这些设备，而对劳动的需求可能会无限期地保持在一个比原来静态情况下的水平为高的水平。但是在任何情况下，较早的和较后的进货因互相补充而致以同一的比例增加是非常不可能的；但如果在较后的阶段对劳动的需求比之较早阶段不致降低，这又是必须的条件。

产量的上升连同进货的下降（假定为对劳动需求的下降）比之单单是产量的上升，对于实际工资所产生的影响很不相同。使得价格下降的影响当然是更为加深（我们以前对这一点的分析不受影响）；但对实际工资的影响却很不利。现在，可能在累积过程最后阶段发生的价格的改变和把某些种类的货物和劳务（其中应包括劳动及生产得到便利的产品）转向证券时所产生的价格改变是一样的。如果货币工资是有伸缩性的，则实际工资以生产未因资本累积而得到便利的那些产品来计算，将会下降；甚至以生产得到便利的那些产品来计算，它也不一定会上升。如果货币工资是硬性的，实际工资将会上升；但失业则会猛增。

当我们从第二阶段进入第三阶段时，这是一定料得到会发生的改变；但如果我们不把累积的最后阶段和紧接着它的前一阶段相比较，而把它和我们从以开始的静态情况相比较，我们对整个过程的全景将会看得更为清楚。与原来的位置相比较，对劳动的需求不一定会有任何下降；如果对劳动较早的进货和较后的进货是互相替代的，对劳动的需求将会下降，但如它们是互相补充的，对劳动的需求就不会下降；可以把较早的和较晚的劳动进货互相替代的情况描述为已经制造的新设备是"节省劳动"的，[①]在这种情况下，作为整个过程的结果，对劳动的需求比之完全没有累积资本的条件下所产生的环境而言，会有所下降。而在较早的和较晚的劳动进货属于补充性的情况下，新设备需要更多的劳动去运转它，这种需要足以抵补因使用新设备而减少的劳动还有余。

在这种补充性的情况中，累积过程的最后结果总起来看是对某种商品供给的增加和对劳动需求的增加。假设在终了时就业数字和在开始时相同，这就意味着以全部货物计算的实际工资，特别是以生产得到方便的那些货物计算的实际工资会有上升。在替代("节省劳动")的情况中，对劳动的需求减少，但某些货物的供给仍会增加。以其他货物计算的实际工资会下降，但以这些货物计算，它们仍会上升(除非新设备非常节省劳动)。

因此，甚至从长期来说，资本的累积不一定对劳动有利；但在实际上我们仍可指望它通常会有利，其理由有二。第一点是我们开始在讨论生产理论时已经谈到的——在同一企业所使用的生产原素中，补充性常占优势[②]；没有理由说这一点不能在此处应用。因此没有理由认为新资本一般总是节省劳动的。但是第二点或许

① 引起的失业是"因技术原因形成的失业"。(technological unemployment)

② 见前第7章。

更为重要。即使新资本是节省劳动的，它也许会提高以生产得到方便的产品计算的实际工资。如果许多种类的新资本货物的累积同时进行，则许多种类的消费资料的生产都会得到便利；以致实际工资以某些货物计算虽会下降，以另一些货物计算则会上升，前种货物比之后种货物可能更不重要。实际上，在过去一世纪中，资本的累积对劳动的生活标准似乎非常有利，这无疑是主要的理由；生产得到便利的产品主要是大众消费的东西，这一事实也在同一方向起作用。如果作为资本累积的结果，还有任何货物，工资按它计算会下降，这些货物对于工资赚取者也不是有很大重要性的货物。①

第二十三章附注
资本累积过程中的收入

假定一个企业家处在如下一种情况之中，如果他不建设任何新的资本货物，他可以指望净进款的不变川流 $A, A, A, \cdots$ 无限期地继续下去。那么（假定他预期价格不变，利率不变）那一数量 A，无论根据任何定义，都是他的收入。今假定他运用这些进款中的

① 当然，这不是说，工资以某些重要的商品计算不会因其他一些理由（举例来说，如人口的增加）而下降。

一笔数量 B 作为最初 r 个星期建设新资本工具之用，预期它从($r+1$)个星期起会产生增加出产的不变川流，其数量等于 C。他的新的预期的净收入川流为：

$$A-B,A-B,\cdots,A-B,A-B,A+C,A+C,\cdots$$

从这里所得到的收入等于从($A-B$)的不变川流中获得的收入加上从 r 个星期以后开始的($B+C$)的不变川流中获得的收入。因此新的收入

$$I_0=(A-B)+(B+C)\frac{1}{(1+i)^r}。$$

他在第二个星期的收入为从($A-B$)不变川流中获得的收入加上从($r-1$)个星期以后开始的($B+C$)的不变川流中获得的收入。因此

$$I_1=(A-B)+(B+C)\frac{1}{(1+i)^{r-1}}。$$

除非他从建设新资本货物中获得的收入最少等于未建设之前的收入，否则他就不值得去从事这种建设。因此 I_0 不能小于 A。假定为简单计(对论点无影响)，使 $I_0=A$。

则

$$A=A-B+\frac{B+C}{(1+i)^r},\ \therefore\ B+C=B(1+i)^r。$$

$$\therefore\ I_1=(A-B)+B(1+i)=A+iB.$$

同样，$I_2=(A-B)+B(1+i)^2=A+2iB$ (假定按单利计)。

在资本货物开始投入生产之前的一个星期中，

$I_{r-1}=(A-B)+B(1+i)^{r-1}=A+(r-1)iB$ (假定按单利计)。

在次一星期中，

$I_r = (A + B) + B(1 + i)^r = A + riB$（假定按单利计）。

因此在最后两星期中收入的增加近乎 iB；但是出产的增加为 C，它等于 $B(1 + i)^r - B$。假定按单利计算，则它近似于 riB。

因此，建设的时期愈长，相对于任何支出的增加而言，出产的增加就愈为重要。这种支出的增加是由收入的增加而来的，自收入增加之日起，它就会和支出相抵消。

第二十四章　结论——商业循环

1. 在像本书这样一件工作将告结束之时，我们不免要回顾一下，并想对一些带一般性的问题陈述一些一般性的意见。在我们的思想上甚至有一方面，认为我们应当这样做；我们大多数人所受到熏陶的经济观点，是以静态理论为基础的，因而当我们现在掌握了动态理论的要点，而这种理论经表明和静态理论大有差异时，我们一定会觉得它对我们的一般观点是很有关系的。我们迟早必须尝试对这种差异作出评价，并对新观点的实际影响加以推断。凯恩斯先生及其信奉者曾作过一些这种尝试；但我们似乎毋须步其后尘，因为在他们的著作中所涉及的关于资本主义的观点包含了一些多余的成分，为了过渡到动态理论的基础上，这些成分不一定要包括进去。我们所需要的，是说明我们的观点应有那些必须的最低限度的改变；为了说明这点，我虽曾尽力提供了一些材料，但我觉得在本书中我并不敢这样做。

关于这一点有几个理由。第一仅仅是本书的篇幅已经不少这一事实；写此书已经花了很长的时间，而（我恐怕）读此书也要花掉很多时间——所以我不敢希望再要读者更多的忍耐。另一是由于使用的分析方法的特异，它和近代经济学家所通用的分析方法非常不同，特别和写此书的地方——剑桥城所通用的分析方法不同。

因此尽管那些有着可敬佩的批评能力的学者们似乎就近在身旁，我也无法经常抽出此书的一小部分，送请他们指教。因此只有在发表以后而不是在发表以前才能得到批评，而我在对最广泛的论题表示我的意见以前，很愿意先得到这些批评的教益。

最后，我认为仅仅通过理论要构成一种必须的世界观是不可能的。在我们达到我们能够满意的一种经济哲学之前，我们必须把我们的动态过程的理论和我们的关于资本主义发展的历史知识相对证。这一点显然不可能简单地或在没有提出大量新的论点之前就能办到，而这样做，和我现在写的这本书的性质是不相称的。

因此我只好写一些尝试性的意见。

2. 对于资本累积过程的现象(如我们在上章所论述的)和我们在经济高涨时期所实际观察到的现象之间的密切相似，读者也许会获得深刻的印象(我在写及此点时，印象很深)。在我们的理论上，资本累积过程不一定总是必须经过恰好相同的几个阶段。但是它们之间一般地密切相合，因此我们似乎有理由说，经济高涨不过是一个加紧累积的时期而已。

如果发生刺激企业家的投资率的任何事情(“任何事情”指什么，我们暂且不管)，我们已经看到，情况会如何演变。首先，会有一段“准备”时期，它的唯一可见的影响是，对生产要素的需求(或许)会有少许的增加，以及对货币的需求(或许)会有少许增加。如果(在经济高涨的初期通常是这样)已经存在着过多的没有就业的劳动以及过多的未使用的货币，则此种需求的增加实际上对一般价格不会发生什么影响，对利率实际上也不会发生什么影响。可能受到影响的仅有的价格是像一般股份的价格这类价格，它们直接反应最敏感的贸易人的预期的改变。

在第二阶段，当新资本货物的物质建设已经开始时，对生产要素的需求的增加就变得很大。这会使失业有第一级的下降。同时，较敏感商品的价格有普遍上涨的趋势；随之我们可以假定某些工业家可能已经有时间发展有弹性的预期（最少对未来的某一段时间的预期，这段时间主要和他们所从事的生产过程相关联）；由于价格预期的上升，将引起失业的第二级的巨大下降。

经济高涨就这样地继续向前发展；但从这一点以后，发展情形就出现了一种分歧，首先，我们可以继续进到第三阶段，这一阶段的特点乃是预期弹性的逐渐扩展。乐观散布在整个社会；而在以后，愈来愈多的价格预期变得有弹性；有更多的生产过程开始着手进行。失业进一步下降；但在某一点之后，工资赚取者（至少他们的工会代表）的预期也会变得有弹性，工资乃开始上升。经济高涨迅速而猛烈地扩大。但在几个方面，它也许会陷入麻烦。

一方面，这一类活动的增加会引起对货币需求的增加。到某一点为止，这种需求常常可能得到满足而不致引起任何紧张；但如果经济高涨继续下去不受遏制，这一点迟早一定会被越过。在那时货币管理机构就得考虑它是否愿意无限地扩充信用；如果它对货币供给的扩充甚至只加以最轻微的抑制，利率也会上升。长期利率甚至在货币管理机构采取任何行动之前就可能上升；因为长期利率反映利息预期，对货币管理机构可能采取这种行动的忧惧就会引起长期利率的上升。[①] 不过，因为这种忧惧而引起的长期

① 这种上升可能还有其他理由。见前第 22 章，第 6 节注。

利率的上升似乎不可能在很大的限度上遏制扩充，除非经济高涨已因其他原因开始衰微。

在这些其他原因中我们得包括商人方面单独的一种意识在内，即他们觉得经济高涨已持续了它通常可能持续的一段长时期；以致仅仅时间的消逝就会使他们的预期向下移动。但甚至在一个非常具有周期意识的世界中，也很难认为这一点有很大的重要性。更为重要的是这样一种可能性，即社会的某些重要部分，他们的预期极端缺乏弹性，所以对货物的需求一般未能像较为敏感的人所预期的那样迅速扩充。在一个时期以后，这会迫使他们向下修正他们的预期；但是如果（有如十八及十九世纪局部的及特殊的经济高涨所常表现的情况）敏感及不敏感的人们之间的划分大致相当于使用不同银行体系（即是说，不同种类的货币）的人之间的划分，则由于这种原因而引起的遏制也许可以转变成为通过信用限制而引起的遏制，这种限制的目的是为保持不同种类货币的面值。

但最为重要的是，由生产过程的完成，由在第一阶段所计划的而现在已经实现的资本累积的完成而必然引起的遏制作用（因为它和我们已经列举的其他遏制因素非常不同）。在上章中我们看到这一点如何几乎一定是一种压抑市场的影响因素——虽然在任何特殊的阶段中，它当然还得和促进扩张的影响因素相抗衡。它的力量有多大视已经发生的资本累积的性质而定；而特别视受到增加供给（或减少需求）压力的市场的敏感性而定。

3. 因此，最少有两种很不相同的情况会使得一个一般的经济高涨濒临终结；它也许是因信用限制而告终，也许因本身力量的衰竭而告消失。对有记录的经济高涨根据它们终止的原因而作出一个大概的分类应当是可能的；但是我们当然也应当想到，分类的工作绝非简单——或许在大多数情况下，在相当限度内起作用的不止一个原因。然而，什么是起主导作用的原因，有很大的关系。对随之而来的衰退过程，关系也很不小。

衰退的主要特征不是物质资本的负累积（虽然常常会存在某种负累积，其主要形式为处理存货）；它仅仅只是累积的停止。这一点本身已足以造成典型的衰退现象——预期的向下修正，这立即会导致普通股份的下跌；需求从商品与生产要素移向货币及固定利率的证券，因而导致价格的下跌，失业的上升，以及（在因处境困难而借贷造成银根奇紧的初期阶段以后）利率的下降，如果所有价格都是同等地有伸缩性的，所有价格预期都是同等地有伸缩性的，则仅仅累积的停止就足以造成无底的衰退——资本主义的不稳定性使它处在完全瓦解的情况之中。

这种情况之所以不致发生是由于价格的硬性，而在价格的硬性之外，根本上还由于人们的关于正常价格的意识。如果工资率在经济高涨的最后阶段曾经猛烈地上升，它们又会相当快地重新下降；但这一点并不一定意味着工资赚取者的预期已经变得永久地具有弹性——它也许不过意味着回复到正常价格的旧有观念而已。一旦这种标准重新建立起来，它们就会对工资的下降加上一层限制，在某一点上工资会坚持不动。同样地，当价格下降至某一幅度的时候，有某些企业家（他们的预期较少弹性）就会开始想到现在所达到的价格是反常地低，因而在将来价格可能上升这一基础上开始发展生产计划。遏制衰退的是这些东西，它使衰退不致立刻发展到陷入崩溃之境。

对于这一作用的重要性，我们是不至于估计偏高的；但尽管如此，我们也必须小心不要对这些稳定因素过于信任，不要认为它们能永久地挽救难关。它们所能做的最多是提供一个喘息的时机；如果某种新的东西随之而至，使这种喘息的时机转变为复苏时期，那当然很好；但是如果没有发生什么事情足以导致累积过程的真正恢复，则在时间逐渐消逝之后，稳定因素一定会渐渐变弱。价格的长期低落会打乱规范，引起预期进一步向下修正。第二级的萧条又会开始出现，并远较第一级为危险，因为可用以阻止崩溃的抵抗力更少。

为什么说经济高涨消失的原因非常重要，其理由就在此。如果它是因信用限制而消失，则它可能还没有把它赖以吸取养料的投资机会完全用尽；机会还是有的，如果让经济高涨继续下去，这种机会早已利用了，在危机时期不得不把它们推迟，但是在喘息时期的相对平静时期，这种机会又可利用。这种利用可以使喘息时期转变为恢复时期，而周期也就完成了。

如果前进中的经济高涨自然地消亡，则情况要危险得多。这时需要有某些完全新的因素来使萧条转变为恢复时期，从而避免第二级萧条的危险。那么，可能利用的新因素是什么呢？

4. 我们似乎已接触到商业周期的理论，如果我们特别着重由发明与革新所提供的投资机会，则唯有使这种理论和历史上的最明显的事实相一致起来，才可能了解它的意义。我在很广泛的意义上使用这些名词，不仅包括关于生产已经熟知的商品的新方法的发明以及新商品的发明，而且也包括嗜好方面的改变；为了我们的目的，我们必须把这类改变当作独立的改变看待；虽然常常很容易在经济领域以外，在政治上，或教育上，或人口的移动上去追索它们的根源。任何这种原因都能够提供我们所寻求的那种刺激因素。举例而言，一种需求的变动，即使它只是从一种消费资料 X 转移到另一种消费资料 Y，只要预计它会比较永久地继续下去，它就足以对进货的需求提供暂时的刺激。当然，在 X 工业中，对劳动及原料的直接需求都会下降，它可以和 Y 工业中的需求的增加相抵（或前者与后者相抵而有余）；在这里没有什么刺激因素。但是在 Y 工业中对生产工具也有需求，而在 X 工业中对生产工具的需求似乎不会有显然的减少可与之相抵。X 工业已经拥有耐用设备；假定在这以前它并不在从事扩充，则唯一可以减少的需求为复置的需求，即使这种需求降为零，这种降低并不能抵消 Y 工业中需求的上升。因之对一般进货的需求便会有一种暂时的刺激力量，这种刺激力量是我们所寻求的一种。

我们或许可能想象某种资本主义经济，在这种经济中出现革新的速率都是这样有规律，因而整个体系不致有较大的波动。这一点或许可能，但这种免于波动是非常不稳定的。事实上，没有理由可以假定革新是非常有规律的；如果它不是有规律的，这事本身就是造成周期——甚至是较有规律的周期——发展的理由。因为，如我们所知道的，超过平均率的革新率所引起的第一级的扩充，会导致第二级的扩充；而在这种经济高涨的情况下，独立的革新速率暂时不再是商业活动的主要决定因素。或者不如说，当经济高涨正在发展时，要按照我们在其他的环境中的情况来区分哪些改变是由革新引起的，哪些变更是由经济高涨引起的，是很困难的。甚至在理论上这样区分也是困难的。经济高涨本身也许会影响革新的速率，在充满经济高涨乐观的振奋的气氛中，一些在其他情况下绝不会进行的革新也许会进行，革新的应用也可能较在其他情况下为早。特别是由于后一理由，在经济衰退时期中，甚至当它已达到喘息的阶段，也会发现投资机会是不正常地缺少；我们已经看到，在那一阶段中投资机会的缺少是如何的危险。

因此，革新的出现即使没有一种永久的倾向，如果带有较小程度的不规则性也足以造成周期。这种不规则性肯定地是不足为奇的；如果这种不规则性不出现，那才令人奇怪。如果这种不规则性是引起困难的唯一来源，那么似乎很明显，英明的经济政策的目的应该是用一切可能的办法，来减少由此而来的波动的力量。要达到这一点有两种主要办法。一方面，我们现在已达到这样一个历史阶段，投资机会的供给很自然地在某种程度上是处于公共控制之下（或者很容易把它控制起来）；由于国家的经济功能增加，这是必然的结果。因而通过调整公共投资的时间可以遏制波动。① 在另一方面，可以通过货币政策来实行某种控制，对于控制整个周期这是一个效用较小的方法，因为它用之于遏制经济高涨比用之于遏制经济衰退功效要大得多；因之在最需要它的地方它的效率最小。不过，我并不认为我们应当赞成完全放弃货币政策这一武器。我们可以利用它遏制经济高涨，理由有二：一是使经济高涨不至过于消耗了投资机会的供给；二是使价格水平不至受到过大的波动，这种波动也许会推翻人们对正常价格的观念，从而削弱在以后会

① 例如可以参阅 U. K. 希克斯：《英国政府财政》，第 7—13 章。

起重要作用的稳定因素。①

5. 无论如何，所有这一切都假定，没有理由对一个长时期内的平均的革新率表示不满；因而整个问题就化为如何消除革新率的波动的问题，或者也可以说是如何消除由这些第一级运动所引起的商业活动上的较大的波动的问题。如果这就是问题的全部，那当然很好；但是绝不能肯定这就是全部问题。我们还必须考虑革新率的永久性的改变的可能性。这也许会呈现出一种甚至更为令人不安的情景；但是我们不能在它们前面闭起自己的眼睛。

如果一个长时期内的平均的革新率向下转折，那么我们就可以预料，作为第一个标志，会出现以下这种趋势，即经济高涨更会常常自行消失，而经济衰退更会常常扩展到一种危险的时间长度。我们也应当预计到，经济高涨将是令人失望的经济高涨，而经济衰退则是恶劣的经济衰退，以致在整个周期内就业的平均水平是低的。如果由此引起的失业非常明显地是永久性的失业，那么有几种方法处理这一问题。可以缩减工作时，也可以通过课税及公共支出，使收入从消费倾向较小的阶级转移到消费倾向较大的阶级以扩大消费资料的需求。但是，永久性的失业是一件难以认识到的事情；即使革新的倾向是向下的，它也不会有规律地下降；因而在这种情况下，极端不幸的衰退的出现是较为可能的。我认为人

① 我很知道，如果货币管理机构绝对禁用利率作为遏制手段，最后可能会使长期利率下降到比之在相反的情况下显然要低得多的水平。这种情况可能有助于从将来的经济衰退中得到恢复。但是我自己非常怀疑，甚至在喘息时期中，是否就可以依赖某一程度的信心，使得低微的和非常低微的长期利率之间的差额成为促进恢复的一个重要因素。如果情况是这样，那么在任何环境下绝对禁用利率作为手段就意味着要牺牲正常价格的意识以换回一种非常遥远的和非常可疑的益处。

们不能指望像资本主义制度这样一种制度会长期存在，如果我们在用这一名词时是意味着自由企业，并包括自由借贷制度的话。①

我们对动态经济学的研究从摒弃把静态观念作为分析工具开始。我们彼时之所以摒弃它，因为它最多不过只是一种无助于概括综合的特殊情况。而在最后，我们甚至要怀疑是否可以把它看作一种特殊情况；并怀疑我们一直研究着的经济关系的制度是否即为进步的经济形式。

① 很多人认为在二十世纪这种危险很可能成为现实，他们会的理由当然是因为地理发现的实际停止以及日益迫近的人口的下降。这些是重要的理由；但革新的未来的倾向，因其本身性质的关系，非常难以预测，所以我们不能单从这些情况推论迫切的危机。然而，人不禁有这样的想法，即近二百年来的工业革命不过是一种巨大的长久的经济高涨，主要由人口的无可比拟的增长而引起。如果是这样，它将有助于解释，为什么如同一些最聪明的人所认为的，工业革命不过是人类历史上一次令人失望的插曲而已。

数学附录

1. 这一附录的目的并不只是将书内论点改写成数学符号；我看不出这样做有多大好处。如果字句的（或几何的）议论已无争论余地，再以其他形式表示出来是得不到好处的。不过，这样做有一个好处，就是它可以证明我们的论点是完全具有普遍性的；书内为两种、三种或四种商品证明的东西对 n 种商品也是适用的。在这一附录中，我将集中注意对这种普遍性的证明。

附录次序与书内章节相同，各节均按原属各章区分排列。不过，我将先对纯数学命题稍加讨论，它是以后各点的基础。它们的关联几乎立刻就会显现出来。

2. **基本的数学命题** （1）在三个变数中的二次一般同次函数

$$ax^2+bx^2+cz^2+2fyz+2gzx+2hxy$$

也可以写成如下形式

$$a\left(x+\frac{h}{a}y+\frac{g}{a}z\right)^2+\frac{ab-h^2}{a}\left(y-\frac{gh-af}{ab-h^2}z\right)^2+\frac{abc+2fgh-af^2-bg^2-ch^2}{ab-h^2}(z)^2。$$

因变数仅在括弧内出现，而每一括弧又都有平方，所以若所有括弧的系数都是正数，则对变数的实值而言，原式亦为正数，若系数都

是负数，则原式亦为负数。这些系数是以下行列式的比率

$$a,\begin{vmatrix} a & h \\ h & b \end{vmatrix},\begin{vmatrix} a & h & g \\ h & b & f \\ g & f & c \end{vmatrix}。$$

若三个行列式为正数，则原式肯定为正数，若第一第三行列式为负数而第二行列式为正数，则原式肯定为负数。

（2）可以为任何数目的变数建立同样的命题。① 一般二次式

$$a_{11}x_1^2+a_{22}x_2^2+\cdots+a_{nn}x_n^2+2a_{12}x_1x_2+2a_{13}x_1x_3$$
$$+\cdots+2a_{23}x_2x_3+\cdots$$

对各个 x 的实值为正数，如果行列式

$$a_{11},\begin{vmatrix} a_{11} & a_{12} \\ a_{12} & a_{22} \end{vmatrix},\begin{vmatrix} a_{11} & a_{12} & a_{13} \\ a_{12} & a_{22} & a_{23} \\ a_{13} & a_{23} & a_{33} \end{vmatrix},\cdots,\begin{vmatrix} a_{11} & a_{12} & \cdot & \cdot & a_{1n} \\ a_{12} & a_{22} & \cdot & \cdot & a_{2n} \\ \cdot & \cdot & \cdot & \cdot & \cdot \\ \cdot & \cdot & \cdot & \cdot & \cdot \\ a_{1n} & a_{2n} & \cdot & \cdot & a_{nn} \end{vmatrix}$$

全是正数的话；如行列式为正负相间，则二次式为负数。

（3）以上二次式若不是对全部变数值肯定为正数或负数，而仅对能满足以下一次式关系的价值肯定为正数或负数

$$b_1x_1+b_2x_2+\cdots+b_nx_n=0,$$

则其条件如何？如须找出这一条件，我们可以消去一个变数，如 x_1。则二次式变为

$$c_{22}x_2^2+c_{33}x_3^2+\cdots+c_{nn}x_n^2+2c_{23}x_2x_3+\cdots,$$

① 参阅伯恩塞德及潘顿：《方程式论》，第 2 卷，第 181—2 页。

其中 $$c_{rs}=a_{rs}-\frac{1}{b_1}(a_{1r}b_s+a_{1s}b_r)+\frac{1}{b_1^2}b_rb_sa_{11}。$$

需要的条件可以上述第(2)节中相同的形式写出来，但以 c 代替上式中之 a；但如将每一行列式乘以必然是负数的数量 $-b_1^2$，则可将上式简化。例如，

$$-b_1^2\begin{vmatrix}c_{22}&c_{23}\\c_{23}&c_{33}\end{vmatrix}=\begin{vmatrix}0&b_1&0&0\\b_1&a_{11}&0&0\\b_2&a_{12}&c_{22}&c_{23}\\b_3&a_{13}&c_{23}&c_{33}\end{vmatrix}=\begin{vmatrix}0&b_1&b_2&b_3\\b_1&a_{11}&a_{12}&a_{13}\\b_2&a_{12}&a_{22}&a_{23}\\b_3&a_{13}&a_{23}&a_{33}\end{vmatrix}$$

头两行的适当的倍数加于其余每一行之上。

因此，二次式肯定为正数(但须满足一次式的关系)的条件为行列式

$$\begin{vmatrix}0&b_1&b_2\\b_1&a_{11}&a_{12}\\b_2&a_{12}&a_{22}\end{vmatrix},\quad\begin{vmatrix}0&b_1&b_2&b_3\\b_1&a_{11}&a_{12}&a_{13}\\b_2&a_{12}&a_{22}&a_{23}\\b_3&a_{13}&a_{23}&a_{33}\end{vmatrix},\cdots,\begin{vmatrix}0&b_1&b_2&\cdot&\cdot&b_n\\b_1&a_{11}&a_{12}&\cdot&\cdot&a_{1n}\\b_2&a_{12}&a_{22}&\cdot&\cdot&a_{2n}\\\cdot&\cdot&\cdot&\cdot&\cdot&\cdot\\\cdot&\cdot&\cdot&\cdot&\cdot&\cdot\\b_n&a_{1n}&a_{2n}&\cdot&\cdot&a_{nn}\end{vmatrix}$$

必须全为**负数**(因为负因数 $-b_1^2$ 将改变全部的符号)；二次式肯定为负数的条件为行列式须正负相间。

我们所需要的纯数学基础就是这些；以下再转到经济学上来。

第一章　附　　录

3. **消费者的均衡**　首先我们考虑有一个人，他有一笔既定的

货币 M 可供支出(暂时称之为他的“收益”)并有机会支出于 n 种不同的商品上。n 种商品的价格为市场所决定。称它们为 $p_1, p_2, p_3, \cdots, p_n$。他所购买的商品数量各为 $x_1, x_2, x_3, \cdots, x_n$。

假使他支出了他的全部收入。则

$$M = \sum_{r=1}^{r=n} p_r x_r。 \tag{3.1}$$

现假定他的欲望以一既定的效用函数 $u(x_1, x_2, x_3, \cdots, x_n)$ 表示。购买数量将以 u 为最大数的条件所决定,唯以(3.1)为前提。用一拉格朗日乘数 μ 并扩大到最大限度就可以把它们计算出来:

$$u + \mu\left(M - \sum_{r=1}^{r=n} p_r x_r\right)。$$

因此消费者均衡的条件为

$$u_r = \mu p_r (r = 1, 2, 3, \cdots, n), \tag{3.2}$$

其中 u_r 代表$\frac{\partial u}{\partial x_r}$,即 x_r 的边际效用。因此这一方程式表示 x_r 的边际效用和 x_r 的价格乘以 μ(它就是马歇尔的货币的边际效用)二者之间相等。

如将方程式(3.2)中的 μ 除去,它们化为

$$\frac{u_1}{p_1} = \frac{u_2}{p_2} = \cdots = \frac{u_{n-1}}{p_{n-1}} = \frac{u_n}{p_n}。 \tag{3.3}$$

这些 $n-1$ 个方程式,连同方程式(3.1),共有 n 个方程式决定 n 个数量 $x_1, x_2, \cdots, x_n$。

4\. 稳定条件　为使 u 为真正最大数,不仅要 $du=0$(如上),而且要 $d^2u<0$。将该式扩充,以 u_{rs} 表示第二部分导数,u_r 表示第一部分导数,则

$$du = \sum_{r=1}^{r=n} u_r dx_r,$$

$$d^2u = \sum_{r=1}^{r=n}\sum_{s=1}^{s=n} u_{rs}dx_r dx_s。$$

后一式为二次式，其性质与以上第二节中讨论的相同（因为 $u_{sr}=u_{rs}$）；因此，对 $dx_1, dx_2, \cdots, dx_n$ 的全部价值而言，$d^2u<0$。以使 $du=0$ 的条件为以下行列式必须正负相间：

$$\begin{vmatrix} 0 & u_1 & u_2 \\ u_1 & u_{11} & u_{12} \\ u_2 & u_{12} & u_{22} \end{vmatrix}, \begin{vmatrix} 0 & u_1 & u_2 & u_3 \\ u_1 & u_{11} & u_{12} & u_{13} \\ u_2 & u_{12} & u_{22} & u_{23} \\ u_3 & u_{13} & u_{23} & u_{33} \end{vmatrix}, \cdots, \begin{vmatrix} 0 & u_1 & u_2 & \cdot & \cdot & u_n \\ u_1 & u_{11} & u_{12} & \cdot & \cdot & u_{1n} \\ u_2 & u_{12} & u_{22} & \cdot & \cdot & u_{2n} \\ \cdot & \cdot & \cdot & \cdot & \cdot & \cdot \\ u_n & u_{1n} & u_{2n} & \cdot & \cdot & u_{nn} \end{vmatrix} \quad (4.1)$$

这些行列式在我们以下的分析中将占非常重要的地位。我将把其中最后一个写作 U；U 的共同因数 u_r，u_s，u_{rr}，u_{rs} 以 U_r，U_s，U_{rr}，U_{rs} 表示之。因为 n 种货物可以任何次序排列，因而从（4.1）式中可知 $\frac{U_{rr}}{U}$ 必然是负数。

5. 效用的顺序性质　个人消费者的均衡条件和稳定条件已经写下，并假定特殊效用函数 u 的存在。这是它们的最方便的表述方式，但必须注意它们并不依靠任何奇特的效用函数的存在。假定效用函数 u 可以它本身的任意函数 $\phi(u)$ 所代替，则如当 u 增加时只有函数 $\phi(u)$ 增加——即假使 $\phi'(u)$ 是正数，均衡条件和稳定条件将完全不受效用函数变更的影响。

因为 $\frac{\partial}{\partial x_r}\phi(u)=\phi'(u)\cdot x_r$，均衡条件（3.3）将不变。相等的比

例仅以一共同因数 $\phi'(u)$ 相乘，而该一因数可以互相抵消。（即使对它们以(3.2)的形式写出，它们仍然不变，如果 μ 为 $\phi'(u)\cdot\mu$ 所替代的话。由于 μ 为任意规定的，这一改变是合理的。）

因为 $\frac{\partial^2}{\partial x_r \partial x_s}\phi(u)=\phi'(u)\cdot u_{rs}+\phi''(u)u_r u_s$，稳定行列式同样可以简化。第一个行列式变为

$$\begin{vmatrix} 0 & \phi'(u)u_1 & \phi'(u)u_2 \\ \phi'(u)u_1 & \phi'(u)u_{11}+\phi''(u)u_1^2 & \phi'(u)u_{12}+\phi''(u)u_1u_2 \\ \phi'(u)u_2 & \phi'(u)u_{12}+\phi''(u)u_1u_2 & \phi'(u)u_{22}+\phi''(u)u_2^2 \end{vmatrix}$$

$$=[\phi'(u)]^3\begin{vmatrix} 0 & u_1 & u_2 \\ u_1 & u_{11} & u_{12} \\ u_2 & u_{12} & u_{22} \end{vmatrix},$$

级数中的每一行列式都可以同样简化。级数中的第 r 次的行列式有 $(r+2)$ 排和行；因此它应乘以因数 $[\phi'(u)]^{r+2}$。因假定 $\phi'(u)$ 为正数，在引入这一因数后，各行列式的符号均不变；而由于稳定系受行列式的符号所左右，因此以 $\phi(u)$ 代 u，仍可认为条件不变。

因此，如果我们决定（我认为我们应当）不从既定的效用函数开始，而从既定的偏好水平开始，我们所应做的就是将注意限于效用函数的某些性能上，在以 $\phi(u)$ 代 u 时，这些性能不变。已经表明原来的均衡条件和原来的稳定条件在这一方面也是不变的。我们对价值理论其余部分的论证将仅利用不变的性能，虽然一般地我将让读者自己去检查这种不变性。

第二章及第三章　附　　录

6. 收入增加对需求的影响　让我们再回到均衡方程式(3.1)及(3.2),把它们写成以下的形式:

$$\left.\begin{aligned} p_1x_1+p_2x_2+\cdots+p_nx_n&=M\\ -\mu p_1+u_1&=0\\ -\mu p_2+u_2&=0\\ \cdots\cdots&\\ -\mu p_n+u_n&=0 \end{aligned}\right\}\qquad(6.1)$$

对 M 偏微分:

$$\left.\begin{aligned} p_1\frac{\partial x_1}{\partial M}+p_2\frac{\partial x_2}{\partial M}+\cdots+p_n\frac{\partial x_n}{\partial M}&=1\\ -p_1\frac{\partial\mu}{\partial M}+u_{11}\frac{\partial x_1}{\partial M}+u_{12}\frac{\partial x_2}{\partial M}+\cdots+u_{1n}\frac{\partial x_n}{\partial M}&=0\\ -p_2\frac{\partial\mu}{\partial M}+u_{21}\frac{\partial x_1}{\partial M}+u_{22}\frac{\partial x_2}{\partial M}+\cdots+u_{2n}\frac{\partial x_n}{\partial M}&=0\\ \cdots\cdots\cdots\cdots\cdots\cdots\cdots\cdots\cdots\cdots&\\ -p_n\frac{\partial\mu}{\partial M}+u_{n1}\frac{\partial x_1}{\partial M}+u_{n2}\frac{\partial x_2}{\partial M}+\cdots+u_{nn}\frac{\partial x_n}{\partial M}&=0 \end{aligned}\right\}\qquad(6.2)$$

解:

$$\frac{\partial x_r}{\partial M}\begin{vmatrix} 0 & p_1 & p_2 & \cdot & \cdot & p_n\\ p_1 & u_{11} & u_{12} & \cdot & \cdot & u_{1n}\\ p_2 & u_{12} & u_{22} & \cdot & \cdot & u_{2n}\\ \cdot & \cdot & \cdot & \cdot & \cdot & \cdot\\ p_n & u_{1n} & u_{2n} & \cdot & \cdot & u_{nn} \end{vmatrix}=\begin{vmatrix} 0 & p_1 & \cdot & \cdot & p_{r-1} & 1 & p_{r+1} & \cdot & \cdot & p_n\\ p_1 & u_{11} & \cdot & \cdot & u_{1,r-1} & 0 & u_{1,r+1} & \cdot & \cdot & u_{1n}\\ p_2 & u_{12} & \cdot & \cdot & u_{2,r-1} & 0 & u_{2,r+1} & \cdot & \cdot & u_{2n}\\ \cdot & \cdot & \cdot & \cdot & \cdot & \cdot & \cdot & \cdot & \cdot & \cdot\\ p_n & u_{1n} & \cdot & \cdot & u_{r-1,n} & 0 & u_{r+1,n} & \cdot & \cdot & u_{nn} \end{vmatrix}$$

因为(6.1)$p_s=\frac{u_s}{\mu}$,这可以写成

$$\frac{\partial x_r}{\partial M}=\frac{\mu U_r}{U}。\qquad (6.3)$$

关于 U_r 的符号一无所知;因而$\frac{\partial x_r}{\partial M}$或为正或为负。(见第二章第 2 节。)

7. 收入不变时价格改变的影响　假定 p_r 变化,其他价格(以及 M)保持不变。从(6.1)我们得到下式:

$$\left.\begin{array}{r}
p_1\frac{\partial x_1}{\partial p_r}+p_2\frac{\partial x_2}{\partial p_r}+\cdots+p_n\frac{\partial x_n}{\partial p_r}=-x_r \\
-p_1\frac{\partial \mu}{\partial p_r}+u_{11}\frac{\partial x_1}{\partial p_r}+u_{12}\frac{\partial x_2}{\partial p_r}+\cdots+u_{1n}\frac{\partial x_n}{\partial p_r}=0 \\
\cdots\cdots\cdots\cdots\cdots\cdots\cdots\cdots\cdots \\
-p_r\frac{\partial \mu}{\partial p_r}+u_{1r}\frac{\partial x_1}{\partial p_r}+u_{2r}\frac{\partial x_2}{\partial p_r}+\cdots+u_{rn}\frac{\partial x_n}{\partial p_r}=\mu \\
\cdots\cdots\cdots\cdots\cdots\cdots\cdots\cdots\cdots \\
-p_n\frac{\partial \mu}{\partial p_r}+u_{1n}\frac{\partial x_1}{\partial p_r}+u_{2n}\frac{\partial x_2}{\partial p_r}+\cdots+u_{nn}\frac{\partial x_n}{\partial p_r}=0
\end{array}\right\}(7.1)$$

解出及简化如下,

$$\frac{\partial x_s}{\partial p_r}=\frac{1}{U}(-x_r\mu U_s+\mu U_{rs})\ (r\text{ 及 }s=1,2,3,\cdots,n)。$$

应用(6.3),本式可以写成

$$\frac{\partial x_s}{\partial p_r}=-x_r\frac{\partial x_s}{\partial M}+\mu\frac{U_{rs}}{U}(r\text{ 及 }s=1,2,3,\cdots,n)。(7.2)$$

这一方程式最初由斯乐特斯基写出,也许可以把它作为价值理论的基本方程式。它说明商品 x_r 价格的改变对个人对另一商

品 x_s 需求的影响，它可以分成两方面，我们分别称之为收入效应与替代效应。因为 $x_r = dM/dp_r$，设 M 不是既定，而所有 x 和所有其他 p 作为既定，则从方程式可以推知替代一项代表 x_r 价格的改变以及收入的某种改变对 x_s 需求的影响，这种收入的改变使消费者在 P_r 变更的情况下，仍能购买到从前一样多数量的货物。如 x_r 在消费者的预算中愈不重要，则收入的改变显然会愈小。

如我们使 r 和 s 相等（我们没有理由不这样做），则同一方程式可用以分裂 x_r 价格的改变和 x_r 本身需求的影响。方程式如下：

$$\frac{\partial x_r}{\partial p_r} = -x_r \frac{\partial x_r}{\partial M} + \frac{\mu U_{rr}}{U}。$$

从稳定条件可以推知，这方程式中的替代一项必然是负数。

8. 替代项的性能　消费者理论的其余大部分乃在将这一基本方程式的性能推论出来。首先，用另一形式把它写出来很方便，事实上对以 $\phi(u)$ 替代作为效用函数的 u，$\mu U_{rs}/U$ 不变；因此最好把它写成与特定效用函数无直接关系的一种形式。在此处以不受以上约束的 X_{rs} 的形式写出来，这样方程式便成为：

$$\left.\begin{aligned} \frac{\partial x_s}{\partial p_r} &= -x_r \frac{\partial x_s}{\partial M} + X_{rs}, \\ \frac{\partial x_r}{\partial p_r} &= -x_r \frac{\partial x_r}{\partial M} + X_{rr}. \end{aligned}\right\} \quad (8.1)$$

这是我们在作进一步研究时，使用最方便的一种形式。①

① 从某些观点（我觉得不是从所有的观点）看来，如以弹性的形式表示基本方程式，也有它的优点，这只要以 p_r/x_s 乘整个方程式，再将所得结果集合为与单位数无关的几个分数就可以了。在我的法文小册子《价值的数学原理》（赫门 1937 年版）中我曾将以下论点的大部分用弹性的方法说明。读者可自行选择。

据上所述即可推知替代项的性能。现首先写出以下性能，再继续推求其他性能。

(1) 由于行列式U_{rs}及U在r及s之间是对称的，X_{rs}也是对称的；即是说，$X_{sr}=X_{rs}$。因此在$\partial x_s/\partial p_r$及$\partial x_r/\partial p_s$中的替代项是相同的；而收入项则一般不相等。因此，如要使$\partial x_s/\partial p_r$和$\partial x_r/\partial p_s$相等，$x_r(\partial x_s/\partial M)$及$x_s(\partial x_r/\partial M)$必须相等。这意味着$(M/x_r)\partial x_r/\partial M$和$(M/x_s)\partial x_s/\partial M$必须相等；即收入对$x_r$和$x_s$的需求弹性必须是一样的。

(2) 因为U_{rr}/U是负数，而μ为正数，$X_{rr}<0$。

(3) 下式

$$0.\ U_r+u_1U_{1r}+u_2U_{2r}+\cdots+u_nU_{nr}$$

构成一行列式，其中两行相等；因此它变为0。但由于$u_sU_{rs}=p_s\mu U_{rs}=p_sUX_{rs}$，我们可以从这一关系中推演出各$X$间的关系，即

$$\sum_{s=1}^{s=n}p_sX_{rs}=0。$$

$\therefore \sum p_sX_{rs}$(对除$r$外的所有$s$的价值)$=-p_rX_{rr}$，它必然是正数。

(4)以上各点仅以稳定条件(4.1)中的两项为根据，这两项条件我们又化为一项，即U_{rr}/U为负数。其他稳定条件有何关系？下面就来看看这一问题。

令$U_{11,12}$为U_{11}中u_{22}的余因子；$U_{11,22,33}$为$U_{11,22}$中u_{33}的余因子；如此类推。则根据稳定条件，

$$\frac{U_{11}}{U},\ \frac{U_{11,12}}{U},\ \frac{U_{11,22,23}}{U},\cdots$$

为正负相间。

根据有名的倒数行列的性质,①可以推知,

$$\frac{U_{11}}{U},\ \frac{1}{U^2}\begin{vmatrix} U_{11} & U_{12} \\ U_{12} & U_{22} \end{vmatrix},\ \frac{1}{U^3}\begin{vmatrix} U_{11} & U_{12} & U_{13} \\ U_{12} & U_{22} & U_{23} \\ U_{13} & U_{23} & U_{33} \end{vmatrix},\cdots$$

为正负相间。

但这是对 z 的所有价值而言,如下的二次式必然为负数的条件。(参阅以上 2(2)。)

$$\sum_{r=1}^{r=m}\sum_{s=1}^{s=m} z_r z_s \frac{U_{rs}}{U}。$$

z 的价值也许等于 u 的价值,因而

$$\sum_1^m \sum_1^m u_r u_s \frac{U_{rs}}{U} < 0。$$

因而对所有小于 n 的 m 的价值而言

$$\sum_1^m \sum_1^m p_r p_s X_{rs} < 0。$$

这样我们就得到关于替代项的四个法则:

(1) $X_{sr} = X_{rs}$。

(2) $X_{rr} < 0$。

(3) $\sum_{s=1}^{s=n} p_s X_{rs} = 0$。

(4) 对所有小于 n 的 m 的价值,$\sum_1^m \sum_1^m p_r p_s X_{rs}$。

① 例如,可参阅伯恩塞德及潘顿:《方程式论》,第 2 卷,第 42 页。

把第二和第三个法则总在一起，可以推知

$$(5)\ \sum_{s=} p_s X_{rs} > 0\ （见以上(3)）。$$

把第三和第四个法则总在一起，得知：

$$(6)\ \sum_{r=1}^{r=m}\sum_{s=m+1}^{s=n} p_r p_s X_{rs} > 0(m < n)。$$

第六个法则可以用下面的方式表明。设我们以任何可能的方式将 n 项商品分为两群，构成下式：$p_r p_s X_{rs}$（x_r 从一群中取出，x_s 从另一群中取出），则 $\sum\sum p_r p_s X_{rs}$（其中 r 和 s 在它们各自的群内发生各种可能的变化）必定为正数。

就我所知，这六条法则是关于消费者购买的货物的较重要的法则。可以看到，第(2)条法则是第(4)条法则的特殊情况，而第(5)条法则是第(6)条法则的特殊情况。

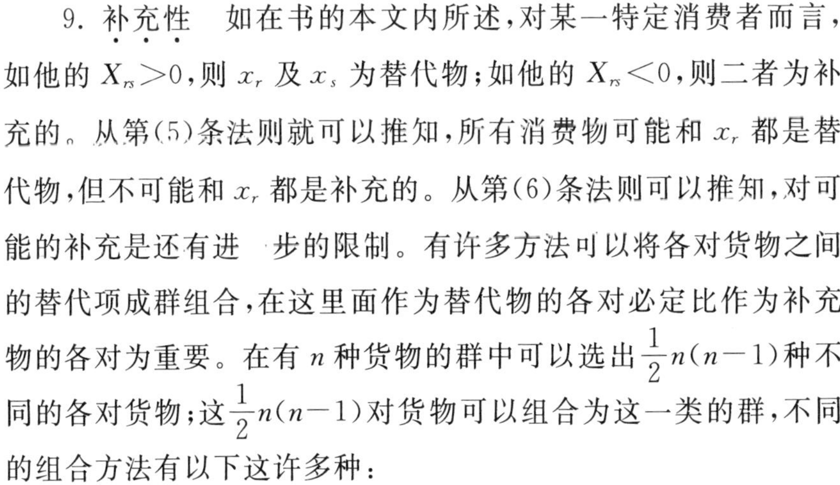

9. 补充性　如在书的本文内所述，对某一特定消费者而言，如他的 $X_{rs}>0$，则 x_r 及 x_s 为替代物；如他的 $X_{rs}<0$，则二者为补充的。从第(5)条法则就可以推知，所有消费物可能和 x_r 都是替代物，但不可能和 x_r 都是补充的。从第(6)条法则可以推知，对可能的补充是还有进一步的限制。有许多方法可以将各对货物之间的替代项成群组合，在这里面作为替代物的各对必定比作为补充物的各对为重要。在有 n 种货物的群中可以选出 $\frac{1}{2}n(n-1)$ 种不同的各对货物；这 $\frac{1}{2}n(n-1)$ 对货物可以组合为这一类的群，不同的组合方法有以下这许多种：

$$\frac{1}{2}(c_1^n + c_2^n + \cdots + c_{n-2}^n + c_{n-1}^n) = 2^{n-1} - 1。$$

$\frac{1}{2}n(n-1)$ 种 $p_r p_s X_{rs}(r \neq s)$ 式不必都是正数；但它们的 $2^{n-1}-1$

种不同的集合体的总数必须为正数。这就是在整个体系内替代会占优势。

10. 对一群货物的需求　我们还必须考虑第(4)条法则的最重要的应用。首先,从我们的基本方程式可以推知,由 x_r 的价格的既定比例的改变所引起的对 x_s 的需求的增加,其价值等于

$$p_r p_s \frac{\partial x_s}{\partial p_r} = -p_r x_r \cdot p_s \frac{\partial x_s}{\partial M} + p_r p_s X_{rs}。 \tag{10.1}$$

这里 $p_r x_r$ 是支出在 x_r 上的数量;$p_s(\partial x_s/\partial M)$ 衡量由于收入增加而对 x_s 支出增加的数量。

现假定一群商品 $x_1, x_2, \cdots, x_m(m < n)$ 的价格上升,上升比例相同。对其中一种商品 $x_s(s<m)$ 需求增加部分的价值只要将上式加起来即可求得:

$$\sum_{r=1}^{r=m} p_r p_s \frac{\partial x_s}{\partial p_r} = -\left(\sum_1^m p_r x_r\right) p_s \frac{\partial x_s}{\partial M} + \sum_{r=1}^{r=m} p_r p_s X_{rs}。$$

整个群需求增加部分的价值为上式之总和:

$$\sum_{s=1}^{s=m}\sum_{r=1}^{r=m} p_r p_s \frac{\partial x_s}{\partial p_r} = -\left(\sum_1^m p_r x_r\right)\left(\sum_1^m p_s \frac{\partial x_s}{\partial M}\right) + \sum_{r=1}^{r=m}\sum_{s=1}^{s=m} p_r p_s X_{rs}。 \tag{10.2}$$

这和(10.1)形式相同,解释也相当。此外,由于 r 与 s 是从同一群商品中总计,从第(4)条法则即可推知(10.2)中的替代项必然是负数。

这样我们便从数学上表明了一个在书内广泛使用的非常重要的原理,即一群商品的价格如以同一比例改变,则这一群商品的行为和一种单一商品没有两样。

11. 供给方面　假定有一个人，并不是带有一既定的，不随价格变化而变化的某一数量的货币来到市场，而是带来一定数量的货物以供销售，因此他的可供支出的数额受市场价格的影响。以一般的情况为例，假设他开始时拥有 n 种货物的数量 $\bar{x}_1, \bar{x}_2, \bar{x}_3, \cdots, \bar{x}_n$. 由于进行交易的结果，他会增加或减少这一数量，以便能和以前一样，获得他认为较好的集合物 $x_1, x_2, x_3, \cdots, x_n$。则第一个均衡方程式(6.1)必定如下：

$$p_1 x_1 + p_2 x_2 + \cdots + p_n x_n = p_1 \bar{x}_1 + p_2 \bar{x}_2 + \cdots + p_n \bar{x}_n \text{。} \quad (11.1)$$

这是对体系所应作的唯一的变更。

这一变更等于以数量 $\sum p_r \bar{x}_r$ 代替 M，前者不再与价格无关。因此，当我们将方程式变成微分时，我们不再使 $\partial M/\partial p_r = 0$，而必须写成 $\partial M/\partial p_r = \bar{x}_r$。(7.1)的第一个方程式变成

$$p_1 \frac{\partial x_1}{\partial p_r} + p_2 \frac{\partial x_2}{\partial p_r} + \cdots + p_n \frac{\partial x_n}{\partial p_r} = \bar{x}_r - x_r \text{。}$$

并以下式代替(8.1)方程式：

$$\frac{\partial x_s}{\partial p_r} = (\bar{x}_r - x_r)\frac{\partial x_s}{\partial M} + X_{rs}$$

它与我们第一个基本方程式的唯一不同点是，收入项现以所获得的 x_r 净额加权。

12. 市场需求　我们的基本方程式最大的一个方便是它能直接应用于处理价格改变对一群个人需求的影响的问题。如果总数系从一群中的各个分子相加而得，则：

$$\frac{\partial}{\partial p_r}\left(\sum x_s\right) = \sum \frac{\partial x_s}{\partial p_r} = \sum \left[(\bar{x}_r - x_r)\frac{\partial x_s}{\partial M}\right] + \sum X_{rs} \text{。} \quad (12.1)$$

当这一群的收入增加时，收入项和这一群对 x_s 需求所受的影响相应，但收入的增加部分系分配于这群中的每一份子，其比例等于每一个人以前对 x_r 的净需求。替代项仅为个人的替代项的总和；因此它服从它的组成部分所服从的同一法则。如我们以 X_{rs} 的形式写群的替代项 $\sum X_{rs}$，我们可以得以下的相应的法则：

(1) $X_{sr}=X_{rs}$， (2) $X_{rr}<0$，

(3) $\sum_{s=1}^{s=n} p_s X_{rs}=0$， (4) $\sum_{1}^{m}\sum_{1}^{m} p_r p_s X_{rs}<0$，

(5) $\sum_{s\neq r} p_s X_{rs}>0$， (6) $\sum_{r=1}^{r=m}\sum_{s=m+1}^{s=n} p_r p_s X_{rs}>0$。

第四章 附　　录

13. 交换的均衡　这里只须以我们自己的用语复述瓦尔拉的经典的论点。

有 N 个个人带入市场各种数量的 n 种货物，在完全竞争的情况下相交换。一有代表性的个人原来能处理的第 r 种货物的数量我们以$\bar{x}_r$ 表示之，他最后保留的数量以 x_r 表示之（如果他对这货物是买家，则 $x_r>\bar{x}_r$ 如为卖者，则$<\bar{x}_r$），兹以$\overline{X}_r$ 代表所有个人原有的货物总数量，以 X_r 代表最后保留的总数量。

n 种商品的价格像以前一样，以 $p_1, p_2, \cdots, p_n$ 表示之，但必须记住一种商品（如 x_n）须作为价值标准。因此 $p_n=1$。其余的价格 $p_1, p_2, \cdots, p_{n-1}$ 须加决定。

只有在每项商品的需求都等于供给的情况下，体系才会处在

均衡状态之下。

$$\therefore X_r=\overline{X}_r(r=1,2,3,\cdots,n)。\qquad (13.1)$$

这给了我们和 n 种商品相应的 n 个方程式；但要决定的只有 $n-1$ 个价格。不过，有一个方程式是从其余的方程式得来。在一个有代表性的个人的均衡方程式中有如下的一个方程式：

$$\sum_1^n p_r x_r=\sum_1^n p_r\bar{x}_r。\qquad (11.1)$$

将所有个人的这一方程式加起来，得下式：

$$\sum_1^n p_r X_r=\sum_1^n p_r\overline{X}_r。$$

由于不论方程式(13.1)是否得到满足，最后一方程式都必然可以适用，因而可以推定如 $n-1$ 个方程式(13.1)得到满足，则第 n 个方程式也必定可以得到满足。因此仅有 $n-1$ 个方程式决定 $n-1$ 个价格。

第五章　附　　录

14. 交换均衡的稳定　由于可把 $\overline{X}_r$ 看作是不变的，因此通过观察 dX_r/dp_r 的符号可以得到交换稳定的条件。为使均衡完全稳定，则：

(1) 当所有价格不变时；

(2) 当调整 p_s，但其他价格不变，以维持 x_s 市场的均衡时；

(3) 当 p_s 及 p_t 同样地被调整时。

dX_r/dp_r 必为负数；如此类推，一直到除 p_r 以外(当然也除 p_n 外，它必然为1)所有价格都得到调整为止。

例如，这些条件的第三点意味着当

$$\left.\begin{aligned}\frac{dX_r}{dp_r}&=\frac{\partial X_r}{\partial p_r}+\frac{\partial X_r}{\partial p_s}\frac{dp_s}{dp_r}+\frac{\partial X_r}{\partial p_t}\frac{dp_t}{dp_r}\\0&=\frac{\partial X_s}{\partial p_r}+\frac{\partial X_s}{\partial p_s}\frac{dp_s}{dp_r}+\frac{\partial X_s}{\partial p_t}\frac{dp_t}{dp_r}\\0&=\frac{\partial X_t}{\partial p_r}+\frac{\partial X_t}{\partial p_s}\frac{dp_s}{dp_r}+\frac{\partial X_t}{\partial p_t}\frac{dp_t}{dp_r}\end{aligned}\right\}\qquad(14.1)$$

时，dX_r/dp_r 为负数。

消去 dp_s/dp_r 及 dp_t/dp_r

$$\frac{dX_r}{dp_r}=\begin{vmatrix}\frac{\partial X_r}{\partial p_r}&\frac{\partial X_r}{\partial p_s}&\frac{\partial X_r}{\partial p_t}\\\frac{\partial X_s}{\partial p_r}&\frac{\partial X_s}{\partial p_s}&\frac{\partial X_s}{\partial p_t}\\\frac{\partial X_t}{\partial p_r}&\frac{\partial X_t}{\partial p_s}&\frac{\partial X_t}{\partial p_t}\end{vmatrix}:\begin{vmatrix}\frac{\partial X_s}{\partial p_s}&\frac{\partial X_s}{\partial p_t}\\\frac{\partial X_t}{\partial p_s}&\frac{\partial X_t}{\partial p_t}\end{vmatrix}$$

为使体系稳定，各式必须为负数，此为其中之一。

将所有相同的条件放在一起，这些条件又对每一个 $x_r(r=1,2,3,\cdots,n-1)$ 市场都适用，则稳定条件在一个更为方便的形式下出现。雅各比行列式

$$\frac{\partial X_r}{\partial p_r},\begin{vmatrix}\frac{\partial X_r}{\partial p_r}&\frac{\partial X_r}{\partial p_s}\\\frac{\partial X_s}{\partial p_r}&\frac{\partial X_s}{\partial p_s}\end{vmatrix},\begin{vmatrix}\frac{\partial X_r}{\partial p_r}&\frac{\partial X_r}{\partial p_s}&\frac{\partial X_r}{\partial p_t}\\\frac{\partial X_s}{\partial p_r}&\frac{\partial X_s}{\partial p_s}&\frac{\partial X_s}{\partial p_t}\\\frac{\partial X_t}{\partial p_r}&\frac{\partial X_t}{\partial p_s}&\frac{\partial X_t}{\partial p_t}\end{vmatrix},\cdots\qquad(14.2)$$

（在 $1,2,3,\cdots,n-1$ 的限度内，对所有 $r,s,t,\cdots$ 的价值而言）必须

是正负相间的。

15. 现在我们知道

$$\frac{\partial X_r}{\partial p_r}=\sum(\bar{x}_r-x_r)\frac{\partial x_r}{\partial M}+X_{rr} \qquad (12.1)$$

由于 X_{rr} 必然为负数，因此只有在上式中收入项大而且为正数时，稳定的第一个条件才不能得到满足。但当将以上公式应用于我们现在所应用的一群时(整个市场，买者及卖者加在一起)，收入项即显现出一个特殊的性能。如果 $\partial X_r/\partial M$(x_r 的增加部分，由于收入一定的上升而购买的)对市场中所有的人都是一样，则收入项成为 $(\overline{X}_r-X_r)(\partial x_r/\partial M)$；同时因为在均衡中 $X_r=\overline{X}_r$，这意味着收入项会变成零。因此，如果收入项大，平均地说，买者和卖者对收入改变的反应必然非常不同。为使它大而且为正数，必须有这样一个偏向，即 x_r 的卖者在更富有时，所增加的对 x_r 的消费，可能比 x_r 的买者在同样环境下所增加的要多得多。

因此，买者和卖者之间这样一种强大的偏向，是不稳定的一种可能的原因。为观察是否还有其他原因，现假定在市场上没有这种偏向，因此所有收入项都可以忽略。

稳定准各比式乃化为下式：

$$X_{rr},$$

$$\begin{vmatrix} X_{rr} & X_{rs} \\ X_{rs} & X_{ss} \end{vmatrix},$$

$$\begin{vmatrix} X_{rr} & X_{rs} & X_{rt} \\ X_{rs} & X_{ss} & X_{st} \\ X_{rt} & X_{st} & X_{tt} \end{vmatrix},\cdots$$

如果整个交换体系要成为完全稳定，这些行列式必须相间为负与正。

现在从我们的第四条法则（数学附录第 8 节）可知，对市场中的第一个人而言，m 到 n 的所有价值以及 λ 的所有价值，

$$\sum_{1}^{m}\sum_{1}^{m}\lambda_r\lambda_s X_{rs}$$

都必定是负数。将所有个人的这些表示相加，我们推论出对 λ 的所有价值以及对从 m 到 n 的所有价值，

$$\sum_{1}^{m}\sum_{1}^{m}\lambda_r\lambda_s X$$

是负数。但这蕴含以上行列式相间为负及正。因此，如果忽略收入效应，稳定条件必然可以得到满足。

不对称的收入效应为不稳定的唯一可能原因。

16. 需求增加的影响　假定对商品 x_r 的需求有小量增加。在处理这一点时，可以像在本文（见第 6 节）中一样，究问在旧的条件下，必须有何种价格改变，方能在 x_r 的市场上引起供给小量超过需求，而在其他市场供给仍与需求相等（标准商品 x_n 除外，对 x_r 需求的扩充乃以它为代价）。

从稳定条件立即很清楚，这必然意味着 x_r 价格的上升。

对其他价格的影响可从方程式（14.1）求出。首先假定对其他价格的影响除 x_s 外都很小，可不必考虑。则从（14.1）的第二个方程式，我们得到：

$$0=\frac{\partial X_s}{\partial p_r}+\frac{\partial X_s}{\partial p_s}\frac{dp_s}{dp_r}。$$

$$\therefore \frac{dp_s}{dp_r}=-\frac{\frac{\partial X_s}{\partial p_r}}{\frac{\partial X_s}{\partial p_s}}=-\frac{X_{rs}}{X_{ss}} \qquad (16.1)$$

（如果忽略收入项）。由于 X_{ss} 是负数，这意味着如 x_s 和 x_r 是替代物，x_s 的价格会上升，如 x_s 和 x_r 是补充物，则 x_s 的价格会下降。

把这一公式写成下式：

$$\frac{p_r}{p_s}\frac{dp_s}{dp_r}=-\frac{p_r}{p_s}\frac{X_{rs}}{X_{ss}}=\frac{p_rX_{rs}}{p_rX_{rs}+p_0X_{s0}}$$

（利用第三个法则），即可推知除在 x_s 及 x_0 之间（即在 x_s 和除 x_r 及 x_s 外其他所有商品之间）有补充性的情况以外，p_s 的上升比例会小于 p_r。

其次假定其他两种商品——x_s 及 x_t 的价格可能会受到显著的影响。则从（14.1）的第二及第三方程式我们得到：

$$\frac{dp_s}{dp_r}=-\begin{vmatrix}\frac{\partial X_s}{\partial p_r} & \frac{\partial X_s}{\partial p_t}\\ \frac{\partial X_t}{\partial p_r} & \frac{\partial X_t}{\partial p_t}\end{vmatrix}:\begin{vmatrix}\frac{\partial X_s}{\partial p_s} & \frac{\partial X_s}{\partial p_t}\\ \frac{\partial X_t}{\partial p_s} & \frac{\partial X_t}{\partial p_t}\end{vmatrix}$$

$$=\frac{-X_{rs}X_{tt}+X_{rt}X_{st}}{X_{ss}X_{tt}-X_{st}^2} \qquad (16.2)$$

（已忽略收入项）。在最后一式中，根据稳定条件，分母为正数。分子的第一项为对 x_s 的价格的直接影响，第二项为通过 x_t 的价格的中介而起的影响。如果 x_t 与 x_r 和 x_s 无密切关联，第二项通常可以忽略，公式变成（16.1）的简单形式。如有密切关联，则间接影响根据“替代物的替代物”法则起作用（参阅本文第 6 节）。

17. 取出整列稳定雅各比式的最后一项——它有 $n-1$ 行及

排,以包括除标准商品外的所有商品以及所有的可变的价格。我们称它为 J。令 J_{rr}，J_{rs} 为 J 中 $\partial X_r/\partial p_r$,$\partial X_r/\partial p_s$ 的余因子。令 $J_{rr,ss}$，$J_{rr,st}$ 为 J_{rr} 中 $\partial X_s/\partial p_s$，$\partial X_s/\partial p_t$ 的余因子。

则当估量到通过所有其他价格引起的间接影响时,我们得下式：

$$\frac{\partial X_r}{\partial p_r}=\frac{J}{J_{rr}}。$$

如果我们忽略收入效应并利用第三法则消除 X_{rr},X_{ss} 等因素,这一方程式可以看作是 dX_r/dp_r 的扩充,而以各对商品(X_{rs},X_{st},$r\neq s\neq t$)间的替代效应为其内容。它对这种基本替代效应的依赖关系如何?

对 X_{st}(s 或 t 也许等于 r,但非二者都等于 r)将(17.1)微分,可得下式：

$$J_{rr}^2\frac{\partial}{\partial X_{st}}\left(\frac{J}{J_{rr}}\right)=J_{rr}\frac{\partial J}{\partial X_{st}}-J\frac{\partial J_{rr}}{\partial X_{st}}。$$

从第三条法则可以推定

$$\frac{\partial X_{ss}}{\partial X_{st}}=-\frac{p_t}{p_s},$$

而从倒数行列式的有名性能①可得下式：

$$J_{rr}J_{ss}-J_{rs}^2=JJ_{rr,ss},$$

$$J_{rr}J_{st}-J_{rt}J_{rs}=JJ_{rr,st}。$$

运用这些命题,我们可以完成微分算

$$J_{rr}^2\frac{\partial}{\partial X_{st}}\left(\frac{J}{J_{rr}}\right)=J_{rr}\left(-\frac{p_r}{p_s}J_{ss}-\frac{p_s}{p_t}J_{tt}+2J_{st}\right)-$$

① 参阅第 350 页注。

$$J\left(-\frac{p_t}{p_s}J_{rr,ss}-\frac{p_s}{p_t}J_{rr,tt}+2J_{rr,st}\right)$$

$$=-\frac{p_t}{p_s}J_{rs}^2-\frac{p_s}{p_t}J_{rt}^2+2J_{rs}J_{rt}$$

$$=-\frac{1}{p_s p_t}(p_t J_{rs}-p_s J_{rt})^2,$$

这一结果必然是负数。

dX_r/dp_r 必然是负数；因而我们证明了体系内任何一对货物间的替代效应愈大，它的绝对值愈大。

第六章　附　　录

18. 企业的均衡　均衡的条件　可以想到企业使用了不同数量的生产原素 $y_1, y_2, y_3, \cdots, y_m$ 生产不同数量的产品 $x_{m+1}, x_{m+2}, \cdots, x_n$。它的目的是将它的剩余（或利润）扩充到最大限度：

$$V=-p_1y_1-p_2y_2-\cdots-p_my_m+p_{m+1}x_{m+1}+p_{m+2}x_{m+2}+\cdots+p_nx_n,$$

这一点以联结各个 x 与各个 y 之间的关系（生产函数）为转移。因为从企业的观点看来，生产原素与产品之间的差别仅仅是符号上的差别，如果我们把生产原素作为负产品，把 $-y_r$ 写成 $x_r(r<m)$，可以省掉麻烦。这样我们就可以说企业是企图在条件 $f(x_1, x_2, x_3, \cdots, x_n)=0$ 的情况下最大限度地扩大：

$$V=\sum_1^n p_r x_r,$$

（应当注意函数 f 是任意规定的，和任意规定效用函数 u 一样。

任何函数 $\phi(f)$，如当 f 为 0 时亦为 0，均可合用。）

假定存在完全竞争的情况，则扩大到最大限度的问题仍可通过介绍拉格朗日乘数及将 $V-\mu f$ 扩大到最大限度的办法来加以研究。即

$$d(V-\mu f)=0,$$

$$d^2(V-\mu f)<0。$$

从这些条件中的第一个，我们得到 $p_r=\mu f_r(r=1,2,3,\cdots,n)$。如果将 μ 去掉，我们就有 $n-1$ 个方程式，加上生产函数，就决定 n 个数量 $x_1,x_2,x_3,\cdots,x_n$。

因 V 是一次式，$d^2V=0$，因而第二个条件就蕴含在 $df=0$ 的情况下，$d^2f>0$。

将这一点扩充（如第 4 节一样，但注意符号的不同），我们得到类似的一组稳定条件。行列式

$$\begin{vmatrix} 0 & f_1 & f_2 \\ f_1 & f_{11} & f_{12} \\ f_2 & f_{12} & f_{22} \end{vmatrix}, \quad \begin{vmatrix} 0 & f_1 & f_2 & f_3 \\ f_1 & f_{11} & f_{12} & f_{13} \\ f_2 & f_{12} & f_{22} & f_{23} \\ f_3 & f_{13} & f_{23} & f_{33} \end{vmatrix}, \cdots, \begin{vmatrix} 0 & f_1 & f_2 & \cdot & \cdot & f_n \\ f_1 & f_{11} & f_{12} & \cdot & \cdot & f_{1n} \\ f_2 & f_{12} & f_{22} & \cdot & \cdot & f_{2n} \\ \cdot & \cdot & \cdot & \cdot & \cdot & \cdot \\ \cdot & \cdot & \cdot & \cdot & \cdot & \cdot \\ f_n & f_{1n} & f_{2n} & \cdot & \cdot & f_{nn} \end{vmatrix}$$

必然都是负数。（见以上 2(3)。）

使用一种与在效用理论中使用的相同的记数法比较方便。因此如 F 是这些行列式中的最后一个，F 中 f_{rs} 的同因素可写为 F_{rs}。在以 $\phi(f)$ 替代 f 作为生产函数的情况下

$$\frac{F_{rr}}{\mu F}$$

为正数这一条件总是不变的。

第七章　附　　录

19. 企业的均衡　价格改变的影响　现假定 p_r 变化，其他价格保持不变。

均衡方程式为

$$\left.\begin{aligned}&f(x_1,x_2,\cdots,x_n)=0\\&\mu f_r=p_r(r=1,2,\cdots,n)。\end{aligned}\right\}\qquad(19.1)$$

对 p_r 将这些方程式微分

$$\left.\begin{aligned}f_1\frac{\partial x_1}{\partial p_r}+f_2\frac{\partial x_2}{\partial p_r}+\cdots+f_n\frac{\partial x_n}{\partial p_r}&=0\\f_1\frac{\partial \mu}{\partial p_r}+\mu f_{11}\frac{\partial x_1}{\partial p_r}+\mu f_{12}\frac{\partial x_2}{\partial p_r}+\cdots+\mu f_{1n}\frac{\partial x_n}{\partial p_r}&=0\\\cdots\cdots\cdots\cdots\cdots\cdots\cdots\cdots\cdots\cdots\\f_r\frac{\partial \mu}{\partial p_r}+\mu f_{1r}\frac{\partial x_1}{\partial p_r}+\mu f_{2r}\frac{\partial x_2}{\partial p_r}+\cdots+\mu f_{rn}\frac{\partial x_n}{\partial p_r}&=1\\\cdots\cdots\cdots\cdots\cdots\cdots\cdots\cdots\cdots\cdots\\f_n\frac{\partial \mu}{\partial p_r}+\mu f_{1n}\frac{\partial x_1}{\partial p_r}+\mu f_{2n}\frac{\partial x_2}{\partial p_r}+\cdots+\mu f_{nn}\frac{\partial x_n}{\partial p_r}&=0\end{aligned}\right\}\qquad(19.2)$$

解之，

$$\frac{\partial x_s}{\partial p_r}=\frac{F_{rs}}{\mu F}。\qquad(19.3)$$

从稳定行列式的形式即很清楚，$F_{rs}/\mu F$ 式服从效用理论中替代项所服从的同一定理。通过对符号的单一的改变，即可使法则

与以前相同。现可写出下式：

$$\frac{F_{rs}}{\mu F}=-X'_{rs}\text{。}$$

因此我们得到下式作为基本方程式：

$$\frac{\partial x_s}{\partial p_r}=-X'_{rs}, \qquad (19.4)$$

并得到以下一组完全相似的法则：

(1) $X'_{sr}=X'_{rs}$，　　(2) $X'_{rr}<0$，

(3) $\sum_{s=1}^{s=n} p_s X'_{rs}=0$，　　(4) $\sum_1^m \sum_1^m p_r p_s X'_{rs}<0$，

(5) $\sum_{s \neq r} p_s X'_{rs}>0$，　　(6) $\sum_{r=1}^{r=m} \sum_{s=m+1}^{s=n} p_r p_s X'_{rs}>0$。

在基本方程式的形式中，显示了（产品或生产原素）价格改变对产品供给的影响。如欲显示对生产原素需求的影响，只须以 $-y_s$ 代 x_s 即可。则基本方程式变成

$$\frac{\partial y_s}{\partial p_r}=X'_{rs}\text{。}$$

法则完全不变。

20. 在生产原素中补充占优势的趋势　上二节中得出的生产理论暗含地假定企业家拥有某种固定的生产机会，它限制了生产的规模，同时因它而获得剩余 V 作为所得。如果不存在这种固定机会，那么，所有生产原素的同比例的增加不会使得产品以同一比例增加这一事实就没有理由解释。在数学上这就意味着如果

$$f(x_1,x_2,\cdots,x_n)=0,$$

则对 λ 的所有价值，$f(\lambda x_1,\lambda x_2,\cdots,\lambda x_n)=0$。生产函数（以它的暗

含的形式写出，像我们所已写的一样）将为零次的同次函数。

因此，根据欧拉（Euler）定理，$\sum_{1}^{n} x_r f_r = 0$ 。（因为根据19.1，$p_r = \mu f_r$，这意味着 $V=0$。）再加以微分：

$$f_s + \sum_{r=1}^{r=n} x_r f_{rs} = 0 \ (s = 1,2,3,\cdots,n)。$$

把这一恒等式应用于稳定行列式，（通过将x_1，$x_2\cdots$乘以第二第三行……再加入第一行）立即很明显F（稳定行列式的最后一个）变为零。

因为 $X'_{rs} = -\frac{F_{rs}}{\mu F}$，这蕴含所有的 X' 项都是无限的。在其他生产原素和产品价格不变的情况下，一项生产原素（或产品）价格的改变而不完全打破平衡是不可能的。如果产品的价格上升，产量就变成无限的；如果原素的价格上升，它就变为零。在我们所考虑的有限的情况中，我们的分析有完全失败之势。

我们探究一下是什么决定产品的供给和原素的需求受到影响的方向还是有益的，因为左右这一方向的法则，即使在仅接近有限情况而未达到有限情况时仍然适用。只要对生产函数为同次而且为零次的情况计算 F_{rs}，即可求出此点。我们知道

$$F_{rs} = (-r)^{r+s} \begin{vmatrix} 0 & f_1 & \cdot\cdot & f_{r-1} & f_{r+1} & \cdot\cdot & f_n \\ f_1 & f_{11} & \cdot\cdot & f_{1,r-1} & f_{1,r+1} & \cdot\cdot & f_{1n} \\ \cdot & \cdot & \cdot & \cdot & \cdot & \cdot & \cdot \\ f_{s-1} & f_{1,s-1} & \cdot\cdot & f_{r-1,s-1} & f_{r+1,s-1} & \cdot\cdot & f_{s-1,n} \\ f_{s+1} & f_{1,s+1} & \cdot\cdot & f_{r-1,s+1} & f_{r+1,s+1} & \cdot\cdot & f_{s+1,n} \\ \cdot & \cdot & \cdot & \cdot & \cdot & \cdot & \cdot \\ f_n & f_{1n} & \cdot\cdot & f_{r-1,n} & f_{r+1,n} & \cdot\cdot & f_{nn} \end{vmatrix}$$

重复应用我们在上面化约 F 所使用的同一种方法化约上式，我们发现它变成等于 $x_r x_s F_0$，其中 F_0 为行列式 F 中的 0 的余因子，即行列式中的主要小项目。因而对 r 及 s 的所有价值而言

$$X'_{rs} = -x_r x_s \frac{F_0}{\mu F}。$$

因为我们知道 X'_{rr} 为负数，我们可以推知 $F_0/\mu F$ 必为正数。如果 x_r 及 x_s 二者均为产品，或二者均为生产原素，$x_r x_s$ 将为正数，因而 X'_{rs} 为负数，如果其中之一为产品另一为原素，则 $x_r x_s$ 为负数，因而 X'_{rs} 为正数。

因而，当我们接触到我们所考虑的有限情况时，我们必能发现原素与产品可以类别为两个补充的群；而就整个体系（生产原素与产品加在一起）而言，“替代”仍占优势，它完全出现在原素与产品的关系上。

第八章　附　　录

21. 生产的一般均衡　我们现在必须将我们到现在为止所得到的结论集中在一起，利用它们观察整个静态体系的运行问题。假定（如同本文）组成经济的个人提供两种资源之一（或二者）：(1)可以直接在市场出售的商品或原素，(2)本身不能出售但可用以生产可交换的商品的“企业家的”资源。在任何既定的价格体系下，使用之后能产生正数利润的企业家的原素才会被利用。

在价格体系既定的情况下，消费者对货物会有某种需求（我们把对商品 x_r 的总消费需求写作 X_r）；会有直接从私人而来的供给

$(\overline{X}_r)$；会有新生产出来的供给(X'_r)。如果

$$X_r=\overline{X}_r+X'_r, \qquad (21.1)$$

则 x_r 的市场处于均衡之中。

应当注意这一方程式完全是一般的，它可应用于任何商品，劳务，产品或原素。如果 x_r 是已完成的消费货物，它的供给完全由生产而来，$\overline{X}_r=0$，方程式变为

$$X_r=X'_r。$$

如果它是一个生产原素（例如劳动），则 X'_r 为负数。X_r 包括对这一原素直接服务的需求，不论它是来自他人或原素供给者自己（这是考虑原素供给的各种变化的最方便的方式）。因此方程式如下：

$$(-X'_r)+X_r=\overline{X}_r。$$

如果 x_r 为半成品，在生产过程中既被生产出来又被消费掉，它从一企业出售与另一企业，单因这一理由 X_r 及$\overline{X}_r$ 二者都等于 0；方程式变为

$$X'_r=0。$$

（来自各企业的净供给加在一起等于零。）

因此同一形式的方程式对所有商品和劳务都能用。和以前一样，一种商品必须作为价值的标准；因此如果总共有 n 种商品，就有 $n-1$ 个价格待决定。和以前一样，一个方程式可从其余方程式推定。一个私人的均衡方程式为：

$$\sum_{r=1}^{r=n} p_r x_r=\sum_{r=1}^{r=n} p_r \bar{x}_r+V,$$

其中 V 为因拥有某种企业家资源而得到的利润。所有的人的方

程式加在一起：

$$\sum_{1}^{n} p_r X_r = \sum_{1}^{n} p_r \overline{X}_r + \sum V,$$

其中$\sum V$为整个经济的总利润。

同样地在任何企业中

$$\sum_{1}^{n} p_r x_r = V。 \qquad (18.1)$$

总加起来

$$\sum_{1}^{n} p_r X'_r = \sum V。$$

$$\therefore \quad \sum_{1}^{n} p_r (X_r - \overline{X}_r - X'_r) = 0。$$

因此，如果均衡方程式(21.1)对 $n-1$ 种货物有效，它们对 n 种货物也有效。只有 $n-1$ 个独立方程式，体系即可决定。

22. 一般均衡的稳定　像在交换均衡中一样，稳定要求在任何市场价格的下降会使需求大于供给。如果要达到完全稳定，则在(1)所有其他价格不变，(2)如果它们经逐一调整以保持其他市场的均衡的情况下，上述条件必须有效。如属不完全稳定，则只要在其他价格得到调整时上述条件有效就可以。

这一条件可以写为$\frac{d}{dp_r}(X_r - \overline{X}_r - X'_r) < 0$。但因$\overline{X}_r$可假定为与价格无关，可将它化为：

$$\frac{d}{dp_r}(X_r - X'_r) < 0。$$

这一点可像在第 14 节中一样加以扩充。它成为两个行列式的比率，它的代表项是$\frac{\partial}{\partial p_r}(X_s - X'_s)$。

我们知道如何扩充这最后一式。从(12.1)

$$\frac{\partial X_s}{\partial p_r} = \sum (\bar{x}_r + x'_r - x_r) \frac{\partial x_s}{\partial M} + X_{rs}$$

(考虑到当 p_r 改变时 V 发生的改变)。

从(19.4)对体系中的每一企业$\frac{\partial x_s}{\partial p_r} = -X'_{rs}$;因此加起来$\frac{\partial X'_s}{\partial p_r} = -X'_{rs}$,其中 X'_{rs} 必定像 X_{rs} 一样服从同一法则。

因而 $$\frac{\partial}{\partial p_r}(X_s - X'_s) = \sum (\bar{x}_r + x'_r - x_r) \frac{\partial x_s}{\partial M} + X_{rs} + X'_{rs}。$$

因为 X_{rs} 和 X'_{rs} 服从同一法则,$X_{rs} + X'_{rs}$ 也必然服从同一法则。

因此$\frac{\partial}{\partial p_r}(X_s - X'_s)$和我们在交换理论中讨论的$\frac{\partial X_s}{\partial p_r}$一样,服从同一法则。所以对生产一般均衡的进一步分析和交换一般均衡的进一步分析是相同的;以上第 15 至 17 节中的命题都可以在更广泛的意义上重新加以解释。

第十五章 附 录

23. 生产计划的决定 在静态理论中我们已发现把生产原素作为负产品甚为方便,在这里我们仍继续这样做。从动态方面考虑,企业的问题乃在发现从最初的设备中所能生产的具有最大资本价值的出产川流是什么(参阅书内本章第 4 节)。如果我们把计划从现在起在相继的“星期”中出售的 x_r 的出产写作

$$x_{r0}, x_{r1}, x_{r2}, \cdots, x_{rV},$$

则生产函数具有如下的形式(假定计划伸展 V 星期):

$$f(x_{10},x_{20},\cdots,x_{n0},x_{11},x_{21},\cdots,x_{n1},x_{12},x_{22},\cdots,$$
$$x_{n2},\cdots,x_{1V},x_{2V},\cdots,x_{n})=0。$$

计划的资本价值等于

$$C=\sum_{r=1}^{r=n}\sum_{t=0}^{t=V}(\beta_t^t p_{rt} x_{rt}),$$

其中 $\beta_t=1/(1+i_t)$,而 i_t 为期限 t 星期的贷款的每周利率;p_{r0} 为 x_r 当前的价格而 p_{rt} 为企业家预期会在 t 星期以后开始的一星期维持的价格。(p_{rt} 应按照本文第九章第 6 节所述,根据风险而进行调整。)

从完全竞争下单独的企业家的观点来看,所有 β 和 p 都是既定的;因此,尽管这一问题似乎具有更大的复杂性,它和上面第 18 节所考虑的问题形式上是相同的。没有必要将均衡方程式详细写出来。说明生产计划如何根据价格或价格预期的改变而进行调整的定律和第 19 节中所谈的定律相似。但是在写下仍必须为替代项所服从的六条法则时,应记住要以 $\beta_t p_{rt}$ 代替 p_r;并将所有 t 及所有 r 加起来。

第十七章 附 录

24. **利率对生产计划的影响** 当我们考虑利率改变对计划的影响时(价格及价格预期既定),利用以下这一特性颇属方便;所有产品如在目前讨论的问题中它的经过贴现的价格比率可以看作是既定的,那么就可以把它们作为单一的一种产品看待。因此,对于为某一特别的星期计划的各种不同的出产(以及进货)不必再加区分,在我们的公式中也不必明显的提到价格。从此以后,x_t 代表为 t 星期后开始的一周所计划的出产与进货的预期货币价值——也就是说,为该周计划的剩余。

采取这种简化之后,我们就可以说企业家在条件 $f(x_0, x_1, \cdots, x_r)=0$ 的情况下,正尽力扩大

$$C=\sum_{t=0}^{t=V}(\beta_t^t x_t)。$$

为期 t' 星期贷款利率的改变对剩余 x_t 的影响为:

$$\frac{\partial x_t}{\partial(\beta_{t'}^{t'})}=-X'_{tt'}$$

在六项法则之中各个 X' 必须服从的法则为法则(3),

$$\sum_{t'=0}^{t'=V}(\beta_{t'}^{t'}X'_{tt'})=0。\tag{24.1}$$

为了解利率的一般改变对剩余 x_t 的影响,首先观察:

$$\frac{d(\beta_{t'}^{t'})}{d\beta_{t'}}=t'\beta_{t'}^{t'-1},$$

因而

$$\frac{\partial x_t}{\partial\beta_{t'}}=-t'\beta_{t'}^{t'-1}X'_{tt'}。$$

因此,如果各个时期的贷款的贴现率以同一比例改变,各个时期的贷款的每周利率相等并使贴现率也相等,则对 x_t 的影响为:

$$\frac{dx_t}{d\beta}=-\sum_{t'=0}^{t'=V}t'\beta_{t'}^{t'-1}X'_{tt'}=-\sum_{t'=0}^{t'=V}t'\beta^{t'-1}X'_{tt'}。\tag{24.2}$$

利用式(24.1)该式可写为:

$$\beta\frac{dx_t}{d\beta}=\sum_{t'=0}^{t'=V}(t-t')\beta^{t'}X'_{tt'}。$$

如将后式详细写出，则 X'_{tt} 中之一项显然将变为零。但根据第二条法则，X'_{tt} 必为负数；如果不呈现补充性，其余的 $X'_{tt'}$ 将为正数。这意味着如果利率下降（β 上升），就会出现以其他日期早于 x_t 为代价而有利于 x_t 的替代，以及以 x_t 为代价而有利于日期迟于 x_t 的所有剩余的替代。这是一个正常的法则，但它也许会因补充性而变得复杂。

25. 计划的平均时期　在第十七章中，我们对平均时期下定义为：

$$P = \frac{\sum_{0}^{V} t\beta^t x_t}{\sum_{0}^{V} \beta^t x_t},$$

$$\therefore \sum_{0}^{V} (P - t)\beta^t x_t = 0。$$

对 β 微分，但使 β' 不变，根据第十七章第 4 节的规则，得

$$\sum_{0}^{V} \left[\frac{dP}{d\beta}\beta^t x_t + (P - t)\beta^t \frac{dx_t}{d\beta}\right] = 0,$$

$$\therefore \beta C \frac{dP}{d\beta} = -\sum_{0}^{V} \left[(P - t)\beta^{t+1} \frac{dx_t}{d\beta}\right] \text{（因为} \sum \beta^t x_t = C\text{）}$$

$$= \sum_{0}^{V} \sum_{0}^{V} [(P - t)t'\beta^{t+t'} X'_{tt'}] \text{（从 24.2 得来）。}$$

从式（24.1）$\sum_{t=0}^{t=V} \beta^t X'_{tt'} = 0$。

$$\therefore \text{对 } t' \text{ 的所有价值 } \sum_{t=0}^{t=V} (t'P\beta^{t+t'} X'_{tt'}) = 0,$$

$$\therefore \beta C \frac{dP}{d\beta} = -\sum_{0}^{V} \sum_{0}^{V} tt'\beta^{t+t'} X'_{tt'}。 \qquad (25.1)$$

如 $t\beta^t = \lambda_t$，这最后方程式右边的双倍总和为

$$\sum\sum\lambda_t\lambda_{t'}X'_{tt'}。$$

从以上第19节法则(4),我们知道,对λ的所有价值,上式都必然是负数。方程式(25.1)的右边因此必然是正数;$dP/d\beta$必然是正数。β的上升意味着利率的下降,因而利率的下降必会延长计划的平均时期。

增　注　A

一般化的需求定律

1. 在第三章最后一节中已经表明当价格有任何变更，但使消费者仍停留在同一无差异水平时，在价格变更之后购买的一批货物集合体的价值，按照改变之前的价格计算，必定大于按相同价格计算的在此以前购买的货物的价值。第二批货物位于同一无差异平面上，但第一批货物是在该平面上用以前的总支出数所能得到的唯一的一点。因此，如 $p_r(r=1,2,\cdots,n)$ 为改变以前的价格，p_r+dp_r 为改变以后的价格；如果 x_r 为以前购买的数量，x_r+dx_r 为以后购买的数量；从这一原则可以推知，沿一既定无差异平面

$$\sum p_r x_r < \sum p_r(x_r+dx_r)。\qquad \therefore \sum p_r dx_r > 0。$$

（对无限小的变动而言，由于“无差异曲线”与“价格线”的接触，从数学附录第 8 节法则 3 可以推知，$\sum p_r dx_r = 0$，和应得的结果一样。新法则对大于无限小的变动也适用。）

如果我们从第二个地位开始，再回到第一个地位，根据同一理由，得：

$$\sum(p_r+dp_r)(x+dx_r) < \sum(p_r+dp_r)x_r,$$

$$\therefore \sum(p_r + dp_r)dx_r < 0。$$

从这两个不等式中，得 $\sum dp_r dx_r < 0$，和数学附录第 8 节中对无限小的变动所说明的相同。

2. 以上命题的两点应用值得一提。其一与指数的理论相关。从以上第二个不等式中，我们得：

$$\frac{\sum(p_r + dp_r)(x_r + dx_r)}{\sum p_r(x_r + dx_r)} < \frac{\sum(p_r + dp_r)x_r}{\sum p_r(x_r + dx_r)},$$

从第一个不等式得：

$$\frac{\sum(p_r + dp_r)x_r}{\sum p_r(x_r + dx_r)} < \frac{\sum(p_r + dp_r)x_r}{\sum p_r x_r},$$

因而

$$\frac{\sum(p_r + dp_r)(x_r + dx_r)}{\sum p_r(x_r + dx_r)} < \frac{\sum(p_r + dp_r)x_r}{\sum p_r x_r},$$

其中第一个为派斯起价格指数（以这两种情况的第二种中所消费的数量加权）；第二个为拉斯培尔指数（以第一种情况中所消费的数量加权）。因此，从我们的命题可知，在所假定的情况下，派斯起指数必定小于拉斯培尔指数。

不过，只有当消费者仍保持在同一消费水平（即虽然相对的价格有变更，但实际收入没有变更）的情况下，这一结果方属有效。如果实际收入有变更，即会产生收入效应，而这也许会使指数之间的正统关系变样，因而可以把这看作替代效应方面的一种关系。无须说明，在这一论点应用于一群消费者，而不是单一的消费者时，可能因价格改变，实际收入重新分配，而致引起波动。（某些这种限制在博利的《所得与价格》中，曾加以讨论，见《经济研究评论》，1941 年 6 月。）

最后，应着重指出，这一论点涉及价格改变对具有既定欲望的个别消费者或一群消费者的情况的影响。如果发生的改变为欲望的改变，生产能力既定；而非在欲望既定的情况下，生产能力的改变，那么，可以预料指数之间的关系和以上相反。

3. 另一应用与第二章附注末段所述消费者剩余基本命题的一般化有关。在这一点上，已经证明：如某一特定商品的价格下降，收入的补偿变化必定大于以旧价格及以新价格购买以前购买的数量所存在的差额。同一论点显然可以用于更为复杂的价格改变上，例如两三种价格同时下降的情况。当一种价格从 p 降至 $p+dp$（dp 作为负数）时，补偿变化大于 $-xdp$；如有几项价格下降，补偿变化大于 $-\sum xdp$。因为，如果价格降低，同时收入减少了 $-\sum xdp$，仍可购买和以前同样数量的货物，因而消费者处境并不较以前为坏；但这时又有新的替代机会可以利用，这种替代机会和原来的情况不一样，消费者通常可以利用这种机会使自己处境更好一些。如果他的处境没有更好，他的所失必定大于 $-\sum xdp$。

试考虑这一命题的数学表现方式。我们知道在均衡情况下

$$u=u(x_1,x_2,\cdots,x_n)。M=\sum p_r x_r,\ u_r=\mu p_r(r=1,2,\cdots,n)。$$

从这 $n+2$ 个方程式中，在原则上可能消除 $n+1$ 个变数 $x_1,x_2,\cdots,x_n,\mu$；在 $M,p_1,p_2,\cdots,p_n,u$ 之间只留下一个方程式。可以把这看作为以其余因数表示的 M 的数式。在价格方面 M 的部分导数（把 u 作为不变）为 M（收入）的补偿变差，它抵消了价格的特殊变更，使效用水平 u 不受影响。（由于我们仅涉及把 u 作为不变的一些情况，效用函数的不确定对讨论不关重要。）

因此，和价格的一般改变相应的补偿变差为：

$$dM = \sum_r \frac{\partial M}{\partial p_r} dp_r + \frac{1}{2} \sum_r \sum_s \frac{\partial^2 M}{\partial p_r \partial p_s} dp_r dp_s,$$

进而得到二次近似值，在消费者剩余的问题中，常必须这样求值。

现 $\frac{\partial M}{\partial p_r} = x_r + \sum p_s \frac{\partial x_s}{\partial p_r}$（从第二个均衡方程式得来），因在 u 不变的情况下，$0 = \frac{\partial u}{\partial p_r} = \sum_s u_s \frac{\partial x_s}{\partial p_r} = \mu \sum_s p_s \frac{\partial x_s}{\partial p_r}$（从第三个均衡方程式得来）；因此，如 u 不变，$\sum_s p_s \frac{\partial x_s}{\partial p_r} = 0$，所以，$\frac{\partial M}{\partial p_r} = x_r$。

因此，沿同一无差异平面，$\frac{\partial^2 M}{\partial p_r \partial p_s} = \frac{\partial x_r}{\partial p_s}$；而这等于 X_{rs}。因此，二次项化为 $\frac{1}{2} \sum \sum X_{rs} dp_r dp_s$（或 $\frac{1}{2} \sum dx_r dp_r$，从无差异平面来看）；而如我们所知，这肯定是负数。

因此，$dM = \sum_r x_r dp_r + \frac{1}{2} \sum_r \sum_s X_{rs} dp_r dp_s$。如价格下降，所有各项均为负数，因此补偿变差在数字上大于 $-\sum xdp$。如价格上升，头两项为正数，补偿变差小于 $\sum xdp$。

对消费者剩余理论的进一步讨论（自本书初版以后，已展开这种讨论）表明必须区分补偿变差与等量变差，前者衡量抵消价格既定改变的收入的改变，后者为在最初的价格情况下发生的收入改变。它和价格改变一样，会引起同样的效用的改变。因为，价格既定变化引起的效用改变，和相反价格变化引起的效用改变是相等的，而方向则相反，所以从价格体系 A 改变为价格体系 B 的等量变差，和从价格体系 B 改变为价格体系 A 的补偿变差是一样的。因此，我们在计算价格从 p_r 改变为 $p_r+dp_r(r=1,2,\cdots,n)$ 的等量变差时，可以通过考虑价格从 p_r+dp_r 改变为 p_r 的补偿变差而得。代入我们的公式（同时记住相关的数量必须加以调整，使价格的改变不致抵消收入的改变，因此我们必须使用数学附录第 7 节中的基本方程式加以扩充，而不是沿无差异平面着手），等量变差即如以前一样，达到二次近似值。

$$\begin{aligned}-d'M &= \sum_r (x_r+dx_r)(-dp_r)+\frac{1}{2}\sum_r\sum_s X_{rs}(-dp_r)(-dp_s)\\ &=-\sum_r (x_r+dx_r)dp_r+\frac{1}{2}\sum_r\sum_s X_{rs}dp_rdp_s\\ &=-\sum_r x_rdp_r-\sum_{rs}\frac{\partial x_r}{\partial p_s}dp_rdp_s+\frac{1}{2}\sum_r\sum_s X_{rs}dp_rdp_s\\ &=-\sum_r x_rdp_r+\sum x_sdp_s\sum\frac{\partial x_r}{\partial M}dp_r-\frac{1}{2}\sum_r\sum_s X_{rs}dp_rdp_s\text{。}\end{aligned}$$

因此

$$d'M=\sum_r x_rdp_r-\sum x_sdp_s\sum\frac{\partial x_r}{\partial M}dp_r+\frac{1}{2}\sum\sum_{rs} X_{rs}dp_rdp_s\text{。}$$

这和补偿变差的公式相同，不过包括了一个收入项，它和我们分别依以为据的两个无差异平面上的货币边际效用的差额相当。

可以注意到在这两种变差和它们的界限 $\sum xdp$ 与 $\sum(x+dx)dp$ 之间有一种均衡的关系，它们和图 10 中的内长方形和外长方形 $kpzk'$，$kz'p'k'$ 相当。

因等量变差等于：

$$\sum(x+dx)dp-\frac{1}{2}\sum\sum X_{rs}dp_r dp_s$$

$$=\sum xdp-\sum xdp\sum\frac{\partial x}{\partial M}dp+\frac{1}{2}\sum\sum X_{rs}dp_r dp_s;$$

补偿变差等于：

$$\sum xdp+\frac{1}{2}\sum\sum X_{rs}dp_r dp_s$$

$$=\sum(x+dx)dp+\sum xdp\sum\frac{\partial x}{\partial M}dp-\frac{1}{2}\sum\sum X_{rs}dp_r dp_s。$$

在需求曲线($kpp'k'$)下，将 pp' 看作近似于一直线，则三角形的增加部分为 $\left(x+\frac{1}{2}dx\right)dp$，而这恰在等量变差和补偿变差的中间。

以上为我的论文《消费者剩余及指数》(《经济研究评论》，1942年)中的论点的经过简化及改进的说明。它仅和我们后来所称的“价格变差”(以别于“数量变差”)相关(《四种消费者剩余》，《经济研究评论》，1944 年)。对消费者剩余理论作更为详尽的讨论将超出本书的范围。

增　注　B

暂时均衡体系的不完全稳定

由于兰格教授①与莫萨克博士②研究的结果，我现在觉得第二十章与第二十一章的讨论需要一些斟酌。我现在想介绍的一些修正，不致损及论点的主要方面，因此，我想最好不要改动本文内容。以下所述，实际上是一个扩充的脚注。其中，大部分是我发表在1945年《经济学杂志》，对兰格与莫萨克著作书评的摘录。

最主要的问题（这两章讨论的关键就在此）是所有货物（包括生产要素）的价格以同一比例上升（或下降）时：（一）在利率保持不变的情况下；（二）在考虑到由此而来的利率变化的情况下，由于货物价格以同一比例改变，我们无须为了这一问题的缘故，区分这种货物和那种货物；我们可以把它们总括起来，讨论当前货物"价格水平"的改变。同样，在问题（一）中利率的不变使我们可以把货币及债券③当作单一的"商品"，因此在我们的体系中只有两种"商

---

① 兰格：《价格的伸缩性与就业》（考尔斯委员会，1944年）。

② 莫萨克：《国际贸易的一般均衡理论》（考尔斯委员会，1944年）。

③ 兰格很正确地以此字代替（参看兰格：《价格的伸缩性与就业》，第15页）我用的证券（securities）一字。一般的股票当然会根据商品的价格水平而调整。

品”，而所有技术上的困难都降低至最小限度。但在我们进行讨论的假设中仍有相当巨大的一些困难，在原文中我显然不够细心。

如果价格水平上升而利率不变，则只有在价格预期弹性小于一时，才可能产生有利于未来货物的肯定的替代效应。如果价格预期等于一，则不会产生替代效应。这是我的看法，我想这一点是可以同意的。此外，对“货币加债券”的需求和供给，不过反映对未来货物的需求和供给；因此不会产生有利于“货币加债券”的替代效应。

不过，收入效应如何？由于不同的人的“货币加债券”期初的控制额是不同的，在原则上会发生收入效应。事实上，在星期开始时，有些人的“货币加债券”是正数的控制额，有些人的“货币加债券”是负数的控制额。价格水平的上升意味着这种控制实际价值的降低，而这会影响社会内购买力的分配。我的分析的缺点就是对这种收入效应，没有给以充分的注意。（我假定收入效应在市场的两方面都出现，而致相互抵消；我过于喜欢这种简化的情况。）

有两种情况应当加以区分。一种情况是，在我们的经济中，唯一的货币是纯信用货币。说它是货币而非债券，即是说它不带利息；然而它仅仅记录了这一经济中的“个人”之一（也许是一家银行）对另一个人的负债。在这种情况中，正的和负的货币控制额最初必定是相等的，恰如正的和负的债券控制额必定相等一样。价格水平的上升结果必定会使得某些“个人”处境较好，其程度恰和它使另外某些“个人”处境变坏相同。如果由这两种变动所产生的收入效应是均衡的，净收入效应即等于零。这一体系即处于中性均衡之中。这是威克塞尔所述的情况，在第二十一章第 5 节讨论过去的合同时，对收入效应已加以充分的考虑。

我们不久还要回到这一情况。目前让我们把它和另一情况相对比。如果信用货币不是仅有的一种货币，另外还存在某种“硬”币(也许是金属货币，或是一种政府发行的纸币，根据假定是我们体系之外的某些原则确定)，则货币的正数控制额必定平衡负数控制额而有余；因此，即使收入效应是均衡的，货币实际价值的下降会减低实际的购买力，而体系的稳定将由收入效应维持。当然，甚至在这种情况中，体系也不是必然稳定的。它的稳定也许会被不均衡的收入效应所打破；一旦替代效应的通常稳定效应消失，这种情况也许就很可能发生。不过，通过不均衡收入效应产生的不稳定完全具有普遍的可能性，在整个静态分析及动态分析中都是如此。

以上是关于具有不变利率的体系的稳定问题。如果我们考虑到对利率的冲击，我们就得保持相同的区分，这是不足为奇的。我们已经看到，利率保持不变时，具有均衡收入效应的纯信用经济处于中性均衡之中。在这种情况下，当利率可以自由变动时，它为什么会变动，还不是很明显的事。因为在这样一种经济中，货币的创造恰如债券的创造一样，有赖于放款与借款的意愿。在一个较高的价格水平上维持同一的实际的体系，会引起对货币的创造，足以支持较高的价格水平。这一体系不仅是不完全稳定；甚至当考虑到所有的冲击时，它也处在中间性均衡之中。

另一方面，使用某种“硬”币的经济，不仅通过这里所讨论的收入效应而得到稳定，而且也可能发现在较高的价格水平上，没有充足的硬币以支持这一价格水平；因此，通过利率以及有稳定性的收入效应,会产生稳定的影响。这是我们在本文中主要述及的情况。因此,我们的分析除了未曾考虑到收入效应外,似乎仍然有效,(我很遗憾)这一点被忽视了。

在“硬”币情况中的收入效应,似乎和庇古教授在最近批评凯恩斯理论时所提出的一点相同。① 我自己在实际上不太重视它;但我确信,它在理论上,仍然有效,原则上应当考虑到它。

① 庇古:《古典的静止状态》(《经济季刊》,1943 年);《充分就业的消失》(1945 年),第 5 章。

增注 C

塞缪尔森教授的动态理论

本书涉及的一般分析领域内，一九三八年至一九四六年间出现的最重要的发展，也许要数塞缪尔森教授的“动态稳定”理论。[①]塞缪尔森教授的理论过于复杂，就我现在所能利用的篇幅，无法作充分的讨论。此外，我不想装作精通这一理论，足以提出肯定的意见。但它非常重要，不能完全不提。

我在本书对静态均衡所作的讨论，不过作为我所称的动态经济学的一种准备；因此，我故意很清楚地使静态稳定的讨论成为超时间的。当我进而论及动态学时，关于稳定的讨论仍然是超时间的，至少在以下的意义上是如此：我假定向暂时均衡调整的过程会在一个短时期内（一“星期”）完成，我略去在这时期内的价格变动，因此我的经济体系可以看作是包含一系列的暂时均衡。在采取这一办法时，我追随马歇尔的传统，虽然我自然很知道，“通向暂时均

① 塞缪尔森：《均衡的稳定：比较静态与动态》（《经济学杂志》，1941 年）；《均衡的稳定：一次式和非一次式的体系》（《经济学杂志》，1942 年）；《希克斯式的稳定与真正动态稳定之间的关系》（《经济学杂志》，1944 年）。又见朗艾：《价格的伸缩性与就业》，附录；劳埃德·梅茨勒：《多重市场的稳定：希克斯的条件》（《经济学杂志》，1945 年）。

衡的捷径”的假定，在应用于我的许多市场的问题时，比之应用于马歇尔的单一市场需要更多的理由来说明。我在第九章中尽力提供这种理由，但我对此并不装作非常满意。但以我所掌握的技术，我也只能做到这一点了。

塞缪尔森教授对这一细致的争论，用了比我所用的更凶猛的数学武器，他无疑对此获得了很大的进展。他抛开通向暂时均衡的捷径的假定，而代之以另一假定，即价格改变率为供需之间差额的函数。他的整个理论因此变成动态的——其意义和我的理论有所不同，但它可能更容易为数学家所接受。他的论点用微分及差别方程式叙述，代替了我的一般方程式，因此发展了饶有兴味的摆动和周期的可能性。

从这一新的技术来看，可以把我的静态理论“动态化”；有可能考察当一个体系最初失去均衡时，发生的变动是否会集中在一个均衡位置上。这样就可能探究静态体系的稳定性。由于塞缪尔森教授的体系之不受束缚达到一种新的程度，无怪他的稳定条件和我的有所不同，比我的更为精细。他的体系也许不能达到稳定，不仅由于我所举的理由，而且也因在不同市场的适应率之间，或者贸易人的反应率之间，缺乏调整。所有这些都提供了一个前途广阔的研究方向，以往在这方面所做的研究显然还很不彻底。

因此，塞缪尔森教授的工作，在我们对于有关联市场构造的学识中是一个很重要的进展；他把静态理论“动态化”是一个可贵的成就。但是我仍觉得和我的动态理论相似的某些东西，还是需要的；在塞缪尔森教授的著作中，我没有发现这点。我通过实质上立即进行调整的假定，把我的动态理论的纯粹机械的部分，化为最简单的说法——现在很清楚，我把它过分简化了。但是，在这样做的时候，我确使自己对机械性质较少的部分——预期等等方面的研究有所进步。我仍然觉得这一程序有其用处；因此，很不愿将它完全舍弃，而纯粹集中在机械论上。对经济统计工作而言，塞缪尔森教授这种类型的理论大概就是我们所需要的；它对统计上的配合提供了一个极好的范例。但是，对于了解经济体系，我们还需要更多的一些东西，它们作为最后的手段，回溯到人们的行为和人们行为的动机。大概总可以找到某些方法，既可保留这些利益，又可保留机械论的理论的好处；但是我认为到现在为止，还没有找到这种方法。

塞缪尔森教授在一般均衡经济学方面所做的工作，与卡勒奇先生及其他经济统计学家在商业循环理论方面所做的工作，有显然相似之处。有待解决的最大的经济问题之一即商业循环问题是否能更好地用机械的周期性（它可以用差别方程式来表示）来解释，或者凯恩斯式的暂时均衡理论是否更为使人心服。对这一问题的答复，无疑将附带解决塞缪尔森教授与我之间的争论问题（在研究的方法上，而不是在具体细节上）。

译名对照表

三　画

凡伯仑 Veblen

四　画

瓦尔拉 Walras

五　画

卡耳多 Kaldor,N.
卡勒奇 Kalecki,M.
卡塞尔 Cassel,G.
兰格 Lange
艾伦 Allen,R. G. D.

六　画

吉芬 Giffen
迈达耳 Myrdal,G.

七　画

庇古 Pigou,A. C.
克拉克 Clark,J. B.
伯恩塞德 Burnside
杜普伊特 Dupuit

八　画

奈特 Knight,F. H.
欧拉 Euler
杰文斯 Jevons,W. S.
帕累托 Pareto,V. F. D.
拉格朗日 Lagrange
拉斯培尔 Laspeyre
罗伯逊 Robertson,D. H.
罗宾斯 Robbins,L.
罗宾逊,乔安 Robinson,J.
罗森斯坦-罗丹 Rosenstein-Rodan

九　画

柯诺特 Cournot
施奈德 Schneider
派斯起 Passche
洛桑学派 Lausanne School

威克塞尔 Wicksell
威克斯迪德 Wicksteed

十　画

海克 Hayek
埃季沃思 Edgeworth
爱德柏 Edelberg
莫萨克 Mosak

十一画

康 Kahn,R. F.
勒讷 Lerner
梅茨勒,劳埃德 Metzler,Lloyd
盖茨克尔 Gaitskell

十二画

雅各比 Jacobi
斯拉发 Sraffa
斯马特 Smart
斯乐特斯基 Slutsky,E.
博利 Bowley,A. L.

十三画

塞缪尔森 Samuelson

十五画

潘顿 Panton

十六画

霍特林 Hotelling, H.
霍特里 Hawtrey,R. G.

图书在版编目(CIP)数据

价值与资本:对经济理论某些基本原理的探讨/(英)希克斯著;薛蕃康译.—北京:商务印书馆,2017
(汉译世界学术名著丛书:120年纪念版:珍藏本)
ISBN 978-7-100-14204-5

Ⅰ.①价… Ⅱ.①希… ②薛… Ⅲ.①价值—研究②资本—研究 Ⅳ.①F014.31②F014.39

中国版本图书馆 CIP 数据核字(2017)第 137852 号

汉译世界学术名著丛书
(120年纪念版·珍藏本)
价值与资本
——对经济理论某些基本原理的探讨
〔英〕希克斯 著
薛蕃康 译

商务印书馆出版
(北京王府井大街36号 邮政编码100710)
商务印书馆发行
南京爱德印刷有限公司印刷
ISBN 978-7-100-14204-5

2017年12月第1版 开本710×1000 1/16
2017年12月第1次印刷 印张25¾
定价:123.00元